Schlusslichter

Peter Weis

Impressum:
Texte: © Copyright by Peter Weis
Umschlag: © Copyright by Peter Weis
Covergestaltung:Paul Weis
Verlag: peter-weis@web.de
Druck: epubli, ein Service der neopubli GmbH, Berlin

Printed in Germany

Mannheim, 2012

1

Es war nach 16 Uhr an diesem Spätsommertag im September. Die Sonne stand schon tief im Westen, aber es war immer noch sehr warm. Wie immer in den letzten Tagen um diese Zeit, saß Max Engels in seinem Lehnstuhl auf der Neckarwiese vor dem Uni-Klinikum.

Der Mann war bestimmt um die fünfzig und sah aus wie ein ramponierter Unteroffizier aus einem amerikanischen Kriegsfilm – kurzes, grau meliertes Haar, dunkle Augen, darunter harte Linien wie aus Fels gehauen. Einer seiner Schneidezähne war abgeschlagen, aber so schlimm sah das nicht aus. Engels trug einen bequemen hellbeigen Leinenanzug, Mokassins und ein Polo-Shirt ohne Aufdruck.

Von seinem Sonnenplatz aus konnte er bis zum Neckarplatt hinübersehen, und interessiert verfolgte er das Treiben auf dem Fluss. Das Training der Ruderer hatte es ihm angetan. Fasziniert sah er den vorbeiziehenden Booten immer wieder hinterher. Plötzlich schreckte er auf. Vom Kiesweg kamen knirschende Geräusche.

Max Engels reagierte instinktiv und fasste zu dem Stuhl neben sich. Seine Hand fuhr unter das Badetuch und umklammerte dort den Griff der Halbautomatik.

Der Mann war nicht paranoid, aber auch kein gewöhnlicher Patient. Engels war Ermittler bei Europol. Fachbereich, Terrrorabwehr, und er erholte sich immer noch von seinen schweren Verletzungen. Islamistische Fanatiker hatten ihn bei einem Routineeinsatz in Lüttich niedergeschossen. Das war vor sieben Monaten gewesen. Die perforierte Aorta in seinem Oberschenkel hatte fast das Ende bedeutet, aber der Notarzt konnte die Blutung doch noch stoppen. Das rettete ihm das Leben.

Engels landete im Militärkrankenhaus in Koblenz. Nach zwölf Wochen Intensivstation, vollgepackt mit unzähligen lebenserhaltenen Maßnahmen und etlichen Operationen, wurde er auf Anraten der Therapeuten nach Mannheim verlegt. In der alten Heimat sollte er sich wieder völlig aufpäppeln.

Die Geräusche wurden lauter und die Schritte kamen näher. Engels veränderte seine Sitzposition und drehte den Kopf.

„Wollen sie zu mir?"

Es blendete und seine Augen flackerten, er konnte nur undeutliche Umrisse erkennen. Die beiden Ankömmlinge vor ihm, hatten die Sonne im Rücken und warfen lange Schatten.

„Nach was sieht`s denn aus?"

Engels horchte auf, und dann erkannte er die massige Gestalt. Till Keller, der Staatsanwalt von Mannheim kam neben einer Krankenschwester den Weg entlang und geradewegs auf ihn zu.

Keller war gebaut wie ein Berserker, und vollkommen haarlos. Der kahle Schädel, sein Erkennungsmerkmal glänzte wie eine polierte Bowlingkugel.

Die bedrohliche Aura verschwand, und Max Engels spürte plötzlich sogar eine freudige Empfindung. Seit der Schulzeit kannten sich die Beiden, und scheinbar mochten sie sich. Alle paar Jahre kreuzten sich ihre Wege, immer mal wieder. Mit der freien Hand winkte er den großen Mann näher heran.

„Was führt dich denn hierher?", grüßte er rau, aber er entspannte sich augenblicklich und zog seine Hand rasch aus dem Handtuch wieder zurück.

„Oh Max. Erstmal will ich sehen wie es dir geht."

„Ich sehe keine Blumen Herr Staatsanwalt", knurrte Engels. „Du machst doch jetzt nicht gerade ernsthaft einen Krankenbesuch, oder?"

„Doch alter Freund, du hast richtig geraten."

Till Keller trug wie immer einen blauen Anzug und ein weißes Hemd mit Krawatte. Die schwülwarme Luft schien ihm nicht viel anhaben zu können, aber er hatte dunkle Schatten unter den Augen.

„Aber es heißt jetzt Oberstaatsanwalt, soviel Zeit muss sein."

Als sie sich die Hände schüttelten spürte Engels wie angespannt Keller war. Die Krankenschwester machte kehrt und der Hühne griff sich einen der rumstehenden Korbstühle.

„Ich habe einen Mord am Hals, und der Olymp kocht", sagte Keller als die Frau außer Hörweite war. „Hast du mitgekriegt was hier los ist?"

Das Gestell unter ihm ächzte bedrohlich als er sich setzte.

„Meinst du den Gasanschlag von dem alle sprechen?"

„Darum geht`s."

Beschwichtigend hob der Oberstaatsanwalt eine Hand.

„Aber ich würde eine andere Sprachregelung bevorzugen."

„Wie du meinst."

Keller nickte fahrig und griff sich mit zwei Fingern in den Hemdkragen. „Wie ich sehe bist du ja wieder einsatzfähig, und das freut mich jetzt sogar doppelt."

„Verbindlichen Dank."

Max Engels war sich nicht so sicher. Seine Hüfte war ein einziges Drahtgeflecht, und er brauchte zum Laufen immer noch eine der Krücken. Die Schmerzen konnte er zwar meistens ausschalten, aber in seinen Albträumen erlebte er immer noch die grausamen Augenblicke auf dem Straßenbelag in der Rue Saint-Remy, als er zusehen musste wie sein eigenes Blut aus ihm herauslief und in den grauen Gully sickerte.

Für einen Moment war Funkstille.

„Also wie fühlst du dich heute, Max?"

„Richtig gut."

Die beiden Männer sahen sich an.

„Ich sitz in der Klemme", erklärte Keller und verzog das Gesicht. „Ich brauche einen erfahrenen Ermittler. Einen Pragmatiker, auf den ich mich rückhaltlos verlassen kann, verstehst du?"

„Wie kommst du auf mich", brummte Engels.

„Max, nicht so bescheiden. Hier weiß doch jeder Kollege wer du bist."

„Amen."

„Hast du Interesse an etwas anspruchsvoller Ablenkung?", fragte Keller weiter. „Wie gesagt, wir haben einige gute Leute hier, aber ich brauche jemand mit deiner Erfahrung."

Max Engels nahm Witterung auf, aber er spürte auch wieder das Gefühl, als alles um ihn kalt wurde, und wie sie seine Jacke aufrissen.

„Denk ruhig darüber nach, aber es eilt, mein Freund."

„Ach ja?"

„Die Schockwellen kommen verflucht nahe."

„Und wieso?"

„Wie gesagt, ich habe gerade einen furchtbaren Fall geerbt und dazu muss noch einen Engpass überbrücken." Till Keller räusperte sich. „Du kennst doch das Theater mit den Personalzuweisungen."

„Ich lese immer noch Zeitung, Till. Was ist dran an der Geschichte mit dem Anschlag?"

„Das steht so noch nicht fest", versuchte Keller die Nachricht noch einmal abzuschwächen, „Es war wohl eher ein Raubüberfall, aber tatsächlich wurde eine ganze Familie dabei ausgelöscht."

„Gibt es schon Erkenntnisse?"

„Meine Leute haben doch gerade erst angefangen."

Till Keller schüttelte den Kopf. „Und gerade jetzt wird meine erfahrenste Ermittlerin auch noch abgezogen."

„Wie das?"

„Das glaubst du eh nicht, also versuch ich erst gar nicht dir eine Erklärung zu basteln."

„Und warum lässt du dir das so diktieren?"

„Mir sind die Hände gebunden", grunzte Keller. „Du kennst das doch."

Noch einmal bohrten sich die Augen der beiden Männer ineinander.

„Und du gibst natürlich brav nach?"

Keller überhörte das und fuhr fort: „Ein ganz wichtiger Fall ist das, verstehst du?"

Vorsichtig sah er sich um ehe er antwortete, als befürchtete er beobachtet zu werden.

„Hör auf damit", brummte Engels. „Das mieft ja bis hierher."

„Ich mein`s ernst, Max."

Keller sah noch ernster aus. „Ich habe viel zu wenig Beamte und es brennt an allen Ecken."

„Es ist überall das Gleiche", sagte Engels mit schmalen Lippen, „aber deinen Tatort kann ich mir ja mal ansehen." Er begann sich etwas aufzurichten. „Kriegst du mich hier raus?"

Keller nickte. „Mit dem Innenministerium ist das schon geklärt, und dein Chef ist auch einverstanden.

„Das überrascht mich jetzt doch." Engels grinste. „Hat der Personalrat tatsächlich nichts einzuwenden?"

Keller winkt mit einer Hand ab. „Auch der ISIM nicht. Das ist alles geklärt", sagte er schleppend. „Glaub mir, du hast bis auf weiteres Sonderurlaub."

„Dann kann`s von mir aus auch sofort losgehen."

Engels erhob sich und verstaute die Pistole etwas umständlich in seinem Hosenbund hinten unter der Jacke. Mit einer höflichen Handbewegung hatte er Kellers Angebot, ihm beim Aufstehen zu helfen, abgelehnt.

Till Keller übersah die Bewegung und stapfte missmutig los. Unter seinen Sohlen knirschten die Kiesbrocken.

Max Engels warf noch einen letzten Blick auf den Fluss, griff nach seiner Metallkrücke und folgte dem Oberstaatsanwalt.

Kellers Dienstwagen war ein silberfarbener Mercedes und parkte auf dem vorderen Parkplatz zwischen allen möglichen anderen Karossen.

Der Chauffeur, ein rundlicher Polizeimeister war offensichtlich ausgedehnte Verweilzeiten gewohnt. Mit verschränkten Armen saß der Mann auf dem behaglichen Vordersitz der S-Klasse, hatte den Kopf gesenkt und versuchte nicht einzuschlafen.

Als die beiden Männer neben dem Wagen ankamen, klopfte Keller einmal sachte an das Seitenfenster. Der Fahrer zuckte hoch, und schlagartig erstarb das Radiokonzert im Innenraum. Keller schob sich auf die Rückbank und Engels kletterte neben ihn.

„Wir können gleich fahren, Hans."

Wenig später rollten sie vom Parkplatz und der Fahrer fädelte die große Limousine geschickt in den fließenden Verkehr.

Während sie die Straße entlangschwebten lehnte sich Engels zurück in die Polster und ließ den Blick durch die Seitenscheibe wandern.

„Mit K.o.-Gas hatte ich schon mal zu tun", sagte er als sie an der Ampel standen. „Fentanyl!"

Mit der flachen Hand fuhr er dabei, wie suchend über das Lederpolster neben sich. „In Russland war das. Das Zeug wurde damals von Spezialeinheiten eingesetzt."

„Tatsächlich?"

Keller drehte sich zu ihm.

„Ich war bei der Erstürmung des Dubrovka-Theaters mit dabei", erklärte Engels knapp. Für einen Moment schloss er die Augen. „Terroristen und Geiseln waren damals auszuschalten."

„Ich erinnere mich", sagte Keller gedämpft. „Bei dem Einsatz sind doch massig Leute ums Leben gekommen." Noch etwas leiser fügte er hinzu. „Natürlich habe Ich davon gelesen."

Engels nahm sich einen Augenblick Zeit, um seine Gedanken zu ordnen. „In dem Theater sind damals tatsächlich mehr als hundert Geiseln gestorben", brummte er. „Manche Quellen behaupten sogar noch viel mehr, aber siebenhundert Menschen haben überlebt."

Till Keller starrte geradeaus.

„Fentanyl ist ein übles Zeug."

Engels streckte seine Beine und fixierte seinen Nebenmann. „Wenn du Pech hast und zu viel davon abkriegst, kotzt du dir die Lunge aus dem Hals, zumindest, wenn du wieder aufwachst."

„Wie wird das Gas eingesetzt?"

„Soweit ich mich erinnern kann, haben die damals gesprüht!"

Kellers Gesicht nahm einen gequälten Ausdruck an. „Dann weißt du ja wovor wir alle Angst haben", sagte er matt.

In dem Moment machte ihm der Fahrer ein Zeichen. Er hob seine Hand und schwenkte etwas, das aussah wie eine schwarze Brieftasche. Keller reagierte, beugte sich vor und nahm das Smartphone entgegen.

„Einfach und wirkungsvoll."

Till Keller wischte mit dem Daumen über das Display und überflog den Text. „Sieh dir das an. Unsere Zielfahnder haben im Handelshafen einen Kokaintransport abgefangen."

„Toll."

Engels hob beide Hände und ließ sie gleich wieder sinken.
„Die Ermittlungsgruppe hat siebenhundert Kilo von dem Dreck aus dem Verkehr gezogen."

„Glückwunsch an die Abteilung."

„Das werde ich so weitergeben."

Till Keller grinste etwas verkniffen.

Eine Pause entstand.

„Habt ihr die Dealer auch erwischt?", fragte Engels.

„Bestimmt nicht alle", antwortete Till Keller. „Aber einige von denen sitzen jetzt bestimmt schon in Durlach."

„Dann wird`s demnächst in der Region etwas unruhiger werden", gab Engels noch von sich.

„So ein Schlag gegen die Drogenszene war lange überfällig."

„Die Einbruchsziffern werden auch ansteigen."

Kellers Stimme klang leicht abwehrend. „Endlich haben wir etwas Zählbares."

„Glaubst du bei der Gasaschlag handelt es sich um einen Einbruch?"

Kellers Kopf ruckte herum.

„Keine Ahnung", knurrte er, „aber das werden wir herausfinden. Wir wissen noch nicht viel, aber wo sich Geld trifft, da treiben sich auch Kriminelle rum. Im letzten Herbst haben die Kollegen in Frankfurt eine Bande von Rumänen geschnappt, die hatten im Taunus hunderte Häuser ausgeplündert."

„Aber eine ganze Familie umzubringen, das passt doch nicht zu einer Überfallserie."

Keller schüttelte den Kopf, aber er sagte nichts mehr.

Der Verkehr wurde noch dichter, aber der Chauffeur steuerte den Wagen ruhig weiter die Straße entlang. Hier und da gab es Schaufenster und Geschäfte. In der Ferne hörte man die Sirenen von Polizeiautos oder Ambulanzen. Für ein paar Straßenbiegungen sagte keiner mehr ein Wort.

„Hat sich schon jemand zu der Tat bekannt?" fragte Engels nach einer Weile. „Du vermutest doch auch einen Terroranschlag?"

„Hoffentlich ist es das nicht."

Der Oberstaatsanwalt räusperte sich geräuschvoll. „Das heißt im Klartext, dass ich mir das gar nicht erst vorstellen will, verstehst du?"

„Was wisst ihr über die Opfer und die Hintergründe?"

„Nicht viel, nur, dass es sich um Ian Kaufmann und seine Familie handelt."

„Meinst du den ... äh...Eishockeyspieler?"

„Ja."

„Ian Kaufmann ...der soll tot sein?"

Engels wurde lauter. „Geht`s hier um durchgeknallte Stalker? Verdammt! Was willst du denn andeuten?"

„Blödsinn."

Till Keller duckte sich leicht.

„Kaufmann war ein Idol. Als Sportler war er ein Held, und für die Adler ein gigantischer Imageträger."

„Ich habe immer gedacht der wäre deutscher.

„Kaufmann kam aus Québec und war Frankokanadier."

„Ist das wichtig?"

„Ian Kaufmann lebte schon seit Jahren in der Stadt, und besaß einen eigenen Tennisclub. Der war verheiratet und hatte zwei fast erwachsene Töchter."

„Der Mann ist echt eine Legende", sagte Engels nach einigen wenigen Augenblicken. „Bevor Ian Kaufmann zu den Adlern kam, war er jahrelang Profi in der NHL."

Dann zählte er auf. „Zuerst bei den Minnesota Wild und dann bei Chicago Wolves. In den Neunzigern hat er sogar in der Kanadischen Nationalmannschaft gespielt, ich glaube, er hat 1991 in Finnland und `92 in der Tschechoslowakei WM-Gold geholt."

„Sport ist nicht unbedingt meine starke Seite", schnappte Keller dazwischen.

Engels lächelte etwas halbherzig.

„Ist das so?"

„Woher weißt du das alles?"

„Ian Kaufmann war Vossens Idol", sagte Engels und knabberte dabei an seiner Unterlippe, und da fragte Keller nicht weiter.

Während sie die Straße entlangschwebten dachte Engels zurück an den Tag in Lüttich, und an Laurent Vossen, seinen Kollegen, der nicht so viel Glück gehabt hatte wie er, und der an dem Vormittag im Mai auf der Rue Saint-Remy im Kugelhagel verblutet war. Max Engels hatte immer noch ein schlechtes Gewissen deswegen.

„Ist schon seltsam mit diesen ehemaligen Sportsstars", sagte Till.

Keller nach einer kurzen Weile und folgte dabei Engels Blick nach draußen.

„Sie sind wie schwarze Löcher, die ziehen das Elend nur so an."

„Stell dir vor, du hast deine große Zeit mit zweiundzwanzig", sagte Max Engels nachdenklich. „Dann bist du für den Rest deines Lebens nur noch ehemalig."

Der Oberstaatsanwalt starrte Engels an und wartete auf das erlösende Gelächter.
Es kam nicht.

Noch achthundert Meter. Vorbei an dem verlassenen Fußballplatz. Dann hatten sie die Brücke erreicht. Der Fahrer setzte Blinker und einen Augenblick später rollte die silbergraue Limousine langsam hinüber auf die Insel.

Max Engels betrachtete die schmale Brücke und für einen Augenblick verspürte er einen Anflug von Wehmut. Dann ging es nach links. Hohe Baumreihen und kiesbestreute Feldwege. Nur die Zufahrt zu den paar Häusern war geteert. Weiße Flatterbändern sperrten den Weg, aber der schwere Wagen wurde nicht einmal aufgehalten. Die Streifenpolizisten winkten nur zackig.

Der Weg zog noch eine Schleife und dann baute sich eine Hausgruppe vor ihnen auf. Steil wie ein Schiffsbug sah das aus. Gegenüber auf der schattigen Straßenseite war eine kleine Menschenmenge versammelt. Die Passanten reckten immer wieder die Hälse und starrten neugierig zu dem zartgelben Sandsteingebäude hinüber.

Mehrere Funkwagen der Schutzpolizei und zwei Zivilfahrzeuge parkten vor dem Grundstück und blockierten damit die Zufahrt. Etliche Polizisten in Uniform liefen suchend umher.

Außerdem parkte ein Übertragungswagen der RNF-Nachrichten auf der Straße und die Reporter unterhielten sich mit den aufgeregten Zuschauern und hielten jedem ein Mikrophon unter die Nase, der den Mund aufmachte.

Kellers Fahrer stoppte neben einem mit Unkraut überwucherten Grundstück und die beide Männer hinter ihm stiegen wortlos aus. Keller ging voraus. Engels hatte seine Krücke im Wagen liegenlassen. Er bewegte sich vorsichtig und biss einige Male die Zähne aufeinander. Auf die Passanten achteten sie nicht.

In der geteerten Grundstückseinfahrt stand der Transporter der Spurensicherung. Daneben ein uniformierter Polizeibeamter mit einem Klemmbrett in der Hand. Oberstaatsanwalt Keller winkte dem Mann zu und blieb wartend neben dem offenen Torflügel stehen.

Engels ging den Weg, bis zum Carport. Unter dem Dach standen zwei Autos, ein Stadtjeep und ein kleiner Wagen mit Faltverdeck.

Er hob das Absperrband hoch und bog sich darunter durch. So gelange er in den Garten. Der Duft von den Obstbäumen mischte sich mit dem von frischem Gras, und es war angenehm schattig.

Stimmen drangen aus dem Haus, aber er konnte nur ein paar undeutliche Wortfetzen auffangen. Sein Blick fiel auf die uniformierten Beamten vor ihm.

Die große Terrasse lag etwas erhöht und war überdacht mit einem schrägen Glasdach. Vorsichtig kam Engels die wenigen Stufen hoch und ging direkt auf die breite Schiebetür zum Wohnzimmer zu.

An der schmalen Hausseite richtete sich eine junge Frau auf und schüttelte gerade noch den blonden Kopf. Als sie Engels bemerkte unterbrach sie das Gespräch und kam ihm geschmeidig entgegen.

Sie kamen zu zweit, und Engels erkannte die Frau sofort.

„Back! Also doch."

Alles kam wieder. Sabine Back, und die alten Geschichten mit ihr. Als Back an der Polizeischule angefangen hatte, war sie für zwei Semester Engels Schülerin gewesen, und bereits zu der Zeit hatte sie es problemlos geschafft, ab und an seinen Puls zu beschleunigen.

Jetzt war Sabine Back die jüngste Ermittlungsgruppenleiterin in der Region, und ein echter Star der Badischen Kripo. Immer wieder stand sie im Rampenlicht. Nicht nur wegen Ihrer beachtlichen Erfolge, sondern vor allem auch wegen ihres Lebensstils als männerfressender Vamp.

Ruckartig blieb Engels stehen und starrte der Frau entgegen. Bis er sah wie es in ihren Augen leicht aufblitzte.

Sabine Back überragte alle Anwesenden um mindestens eine Kopflänge. Die Frau war Mitte Dreißig, und hatte kein Gramm zu viel am Leib. Sie hatte ein fein geschnittenes Gesicht mit einem angriffslustigen Kinn. In ihren dunklen Augen schien ständig ein Gewitter aufzuziehen.

Es ist lange her", sagte Max Engels als erster. „Aber eigentlich hätte ich mir denken können, dass wir uns ausgerechnet an einem Tatort, in der Stadt hier über den Weg laufen."

Die große Frau mit den raspelkurzen Haaren kam näher und grinste.

„Ich geb`s zu", sagte sie. „Manchmal hat man es mir sogar genauso prophezeit, Max Engels."

Ihr Lächeln wurde breiter. Es wirkte fast deplatziert, aber die Frau hatte für einen Moment das Gesicht eines fröhlichen Mädchens, nicht das einer rabiaten Kommissarin der Mordkommission.

Sie musterten sich gegenseitig und ließen sich auch dabei etwas Zeit dabei. Back trug einen engen dunkelblauen

Hosenanzug mit weißer Bluse, und modische Springerstiefel. In jedem Ohr von ihr steckten eine Menge Ohrringe und das kurze Haar war maisgelb gefärbt. Sie kaute ihren Kaugummi und starrte Engels an.

„Was ist jetzt?"

„Ich soll hier arbeiten", sagte Engels.

„Hat sie der Oberstaatsanwalt schon eingewiesen?"

Engels zwinkerte ihr zu. „Tatsächlich hat er nur zu mir gesagt: Das macht zwar die Lange, aber…"

„Habe ich etwa dafür meinen Termin sausen lassen?"

„Schade…"

Mechanisch erwiderte Engels ihr Lächeln. „Bestimmt kann man was Neues ausmachen."

„Kein Problem."

„Ich weiß, dass das hier eigentlich ihr Spielplatz ist." Engels wurde wieder ernsthaft. „Aber ich freue mich sie zu sehen, und dass sie noch auf uns gewartet haben, finde ich, ehrlich gesagt, … taff."

„Was?"

„Was?"

Engels gab ihr die Hand.

„Gleichfalls."

Unwillig winkte Back ab, aber ihre Augen flackerten.

„Außerdem wollte ich halt unbedingt rausfinden, ob sie sich noch an ihr Fußvolk von damals erinnern."

„Sie haben sich überhaupt nicht verändert, Verehrteste", sagte Engels geduldig, „aber ich vergesse nie ein Gesicht. Das wissen sie doch hoffentlich noch."

Max Engels begrüßte auch den Kollegen von der Spurensicherung. Arthur Kemmer, klein, gepflegter Ziegenbart, wache Augen.

„Erst mal so was wie Entwarnung", sagte Kemmer launisch. „Es war kein VX, oder ein anderes Giftgas, aber ähnlich gemein."

Der Mann steckte in einen weißen Kunststoffoverall, und war zugeknöpft bis zum Kinn.

Engels betrachtete seinen Gegenüber einen Augenblick länger.

„Das hört sich doch gut an."

„Vor allem ist es verbindlich", erwiderte der Techniker trocken, „und darum ist es die gute Nachricht."

Danach war eine Zeitlang nur das Rauschen des Windes zwischen den Bäumen zu hören.

„Keine Gefahr mehr. Wir haben jedes Zimmer im Haus gecheckt."

„Was war es für ein Zeug?"

„So schnell können wir noch nicht ", knurrte Kemmer säuerlich in Engels Richtung. „Das Labor kümmert sich um die Bestimmung, aber geben sie mir noch ein paar Stunden."

„Was wissen wir schon?"

Sabine Back und der Kriminaltechniker sahen sich an.

„Den Kollegen muss ich jetzt wohl nicht weiter vorstellen, oder?" Oberstaatsanwalt Keller, der inzwischen herangekommen war, machte den Umstehenden ein Zeichen mit der Hand. „Max Engels hilft bei uns aus und führt ab sofort die Ermittlungen."

Missmutig legte er seine Stirn in Falten.

„Mehr ist im Augenblick nicht zu sagen."

Sabine Back nickte einmal und suchte Blickkontakt bei dem Oberstaatsanwalt.

„Das möchte ich aber noch loswerden."

Für einen Augenblick sah sie Engels offen ins Gesicht:

„Ich freue mich, dass es ihnen wieder gut geht, Max", sagte sie. „Nach den Einsatzmeldungen, die wir mitgekriegt haben, hätte ich nicht gedacht, dass wir uns so zeitnah wieder über den Weg laufen."

„Amen."

„Ich dachte sie wären nur noch als Dozent tätig gewesen."

„Das war ich auch, aber …ach …das ist eine andere Geschichte."

„Dann verschieben wir das auf später." Das Lächeln von Back wurde noch um einige Grade heller. „Sind sie bereit für die Stabübergabe", fragte sie entschlossen.

„Was ist hier passiert …"

„Das kann ich noch gar nicht einordnen." Backs Augen weiteten sich und wurden für eine Sekunde noch größer. „Ein Gruselfilm, aber leider ist der real! Die ganze Familie ist vergast worden, man kann`s nicht anders sagen, und ich bin immer noch geschockt."

Für einen Moment konnte man wieder die Vögel laut zwitschern höre.

„Das sind wir alle", sagte Till Keller tonlos. „Die Leichen sind schon in der Rechtsmedizin, man weiß ja nie äh… um was es sich tatsächlich handelt." Mit einem Ruck wuchtete er sich herum.

„Du glaubst nicht wie dramatisch es hier aussah, als die ersten Kollegen eintrafen."

„Wer steckt dahinter?", fragte Engels. „Was sagt der Staatsschutz?"

„Keine aktuellen Erkenntnisse."

„Typisch."

„In den Luftschichten über uns, sind keine Verunreinigungen festzustellen", begann Kemmer. „Auch in der Umluft nicht."

„Zum Glück!"

Kemmer sah die Umstehenden der Reihe nach an.

„Es besteht keine Gefahr für die Bevölkerung."

„Malen sie den Teufel nicht an die Wand."

„Das THW hat Messungen durchgeführt", sagte Kemmer. „Die haben die Lüftungssysteme in dem Haus druckbelüftet, und alles dann noch mehrmals durchgespült."

„Gibt's vergleichbare Fälle in der Umgebung?"

Back seufzte einmal um die Anspannung loszuwerden.

„Einbrüche mit K.o.-Gas häufen sich zwar dramatisch, aber so etwas habe ich noch nicht gesehen."

„Ian Kaufmann, der Name sagt ihnen doch bestimmt auch etwas?" Arthur Kemmer grinste irgendwie verloren. „Und jetzt ist er tot, und wir stehen vor einem Rätsel."

„Ist mir bekannt, aber wieso ist der Name schon an die Presse gegangen."

„Tschuldigung", erwiderte Kemmer und reckte sein Kinn streitlustig nach vorne. „Aber solche Meldungen entwickeln eine gewisse Eigendynamik. Dagegen sind wir machtlos."

„Ich meine", sagte Max Engels, „hatte Kaufmann denn keinen Gasmelder im Haus?" Widerstrebend sah er sich um. „Was hat sich hier bloß abgespielt?"

„Es gibt Anzeichen dafür, dass es sich um keinen gewöhnlichen Gasüberfall gehandelt hat", sagte Sabine Back und senkte ihre Stimme.

„Die Opfer wurden nicht in ihren Betten aufgefunden", erklärte sie weiter. „Die Leiche der Frau lag hinter der Schlafzimmertür, die von Kaufmann quer über dem Schreibtisch. Der Gasmelder hat Alarm ausgelöst, vermutlich sind sie davon auch aufgewacht, aber jemand hat ihn abgestellt."

Für einen Moment herrschte bedrücktes Schweigen. Engels wechselte das Standbein und warf Kemmer einen finsteren Blick zu.

„Irgendwelche Ideen?"

„Ich will nicht spekulieren", sagte der Spurensicherer. „Die alte Dame war die Einzige, die in ihrem Bett lag. Vielleicht hatte sie Schwierigkeiten aufzustehen, wir wissen es nicht."

„Und die beiden Mädchen?"

„Die lagen vor ihren Zimmern, im Flur im Dachgeschoss."

„Wie kam das Gas überhaupt ins Haus?"

„Es wurde einfach durch die Lüftungsschächte gepumpt", sagte Kemmer. „Hier von der Giebelseite aus. Die Thermostate waren auf zwanzig Grad eingestellt, und so verteilte sich das Gas dann im ganzen Haus."

Engels schaute dem Spurensicherer immer noch ins Gesicht.

„Merkwürdig, aber was machte Kaufmann auf dem Schreibtisch?"

„Der Schreibtisch stand genau unter dem Lufteinlass", erklärte Arthur Kemmer. „Und der Tote lag auf einer Decke, als man ihn fand", berichtete er weiter. „Es scheint als hätte er gesehen, wie das Gas hereinströmte, und versucht, es mit Hilfe der Bettdecke aufzuhalten. Das unterstreicht noch einmal das Ungewöhnliche an dem Fall."

„Sonst noch irgendwas?"

Kemmer sah Engels direkt an.

„Gewöhnliches K.o.-Gase wie „Fentanyl, oder Kohlendoioxid sind farblos", sagte er gedämpfter. „Und jedes dieser Gase wäre unsichtbar gewesen."

„Also wurde etwas Aggressiveres eingesetzt? Aber was, verdammt noch mal?"

Arthur Kemmer schüttelte den Kopf.

„Das wissen wir halt noch nicht", knurrte er und winkte ab, „aber es ging alles rasend schnell und vermutlich war das Zeug sogar irgendwie sichtbar. Wie Wasserdampf oder Rauch."

„Muss man sich jetzt mehr auf solche brutalen Raubüberfälle einstellen?"

„Bis jetzt haben wir noch nichts Vergleichbares."

„Wer hat die Toten gefunden?"

„Frau Bolzin. Das ist die Haushälterin", antwortete Sabine Back wieder und zog dabei den dünnen Gummihandschuh von ihrer linken Hand. „Die Frau hat uns auch angerufen."

„Hat sie was damit zu tun?"

Sabine Back schüttelte den Kopf. „Die Frau hat ihren eigenen Schlüssel. Wenn sie das Haus hätte ausräumen wollen, hätte sie das bereits vor einer Woche tun können, als Familie Kaufmann noch auf Reisen war."

„Was wurde gestohlen?"

„Alles was sich einfach zu Bargeld machen lässt. Sogar der Tresor ist weg."

„Was?"

Die Diebe, oder vielleicht sollten wir sagen die Mörder, rissen ihn aus der Wand im Arbeitszimmer, und nahmen ihn mit, vermutlich sogar ungeöffnet. Alle Kunstgegenstände sind weg, alle Computer und Fernseher und sonstigen Elektrogeräte, außerdem der gesamte Schmuck und sämtliches Bargeld. Sie haben sich auch reichlich Zeit gelassen."

„Wie lange haben die gebraucht?"

„Mindestens eine halbe Stunde für den Tresor und ebenso viel für den Rest der Beute."

„Konnten sie schon feststellen, wann es passiert ist?"

„Der Einbruch begann exakt um 04.05. Uhr."

„Hat der Hund denn nicht angeschlagen?"

Irritiert zuckte Kemmer mit den Achseln. „Wer hat denn was von einem Hund gesagt?"

„Das war ein Scherz, Kollege."

Kemmers Augen wurden größer, aber ohne einen Kommentar drehte er sich einfach um und machte ein paar Schritte. „Jedenfalls war die Alarmanlage zu dem Zeitpunkt ausgeschaltet."

Die drei anderen kamen hinter ihm her.

Wie denn ausgeschaltet?", fragte Engels. „Haben die den Strom unterbrochen? Oder einfach die Kabel herausgerissen?"

Back blickte auf ihre Uhr.

„Ich kann es mir nicht anders erklären, als dass die Mörder den Code gekannt haben", sagte sie und drehte sich etwas zur Seite. „Entschuldigen sie mich, aber ich habe noch einen Einsatz und muss dazu noch einiges arrangieren."

„Wann darf ich ins Haus?"

„Erst wenn wir durch sind." Eine griesgrämig dreinblickende Kriminaltechnikerin streckte ihren Kopf durch die offene Terrassentür. „Sind sie der Sonderermittler, der ab jetzt übernimmt?"

„Richtig."

„Dann brauche ihre Fingerabdrücke zum Abgleich."

Die Frau mit dem Pferdeschwanz sprach mit einem weichen Mannheimer Zungenschlag.

„Vorher fassen sie bitte nichts an."

„Nein Madam:"

Engels kratzte sich am Hals. Sein Handy hatte angefangen zu piepsen und zeigte penetrant an, dass ihn jemand sprechen wollte.

Verdutzt nahm er das Gespräch an.

„Hallo?"

„Hallo Max, … Joe hier…"

„Wer?"

„Tänzer. Du hast mich doch nicht vergessen, oder?"

Jo Tänzer war Reporter vom *Neckarblick, und ein alter Bekannter, war er auch.* Natürlich war die Handynummer von Engels noch immer in seinem Telefonverzeichnis abgespeichert.

„Hier steckst du also, alter Freund?"

Engels drehte sich zur Seite.

„Was willst du?", fragte er leise.

„Ich sehe dich gerade auf meinem Radar, und frage mich was du da bei Kaufmann treibst."

„Von was redest du denn?"

„Hör auf mit dem Quatsch. Ich stehe mit meiner Mannschaft direkt vor Kaufmanns Haus und versuche nur meinen Job zu machen. Du kennst das doch."

Für einen Moment war es still in der Leitung.

„Willst du vielleicht einen ersten Kommentar zu der Geschichte hier abgeben?"

„Was denkst du?"

Augenblicklich wusste Tänzer, dass es zwecklos war, aber er versuchte es trotzdem weiter. „Du wirst doch ein paar Erklärungen haben für einen alten Freund, oder gilt das nicht mehr."

Engels beschloss sich nicht zu ärgern.

„Ja, sicherlich", sagte er deshalb. „Hier hast du meinen Kommentar, und das ist …vertagtes Schweigen. Zu laufenden Ermittlungen gibt es von mir immer noch keine Wasserstandsmeldungen, auch wenn ich mal viel Blut verloren habe."

„Gibt's schon Hinweise?", fragte Tänzer unbeeindruckt weiter. „Wo können wir uns treffen und in Ruhe reden?"

„Wende dich getrost an die Presseabteilung. Die können dir sicherlich helfen."

Wieder blieb es einen Moment lang still. Engels hörte Geräusche im Hintergrund. Schritte? Eine Autotür?

Entschlossen drückte er das Gespräch weg.

Presserummel war das Letzte was er jetzt brauchten konnte.

„Nachher können sie sich in aller Ruhe umsehen", bemerkte Back und sah auf die Uhr. „Die Fallakte lasse ich ihnen bringen."

Damit setzte sie sich in Bewegung.

„Jetzt muss ich weiter."

„Ich weiß", brummte Engels und sah ihr hinterher, bis sie verschwunden war.

Nachdem Sabine Back gegangen war, verschwand auch das Licht am Horizont und es wurde langsam dämmrig.

„Kommen sie mit", rief Kemmer ihm zu und bugsierte ihn zu dem schmalen Kiesweg, der zum Vordereingang führte. „Wir fangen am besten da vorne an."

„Einverstanden."

Steifbeinig versuchte Engels mit Arthur Kemmer Schritt zu halten.

„Auf die Art sind die Kerle ins Haus gekommen."

Kemmer war stehengeblieben und deutete mit der Hand kurz nach unten auf ein aufgebrochenes Seitenfenster. Dann waren sie um die Ecke. Ein uniformierter Polizist stand vor der Außentür zur Küche und wartete.

Engels blieb stehen und fragte ihn: „Ist die Luft wieder sauber?"

Der Mann wirkte etwas nervös. „Die Feuerwehr hat bis vorhin nachgemessen", sagte er und guckte dabei unsicher.

„Das ist nur das Adrenalin", sagte Engels und streckte sich. „Ich bin gleich wieder normal."

Der Uniformierte nickte, lies Kemmer und Engels ins Haus und schloss hinter ihnen die Tür.

Schweigend gingen die drei Männer durch die Küche, landeten in der großen Eingangshalle und sahen sich dort um. An der linken Wand, befand sich die Garderobe. Von der Diele gelangte man ins Wohnzimmer. Die Tür stand offen. Schneeweiße Wände sahen sie an.

Dicke Balken ragten aus der Decke Aber Engels machte einen Bogen und schielte nur mal in den großen Raum. Große Sofas und einige Sessel verteilten sich in dem Raum. Kriminaltechniker waren noch bei der Arbeit. Der blonde Pferdeschwanz war allerdings nicht dabei.

Max Engels blieb einfach im Flur stehen. Bis zum Dach war alles offen, der Luftbereich war mindestens acht Meter hoch, vielleicht sogar mehr. Zwei Treppen, eine auf jeder Seite führten zu der Galerie ins Obergeschoss, und in der Mitte hing ein riesiger, schmiedeeiserner Kronleuchter. Der Fußboden aus schneeweißem Granit war glatt und eiskalt. Die Luft war trocken.

Engels rief: „Können wir reinkommen?"

„Das dauert noch."

„Seid ihr immer noch nicht fertig?" bellte Kemmer. „Etwas mehr Tempo, bitteschön."

„Fangen wir halt von oben an?", sagte der Streifenpolizist und zeigte auf die Treppe.

„Klingt vernünftig."

Engels ließ den Mann vorangehen und folgte ihm mit ein paar Schritten Abstand. Ein kühler Luftzug ging durchs Haus, irgendwo mussten noch Fenster geöffnet sein. Das Lüften war also doch noch nicht vorbei.

Im Dachgeschoß gab es nur eine kleine rechteckige Plattform als Diele. Dahinter zeigten Türen in zwei Richtungen.

„Hier haben wir die Mädchen gefunden", sagte der Uniformierte und zeigte am Boden auf die mit Kreide nachgezeichneten Umrisse der Körper, die hier gelegen hatten.

Max Engels sagte nichts.

„Hier hat die älteste Tochter, Sandy gewohnt", fuhr der Polizist fort und öffnete die erste Tür auf der linken Seite.

Engels ließ sich Handschuhe geben bevor er das Zimmer betrat. Dann sah er sich um. Der Raum war ziemlich klein und in Rosa und Gelb gehalten. In einer der Schrägen befand sich eine gemütliche Sitzecke. Direkt daneben führte eine breite Glastür auf einen großen Balkon.

In einer Ecke stand ein weiß lasierter Schreibtisch mit Laptop, Drucker. Schreibtischlampe und Stiften. Das Standregal diente auch als Raumteiler und war auf der einen Seite mit bunten Postern dekoriert. Das französische Bett in der anderen Ecke war immer noch zerwühlt, und auf dem flauschigen Teppich lagen T-Shirts, Schuhe und einige Kataloge in einem einzigen Durcheinander.

Ein großes Bücherregal quoll über von Büchern. Auf der linken Seite standen überwiegend Taschenbücher. Auf der rechten standen Comics und einige Nachschlagwerke.

Nach ein paar Augenblicken musste Engels sich räuspern. Damit drehte er sich um und ging wieder hinaus auf den Flur. Ohne ein Geräusch zu machen zog er die Tür hinter sich zu.

Im Flur blieb er einen kurzen Moment stehen, öffnete die Tür auf der rechten Seite und gelangte in ein großes schneeweißes Badezimmer mit einer Badewanne auf einem Sockel, einem breiten Waschbecken, einem Bidet und einer Toilette.

Die nächsten beiden Schlafzimmer waren leer, nichts wies auf Gäste hin. Das letzte befand sich ganz hinten links. Die Tür stand offen, im Raum war es stockfinster. Engels machte Licht.

Das Zimmer war chaotisch. Der Teppich lag zusammengeschoben auf der Seite. Das Bett stand schief, Matratze und Bettzeug waren heruntergezogen worden. Die Türen des massiven Kleiderschranks standen offen, es roch angenehm. Jungmädchenkleider lagen auf dem Boden. Jeans, Blusen, mehrere Röcke, eine Jeansjacke. Eine große Reisetasche war in die Ecke geworfen worden. Daneben lagen zwei Tennisschläger. Auf dem Schreibtisch, es war dasselbe Modell wie bei ihrer Schwester, nur in Grün, lag ein Headset, daneben stand ein Teller mit Apfelscheiben und eine bauchige Flasche mit Mineralwasser.

Max Engels hatte genug und verließ das Zimmer wieder. Ohne sich noch einmal umzusehen, ging er über die Treppe nach unten, wandte sich auf der Galerie direkt nach links, und öffnete die Schlafzimmertür von Lilli und Ian Kaufmann.

Der Raum vor ihm war riesig.

Ein Türflügel stand offen und ließ das restliche Tageslicht in den Raum hineinfallen. Ein breites Boxspringbett stand neben der Terrassentür, und bot auch von dort einen herrlichen Ausblick über den Garten. An der Seitenwand hing sonst wohl ein überdimensionierter Flachbildschirm. Jetzt wirkte die Wandfläche kahl und verwaist. Für einen Augenblick starrte Engels auf die ausgebleichten Abdrucke.

Daneben stand ein Sekretär. Auf der anderen Seite befand sich eine Frisierkommode und ein großer Spiegel. Engels Blick wanderte automatisch zur Lüftungsöffnung.

„Bitte warten sie einen Augenblick."

Engels schloss die Tür hinter sich. Die Anstrengung setzte ihm zu. Alles drehte sich. Der fehlende Schlaf, dachte er, und zwang sich gleichmäßig zu atmen. Nach einigen Minuten kam er wieder auf den Flur.

„Bei ihnen alles in Ordnung?"

Der Uniformierte schwieg für einen Moment, dann nickte er und gemeinsam gingen sie sie die Treppe hinunter.

„Und, wie sieht`s aus?"

Kemmer kam gerade durch die Terrassentür wieder zurück ins Wohnzimmer. Mit einem Seitenblick fragte er: „Mögen sie Eishockey?"

„Manchmal…"

Engels zog die Handschuhe aus und warf sie in den Müllsack der Spurensicherer.

„Da hinten befindet sich noch ein Schlafzimmer", sagte Kemmer und zeigte mit seinem langen Lineal den Flur entlang. Sie machten einen Bogen nach rechts. Direkt neben der Küche lag der Essbereich, der war im Landhausstil möbliert, und dann kam noch ein kleinerer Flur. An der ersten Tür hing ein Zeichenblatt. „Hier wohnt Susanna", stand in großen Blockbuchstaben darauf.

„Wo ist das Mädchen?", fragte Engels. „Sie war ja wohl nicht im Haus als es passiert ist, oder?"

Der Streifenbeamte sah ihn forschend an, streckte dann seinen Arm aus und öffnete die Tür. Nebeneinander blickten sie in ein ordentliches Jugendzimmer. Das schmale Bett war gemacht und die Tagesdecke ordentlich darübergebreitet. Ein Laptop, der so aussah wie der von Sandy, stand ausgeschaltet, aber aufgeklappt auf dem Schreibtisch. Ein verblichenes Poster von Britney Spears hing neben der Tür.

„Reicht das jetzt?"

Widerstrebend nickte Engels.

Zusammen kamen sie aus dem Haus und gingen weiter durch den Vorgarten.

„Diese Susanna, wer ist das?"

„Vielleicht eines der Hausmädchen, oder?" Kemmer rollte mit den Schultern. Neben dem Straßenrand blieb er stehen.
„Wäre möglich."

2

Einige Stunden später saß Engels bereits im *Alten Bahnhof*. Die Kneipe neben der Kurpfalzbrücke war immer noch ein beliebter Treffpunkt, und proppenvoll, wie fast jeden Abend.

An der riesigen Theke fanden sich immer interessierte Gesprächspartner. Viele Cops, auch Ehemalige verkehrten hier, Uniformen sah man allerdings selten.

Die Rückfahrt von der Insel war recht einsilbig verlaufen. Nur Max hatte gesprochen, aber leise und Till Keller hatte ihm aufmerksam zugehört. An der Eingangspforte zum Klinikum war Engels mit einem knappen Gruß ausgestiegen.

„Lass dir was einfallen, Max", hatte Keller halblaut hinter ihm hergerufen. „Wir brauchen zeitnah Ergebnisse."

„Den Spruch kenne ich."

Dann war der Wagen weitergefahren.

Nach einem kurzen Abstecher auf sein Zimmer, hatte er sich noch einmal aufgerafft und war zu Fuß losgelaufen.

Aber der Fußmarsch war arg anstrengend geworden. Engels musste mehrmals anhalten und einige Male auch länger stehen bleiben Bei jedem Auftreten drückten die Schrauben stärker, und er spürte jeden Schritt von innen. Kein angenehmes Gefühl. Als er es endlich in die alte Wartehalle geschafft hatte, war sein Gesicht schweißnass gewesen.

Schwer atmend setzte er sich an einem der eckigen Holztische und tastete mit der Hand vorsichtig über die Hüfte und den Oberschenkel. Jeden Zentimeter fuhr er so ab. Die Schmerzen fühlte er bis in den Unterschenkel.

Er war immer noch heftig am Pumpen, und er hatte auch Durst. Der bittere Geschmack in seinem Mund musste endlich weg.

Als die Schmerzen erträglicher wurden, bestellte er sich eine Neckarpfanne. Die Spezialität des Hauses, wie es in der Speisekarte hieß. Dann kam das erste Bier.

Immer wieder ging sein Blick hoch zu einem der großen Fernseher. Über dem Rechteck kreisten mächtige Ventilatoren, aber er nahm keine Notiz davon.

Matchday! Auf dem Sportkanal lief Fußball. Gleich spielte Schalke gegen die großen Bayern aus München.

Endlich erschien die Gusspfanne vor ihm, und Engels begann zu kauen. Wie immer hielt er mit der einen Hand den Teller fest und schaufelte mit der anderen das Essen in sich hinein.

Mehrmals sagte er zu sich selbst: „Verflucht nochmal", und versuchte sich auf das Spiel zu konzentrieren, aber immer wieder schweiften seine Gedanken ab auf die Insel, seinen Bratkartoffeln und dem Hintern der rothaarigen Bedienung.

Zunehmend wurde es um ihn herum lauter. Der Laden war bereits brechend voll, aber immer noch drängten etliche Leute herein. Männer wie Frauen, alle waren in toller Stimmung, nicht betrunken, aber aufgekratzt. Gelächter brauste auf, denn die Fans aus beiden Lagern lieferten sich auch zotige Wortgefechte.

Aber es gab noch einen anderen Grund für das aufgeregte Gemurmel. Sabine Back war aufgetaucht und auch das blieb nicht ohne Wertung. Gelassen, wie es nur sehr souveräne Frauen schaffen, schob sich die großgewachsene Frau hüftschwingend zwischen den engstehenden

Tischreihen hindurch. Sie sah dabei aus, als würde sie es ohne Probleme schaffen auch über die Tische steigen. Etliche Augenpaare folgten jeder Bewegung von ihr.

Ohne auf die Blicke zu achten zwängte sich Back dicht an Engels Tisch und setzte sich ihm flegelhaft direkt gegenüber. Herausfordernd starrte sie ihn an, und deponierte ihre Jacke achtlos auf dem Stuhl neben sich.

„Ist hier noch frei?"

Max Engels reagierte nicht gleich. Erst als Back sich räusperte, sah er sie an und konterte mit rollenden Pupillen.

„Aha, und?"

„Manche Dinge ändern sich wohl nie."

Mit hochgezogenen Augenbrauen schielte sie auf sein leeres Glas. „Da sie nicht in ihrem Zimmer waren, habe ich mir gedacht, dass ich sie hier finde", sagte sie, produzierte eine Kaugummiblase und ließ die geschickt vor seinem Gesicht zerplatzen.

„Interessieren sie sich denn für Fußball?"

Engels lächelte. Ihm gefiel die Vorstellung.

„Nicht so sehr." Back blieb locker, aber dann zögerte sie kurz. „Ehrlich gesagt gehe ich lieber zum Eishockey."

„Kommen sie oft hierher?"

„Schon möglich", gab sie zu. „Aber nur, wenn die Adler gewonnen haben."

„Haben sie Ian Kaufmann eigentlich noch selbst spielen sehen?", fragte Max Engels amüsiert weiter.

„Was glauben sie denn?", kam es schnippisch zurück. „Für den habe ich früher sogar mal echt geschwärmt."

„Sagen sie bloß?"

„Mit Kicker-Starschnitt und allem was dazugehört", sagte Sabine Back wie verträumt. „Ian Kaufmann war doch einer der ganz, ganz Großen. Der hat uns `97 und `02 quasi die Meisterschaft geholt. Damit ist er bei uns Fans unsterblich geworden."

„Hm…" Engels wartete.

„Solche Spieler vergisst man nie." Sabine Back holte einmal Luft, hielt dann jedoch inne, und sagte: „Nach Kaufmanns Karriereende wurde seine Rückennummer, *die Vierzehn* nie mehr vergeben."

Max Engels zog nur die Brauen hoch, kaute aber seelenruhig weiter.

„Kaufmann trug immer *die Vierzehn*, verstehen sie?"

„Das wusste ich nicht."

„Jetzt hängt das Trikot unter dem Hallendach der SAP-Arena."

„An was denken sie gerade?"

Back musste nicht antworten. Die Kellnerin kam heran und fragte ob sie einen Wunsch hätten. Sabine Back schob Engels ihr Gesicht entgegen.

„Trinken sie ein Glas mit?" fragte sie unverwandt und bestellte mit ausgestreckten Fingern zwei Bier. „Die gehen aber auf ihren Deckel." Sie lehnte sich zurück und verschränkte die Arme. „Eine Art Einstand, das kennen sie doch noch?"

Engels schluckte den letzten Bissen unzerkaut hinunter „Wollen sie sich jetzt echt über den Fall unterhalten?" fragte er, legte sein Besteck ab und schob den leeren Teller zur Seite.

„Na klar, deswegen bin ich hier." Am Tisch war es merklich kühler geworden. „Kommen sie schon ", sagte

Back. und senkte ihren Kopf etwas. „Wir sind schließlich im Krieg. Außerdem sitzen sie hier nicht im Schlafanzug, also darf ich sie noch ansprechen." Verärgert kickte sie leicht gegen das Stuhlbein.

„Haben sie keinen Partner, der ihnen zuhört?"

Engels hatte nicht gesehen ob der Ball bei den Roten angekommen war. Mit einer Hand begann er erneut seinen Oberschenkel zu massieren. Die Hüfte brannte immer noch wie Feuer.

„Derzeit sind wir etwas unterbesetzt." Back seufzte, verschränkte die Hände und schob sie zwischen die Knie. „Haben sie eigentlich noch Schmerzen?"

Als keine Antwort kam fragte sie einfach weiter. „Wo wollen sie ansetzen?"

„Ich steige gerade erst ein, Kollegin."

Ein Raunen ging durch die Tischreihen. Engels hob den Kopf und versuchte, an Back vorbei einen Blick auf den Bildschirm zu werfen.

Schalke startete gerade einen Konter. Von der Mittellinie trieb Holtby den Ball nach vorne, aber warum, zum Henker spielte der Kerl nicht endlich ab? Huntelaar und der tolle Spanier warteten bereits auf den Ball und winkten mit den Armen wie Matrosen in Seenot.

Aber vergeblich. Erst als Müller fast in ihn hineinlief versuchte Holtby endlich den Pass zu spielen.

Auch die Zuschauer in der Kneipe brüllten.

„Ich dachte sie sind schon mittendrin."

Sabine Back wollt noch etwas sagen, aber die Bedienung kam mit einem Tablett voller Getränke an den Tisch und stellte zwei tropfende Biergläser vor ihr ab.

Als die Frau wieder außer Hörweite war sagte sie: „Einbrüche ohne Betäubungsgas gibt es zurzeit gar nicht mehr. In den Villen an der Rheinpromenade oder in der Oststadt sind Gasmelder heute schon normaler als einfache Feuermelder. Es ist eine regelrechte Epidemie geworden."

„Aber deswegen sind sie nicht gekommen."

Engels blickte hoch und seine Haltung straffte sich.

„Alles deutet auf einen Einbruch hin", sagte Back und ihr Gesichtsausdruck veränderte sich. „Ich weiß das auch, aber ich glaube es nicht. Ich denke eher, dass es Tarnung ist um uns zu täuschen."

„Ist das weibliche Intuition?"

Back wurde ruppiger.

„Jedenfalls kann ich es nicht belegen."

„Trotzdem danke für den Hinweis. Ich werde daran denken."

Sabine Back wurde ein wenig freundlicher. Und sie zeigte auch ein weicheres Lächeln.

„Jetzt habe ich noch etwas Zeit", erklärte sie. „Sie wissen ja warum man mich abgezogen hat."

„Ich weiß nur, dass es enorm wichtig ist und dann holt man immer die Besten." Engels Lächeln wurde verwirrend

„Danke für die Blumen", antwortete Back. „Eine junge Frau wurde tot aufgefunden. Darum geht's. Aber der Fall hier ist wichtiger."

Die Kellnerin tauchte wieder auf, räumte den Teller ab und fragte ob sie noch einen Wunsch hätten.

Sabine Back sah auf ihre Uhr und schüttelte den Kopf. „Es war wieder mal die Geliebte eines sehr wichtigen Mannes", sagte sie dann noch zu Engels hinüber. „Ein echtes Drama, und sowas wiegt manches auf, verstehen sie?"

„Eben fällt der Groschen."

Engels sah sie wieder direkt an. „Ich habe von der Geschichte gehört, aber ich beneide sie nicht um den Job. Das kann echt haarig werden, und Freunde machen sie sich beim LKA damit auch keine."

„Noch etwas?"

Die Stimme von Sabine Back klang plötzlich wieder verärgert. „Die Zeit vergeht und ich muss mich beeilen", sagte sie. „Mein Zeitfenster ist in den nächsten Tagen arg eng."

„Dann nehme ich das mal als Ansporn."

Falscher Ton, und Engels wusste es.

„Nichts ist einfach Max, und ich mein`s ernst."

„Dann haben wir es nicht schwer miteinander." Engels räusperte sich noch einmal

„Oh Mann."

Back schloss für einen Moment die Augen: „Aber jetzt erklären sie mir noch warum sie schon wieder Dienst machen."

„Ich reise gern herum… "

„Schon klar."

Back musste lachen.

„Was."

Unvermittelt wurde ihr Blick wieder schärfer. „Ich habe gehört, dass sie vielleicht nicht mehr laufen können", sagte sie, „und ich finde ehrlich, dass sie noch arg lädiert aussehen."

„Ganz so schlimm ist es nicht", versuchte Engels zu scherzen. „Aber falls die Halluzinationen wieder einsetzen gebe ich ihnen Bescheid."

„Mein Gott!"

„Es ist ganz einfach", sagte Engels. „Till Keller und ich sind alte Bekannte, und er hat mich um Hilfe gebeten. Deshalb bin ich dabei." Er kniff ein wenig die Augen zusammen. „Eigentlich hat er mir keine Wahl gelassen, aber das ist eine ganz andere Geschichte. Offiziell begleite ich die Ermittlungen nur…sozusagen."

„Bingo."

Back verdrehte die Augen. „Sie haben einige Geschichten zu erzählen."

Engels sagte nichts.

„Till Keller steht augenblicklich auch gewaltig unter Druck", sagte Back dann weiter. „Der muss unbedingt punkten, sonst kippt seine Karriere unter ihm weg."

„Was meinen sie damit?"

Engels Stimme wurde um etliche Grade frostiger.

„Erinnern sie sich an den Fall Grosser?"

„Das Getöse war ja nicht zu überhören. Ich habe mehrmals darüber gelesen, damals."

„Keller fungierte bei dem Prozess als Vertreter der Anklage, das wissen sie also?" Back nahm einen kräftigen Schluck aus ihrem Bierglas. „Jetzt gibt es ein Wiederaufnahmeverfahren für Grosser."

Engels zuckte mit den Schultern.

„Was sie nicht sagen…"

„Egal", Back wischte sich etwas Bier vom Kinn. „Die Verurteilung von Grosser wurde für Till Keller jedenfalls zum Startschuss, und führte zu seinem Durchmarsch in der Staatsanwaltschaft. Jetzt kann das schöne Urteil aber kippen."

„Autsch!"

„Genauso muss sich das anfühlen."

„Was hat Keller denn falsch gemacht? Täusch ich mich, oder ging es bei der Sache um einen Doppelmord?"

Back nickte. „Ziemlich spektakulär sogar", sagte sie. „Dieser Grosser wurde für schuldig befunden und verurteilt. Jetzt sind wohl einige Zeugen umgefallen, oder haben ihre Aussagen widerrufen."

„Da wird Till sich aber freuen", sagte Engels und stürzte sein Bier hinunter. „Kein Wunder, dass Erfolgsmeldungen jetzt so wichtig werden."

„Keller braucht jedenfalls dringend welche."

Verkniffen lächelte sie über den Tisch. „Grosser wird sicherlich Haftentschädigung fordern, und für die muss auch einer den Kopf hinhalten."

„Das wird teuer."

„Sie sagen es."

„Also zurück zu den Raubüberfällen hier in der Stadt, wer hat die bisher untersucht?"

„Das Einbruchsdezernat und Hauptkommissar Waechter von der Drogenfahndung", antwortete Back. „Aber momentan sind die Kollegen noch mit einer anderen Sache beschäftigt. Waechter und seine Leute haben vorige Woche in einem Lager im Handelshafen eine Ladung mit siebenhundert Kilo Kokain beschlagnahmt. Jetzt mischt die auch noch die Bundespolizei mit."

„Warum übergeben die den Fall nicht ans LKA?"

„Was weiß denn ich." missmutig schnippte Back einen Weißbrotkrümel vom Tisch. „Bremsen ist immer schwierig."

Max Engels warf einen Blick auf seine Uhr. „Man hört viel über Mafia-Mitglieder und Festnahmen", begann er. „Ich habe gelesen der Rückzugsraum von denen reicht schon bis Heidelberg und wird immer größer. Ist das alles nur Übertreibung?"

„Wie man`s nimmt", antwortete Sabine Back. „Hier gibt es über zweihundert kriminelle Organisationen, die alles Mögliche betreiben, von Cannabisanbau bis zu Kokainschmuggel und Autodiebstählen, Menschenhandel und illegalen Spielhöllen. Man geht von jährlich über zwanzig Auftragsmorden allein in Baden-Württemberg aus. Auch Die Sexindustrie ist enorm angewachsen, über vierzigtausend Personen sind dort beschäftigt. Es gibt Hunderte von Bordellen.

„Manches verändert sich wohl doch", sagte Engels. „Gibt es bei der Geschichte um Kaufmann eigentlich schon Bekennerschreiben oder was in der Art?"

Back überlegte kurz: „Nein, aber wenn es wirklich politisch ist, tauchen die Großmäuler schon auf."

„Dann verlass ich mich mal drauf."

Damit tranken sie sich zu. Engels beugte sich etwas vor und berührte Back mit seinem ausgestreckten Finger am Armgelenk. „Ich glaube noch gar nichts?"

Sabine Back zog den Kopf zurück. Bei ihrem Schluck behielt sie etwas Schaum auf der Oberlippe zurück.

„Was sehen sie?"

Das Lächeln bei ihr verschwand. Sie nahm noch einen kräftigen Schluck aus ihrem Glas, machte eine linkische

Bewegung mit dem Handrücken und wischte den Bierschaum wieder ab.

„Die Krieger sind wahrscheinlich ganz in der Nähe."

Engels blinzelte.

„Sehen sie mehr als andere?"

Back überlegte nicht. Ihr Gesicht war schneeweiß vor Aufregung, und sie lachte nicht mehr. Knarrend schob sie ihren Stuhl weiter zurück und stand halb auf.

„Sie nehmen mich auf den Arm, was?"

Kein Muskel zuckte in ihrem Gesicht.

Engels hätte die Bewegung beinahe mitgemacht. Er biss die Zähne aufeinander und zog scharf Luft ein.

„Wer kann mir etwas über das Alltagsleben von Kaufmann erzählen? Gibt es noch Familie?"

„Die sind doch alle tot."

Damit erhob Back sich vollends. Mit einer Hand tastete sie nach ihrer Tasche und sah dabei nachdenklich auf Engels herunter. Ihr Mund verzog sich plötzlich zu einem Fletschen, und der aggressive Eindruck wurde durch die kräftigen weißen Zähne noch verstärkt.

„Schauen sie sich ruhig das Spiel an", sagte sie gepresst. Stellte ihr Glas ab und verschwand.

„Wie sie meinen", murmelte Engels leise und sah ihr mit einem kurzen Stirnrunzeln hinterher. Er hatte noch keine Lust zu gehen und wandte sich wieder der Live-Übertragung zu.

Vor ihm schrien Zuschauer auf und einige lachten laut. Irgendwo lief Bier von einer Tischkante, und die niedliche Bedienung kam immer wieder an seinem Tisch vorbei. Später wurden ihre Blicke noch verheißungsvoller. Engels trank noch ein paar Biere, dachte an Sabine Back, und dachte nicht an Sabine Back.

3

Unsortiert schob sich ein Menschknäuel durch die große Eingangshalle des Uni-Klinikums. Überall hektisches Sprachgewirr. Breite Dialekte hörte man, und dazwischen noch mehr ungewohnte Sprachfetzten. Einige der Leute hielten bunte Blumensträuße in den Händen. Dazwischen wuselten andere umher.

Mitten in diesem Wirrwarr bewegte sich Max Engels mit seiner Krücke humpelnd zum Ausgang. Frauen und Männer kamen ihm entgegen, die meisten angespannt, mit Plastikbeuteln, Taschen oder Geschenkkartons in den Händen.

Es war gerade acht Uhr, und es waren bestimmt schon weit mehr als zwanzig Grad, aber kaum ein Luftzug war zu spüren. Die hohe Luftfeuchtigkeit kündigte einen weiteren schwülheißen Tag mit über dreißig Grad im Schatten an.

„Mann pass doch auf", rief die dunkelhaarige Krankenschwester erschrocken aus, als Engels an der breiten Glastür knapp an ihr vorbeischrammte. Er hatte es eilig. Das sah man, und er sah wuchtig aus, aber trotzdem versuchte er der Frau auszuweichen.

Hastig murmelte er eine Entschuldigung, schüttelte kurz den Kopf und drängte weiter. Seine Laune wurde nicht besser. Ohne einen Kaffee gehabt zu haben, war er aus der Abteilung verschwunden. Zwei Aspirin mussten für den ersten Schub reichen.

Er kam aus dem Haus und blieb abwartend neben einer herrenlosen Kranken-Trage stehen. Von hier konnte er das Kaffeearoma aus einer Kantine riechen. Es waren nicht viele Leute da. In der Einfahrt vor ihm stand ein weinroter Ford-Focus, der schon bessere Tage gesehen hatte.

„Typisch", brummte Engels, drückte seine Schultern durch und ging direkt auf den Wagen zu. Der Motor lief noch.

Der junge Mann hinter dem Lenkrad war flachsblond. Die halblangen Haare standen wirr von seinem Kopf ab und zeigten in alle Richtungen. Er reckte gerade seinen Hals, starrte mit verzerrtem Gesicht in den Rückspiegel und entfernte mit zwei Fingern etwas zwischen seinen Zähnen.

„Ja, was ist?", rief er aus dem halboffenen Fenster.

„Warten sie schon lange?" Mit der Innenhand klopfte Max Engels leicht auf das Autodach.

Der Mann mit dem Jungengesicht wirkte gereizt und er ließ die Seitenscheibe noch zwei weitere Zentimeter herunter, blieb aber ruhig sitzen und hörte noch einige Augenblicke dem Radiosprecher zu. Es ging um den letzten Auftritt von Ahmadinedschad den Staatspräsidenten des Iran.

Engels beugte sich etwas nach vorn und lauschte einfach mit. Dann glitt sein Blick aber weiter und verwundert starrte er für einen Moment auf die Rückbank des Wagens. Die war übersät mit Zeitschriften, Pizzakartons, Flaschen und Papier aller Art.

„Ist das arg wichtig für sie?"

Abrupt stellte der Flachsblonde den Motor ab.

„Alles gut, Kollege."

Max Engels reagierte prompt. Beschwichtigend hob er beide Arme. „Ich weiß, das geht mich gar nichts an, aber ich bin nun mal arg neugierig."

Das sollte lustig klingen, verpuffte aber. Ohne ein weiteres Wort ging er deshalb um die Motorhaube herum.

„Ist allerdings eine anerkannte Berufskrankheit", krächzte er einfach weiter. „Außerdem blockieren sie die gerade die Zufahrt zur Tiefgarage."

Entschlossen zog er die Beifahrertür auf und schob seinen Kopf bis ganz dicht vor das Gesicht des jungen Kollegen.

„Beruhigen sie sich", sagte er. „Ich mag auch Funky!"

Irritiert starrte der junge Mann zurück. Er trug eine ärmellose Lederweste über seinem Shirt, dazu Jeans und bequeme Laufschuhe. Das Grinsen verschwand aus seinem Gesicht.

„Wollen sie ein Foto machen, oder was soll das jetzt werden?"

Engels ignorierte die Frage.

„Ich bin Max Engels. Max, wenn sie wollen, und ich schwänze heute mal die Anwendungen."

„Sagen sie doch gleich, wer sie sind?", lachte der jüngere Mann und warf die Pappschachteln nach hinten. „Kommen sie rein. Ich bin Thomas Oser, Tom. Kommissar ist mein aktueller Dienstgrad. Sorry für die Verspätung aber der Stadtverkehr ist grausam heute Morgen. Die stehen vom Planetarium bis zum Wasserturm."

Sie schüttelten einander die Hände, aber dann lief Tom rot an.

„Schlimm genug, dass ich mit der Müllhalde hier fahren muss. Die haben nur den Observations-Karren rausgerückt. Glauben sie bloß nicht, dass ich den auch noch putze, das tue ich nämlich nicht, und das steht schon mal fest."

„Vielen Dank, dass sie mich abholen."

„Kein Ding", gab Oser etwas ruhiger zurück. „Ich soll sie unterstützen. Der Oberstaatsanwalt hat mich ins Bild gesetzt. Im Präsidium ist wegen dem Mord an Ian Kaufmann und seiner Familie der Teufel los. So was habe ich noch nicht erlebt."

„Das ist ja auch ein furchtbarer Anlass."

Mit dem Satz rutschte Engels auf den Beifahrersitz. „Was hat er denn sonst noch über mich erzählt, der gute Herr Oberstaatsanwalt", fragte er wie beiläufig. Behutsam hob er sein rechtes Bein hinter sich in den Fußraum und knallte dann die Tür zu.

„Nicht sehr viel", brummte Oser. „Nur…äh, dass sie eine …Art…äh… Militärpolizist waren."

Für einen Augenblick sah Engels seinen Nebenmann eigentümlich an.

„Glauben sie ihm nicht alles. Bei Till Keller klingen die Geschichten alle so spektakulär"

„Bei mir hat sich`s anders angehört, aber … äh… wie wollen wir anfangen?"

Engels sah für einen Moment starr durch die Windschutzscheibe. „Was glauben sie, was gerade abgeht?"

„Ich weiß es nicht", antwortete Oser, „aber einen Terror-Anschlag mag ich mir gar nicht vorstellen."

„Angst?"

„Auch das", gab der Kommissar zu, „aber ich denke Attentäter wollen erster Linie auffallen und vor allem Panik verbreiten."

„Was passt dann nicht…?"

„Kaufmann war doch schon lange keine öffentliche Person mehr", sagte Oser bedächtig.

„Meinen sie das ernst?"

„Ich will ihnen mal was sagen." Oser klang fast beleidigt. „Es ist doch zumindest ungewöhnlich, dass sich bis jetzt keiner zu dem Anschlag bekannt hat, oder?"

„Kann sein, muss aber noch nichts bedeuten." Engels grübelte. „Was glauben sie, was für Gruppen hinter solch einem Verbrechen stecken?"

„Ich denke wir sollten dem Geld folgen."

Mit einem Grinsen, das von einer Seite an Elvis Presley erinnerte sah Engels ihn an.

„Nicht schlecht, junger Mann."

Oser legte den Gang ein, und fuhr rückwärts aus der Zufahrt. „Wo sollen wir anfangen?"

„Ich denke als Erstes fahren wir zu dem Tennisclub von Kaufmann. Geht das?"

„Also dann los."

Tom Oser wendete und gab wieder Gas.

„Danach sehen wir weiter."

„Was haben sie mit ihrem Bein gemacht?", fragte Oser beiläufig.

„Ich habe einmal nicht aufgepasst."

Die Straße schlängelte sich an Häuserzeilen vorbei. Oser überholte mehrere Busse, ordnete sich dann links ein und so fuhren sie ein paar Kilometer weiter. Vorbei an klobigen Mehrfamilienhäusern in allen möglichen Farben. Dann kamen die Reihenhäuser mit den gepflegten Vorgärten.

Auf der Schnellstraße neben dem Flugfeld musste er abbremsen. Oser zögerte erst, reckte sich dann und spähte über die Autoschlange nach vorn, ob vielleicht ein Unfall passiert war.

„Sehen sie was?"

Rettungsmannschaften hatten das schwarze Wrack vor ihnen auf den Seitenstreifen geschoben und gesichert, aber noch nicht abtransportiert. Der Wagen hatte sich überschlagen und war ausgebrannt.

„Pech gehabt…Totalschaden.

Schweigend rollten sie vorbei. Das Auto war einmal rot gewesen, doch die Flammen hatten an vielen Stellen den Lack weggeschmolzen. Das Wrack sah aus, wie eine verkohlte, in die Luft ragende Hand. An mehreren Stellen zeigte sich das nackte, blanke Metall. Es mochte eine Mercedes gewesen sein, doch das war nicht mehr genau zu erkennen.

„Für den Fahrer hoffe ich, dass es schnell gegangen ist", sagte Engels, und kurz darauf begann der Verkehr wieder zu rollen.

Die Bebauung veränderte sich und lichtete sich immer mehr. Beim Reitstadion setzte Oser den Blinker und bog nach links, dann nach achthundert Metern wieder links, vorbei an der SAP-Arena. Durch ein militärisches Übungsgelände und dann nach rechts.

„Im Kreisverkehr erste Ausfahrt links."

Oser musterte seinen Nebenmann aus den Augenwinkeln, aber Engels sagte nichts mehr.

Nach einer Weile fragte Oser ihn wieder: „Was halten sie von dem Fall?"

„Sie haben doch mitgekriegt, dass die Familie vergast wurde?"

„Mit der Geschichte werden wir berühmt."

Engels gab keine Antwort.

„Fentanyl, Hexan, oder war es ein anderes K.o.-Gas." Oser sah Engels provozierend an. „Was haben die Mörder eigentlich bei Kaufmann gesucht?"

„Die Spurensicherung war noch nicht durch, als ich mich in dem Haus umgesehen habe."

„Soll das ein Witz sein?"

Der junge Kommissar bemühte sich um einen unbekümmerten Ton. „Wer benutzt denn so ein Dreckszeug?"

Aber Engels ging nicht darauf ein.

„Ich habe gehört wie Kemmer mit seinen Leuten gesprochen hat", sagte Oser nach einer Weile trotzig.

Die Landschaft löste sich immer weiter auf. Plötzlich befanden sie sich in einem älteren Wohngebiet mit niederen Häusern. Die Straße wurde kurviger. Schlängelte sich zwischen Siedlungshäusern hindurch, die in sich zerfielen und führte an verlassenen Gleisanlagen vorbei. Wuchernde Büsche überall. Hinter Metallzäunen und Gestrüpp blitzen plötzlich farbige Dächer hervor, gepflasterte Höfe und kurzgemähte Rasenflächen.

Oser wurde langsamer und sah sich mit nervösen Augen um. „Wir müssen, glaube ich noch weiter nach rechts." Er war unschlüssig und musterte alle Gebäude, die vor ihnen auftauchten.

„Hier ist alles umstrukturiert worden", murmelte er zögernd. „Stillgelegt und Rückbau verfügt. Die Gebäude verrotten. Ich glaube, das Areal habe ich noch nie aus der Nähe gesehen."

„Mit Straßenkarten arbeiten sie wohl auch nicht so oft?"

„Nicht einmal Google Earth hat es geschafft, die neuen Gebiete zu dokumentieren". Oser winkte ab.

„Versuchen sie mal in die Richtung zu fahren. … Achtung Schlagloch…"

Oser musste einen heftigen Schlenker machen, um einer tiefen Grube mitten auf der Fahrbahn auszuweichen.

„Herrgott nochmal." Engels wurde laut.

„Wie kann man die Straßen nur so verkommen lassen?" Oser beschleunigte wieder. „Und wohin jetzt?"

„Aufpassen."

Engels zeigte auf einen weißen Landrover, der von rechts angerast kam. Rücksichtslos schob sich der schwere Wagen vor ihnen in die Fahrstraße.

„Ist der Kerl besoffen, oder schläft der noch?"

Reaktionsschnell stieg Oser noch einmal auf die Bremse und hupte dann aus Leibeskräften. Der Vordermann schrak zusammen und zeigte ihm den Mittelfinger, ohne den Kopf zu drehen.

„Idiot", brüllte Oser. „Den kauf ich mir."

„Moment, bitte, Tom", besänftigend legte ihm Engels die Hand auf den Unterarm, „Lassen sie ihn laufen. Dafür haben wir jetzt keine Zeit."

Oser starrte Engels ins Gesicht, sagte aber nichts. Er fuhr wieder an, zerdrückte noch einen Fluch zwischen den Lippen, aber verzichtete auf die Verfolgungsjagd.

Kurze Zeit später kamen sie an einem Hockeyfeld mit bunten Tribünen vorbei.

„Auch neu", stellte Oser lapidar fest. „Hier gibt es scheinbar nur noch Sportanlagen." Dabei zog er die Schultern ein wenig hoch und lächelte plötzlich.

Ein protziges Portal wie aus einem alten amerikanischen Western tauchte auf, als sie um eine langgezogene Kurve bogen. Hinter dem Zaun lag der Parkplatz. Fast vollgeparkt. Weiter hinten sah man graues Neckarwasser blitzen.

„Ja, jetzt sind wir richtig."

Wie erlöst atmete er aus, und ohne die Geschwindigkeit auch nur etwas zu drosseln fuhr er mit quietschenden Reifen durch das breite Tor.

„Da vorne steht die Tennishalle."

Das Anwesen passte zu einem ehemaligen Star der deutschen Sportszene. Die Halle türmte sich vor ihnen auf, Gelb und Weiß, wuchtig und groß. Daneben sah man die Sandplätze.

Oser parkte in Richtung Wendeplatz und beide Männer stiegen aus.

„Das nenne ich Zuspruch", sagte Engels mit einem vielsagenden Blick auf die zugestellten Parkflächen. Er ließ den Blick weiter über den großen Platz wandern und zeigte mit den Augen auf die amerikanischen Nummernschilder. „Ganz schön viele Amerikaner."

„Die DAFAK trifft sich hier regelmäßig."

„Hausfrauensport?", wollte Engels wissen. „Oder was ist das für ein Verein?"

„Die Damen spielen nicht nur Tennis."

Oser zuckte mit den Achseln.

„Die engagieren sich immer noch in der Deutsch-Amerikanischen-Freundschaft. Es sind fast ausnahmslos Offiziersfrauen."

„Soziale Verantwortung hat bei denen eben Tradition."

„Die Vereinigung wurde Ende der Siebzigerjahre in Los Angelas gegründet."

„Woher wissen sie das alles?"

„Ich lese Zeitung", sagte Oser. „Die Damen sind an fast jedem Truppenstützpunkt aktiv und veranstalten jedes Jahr unzählige Basare und Wohltätigkeitsveranstaltungen", erklärte er dann. „Alle Einnahmen werden ganz pragmatisch gespendet."

Fast andächtig gingen die beiden Männer auf die riesige Tragelufthalle zu.

Engels Handy klingelte. Er warf einen Blick auf das Display. „Private Nummer" zeigte der Bildschirm. „Jetzt nicht", brummte er missmutig und drückte den Anruf weg. Er mochte es nicht, jederzeit und überall erreichbar zu sein.

Ian Kaufmann – *Tennisakademie*

Engels betrachtete den breiten Eingang und die rechteckige Messingtafel an der Seite. Ein gezackter Pfeil zeigte auf die Doppeltür. Verschiedene Trainingszeiten waren auf dem Glas aufgemalt.

Tom Oser öffnete einen Türflügel und betrat das Lokal als erster. Gemütlich war der große Raum nicht und trotz der stickigen Luft waren die Fenster geschlossen.

Als Engels durch die breite Aluminiumtür kam, blieb er stehen und sah sich um.

Sie befanden sich in einem Speisesaal mit über dreißig Tischen und einer breiten Bar, an der gut zwanzig Gäste Platz hatten. Auf einem Großbildschirm hinter der Bar lief *Eurosport*.

Die Klimaanlage war ausgeschaltet. Die beiden Verbindungstüren in das Innere der riesigen Halle standen allerdings weit offen. Ein halbnackter Mann mit Bürstenhaarschnitt und einem Badetuch unter dem Bauch lief gerade über den Flur.

„Ich bin Tom Oser von der Kripo Mannheim und das ist mein Kollege, Max Engels." Oser lief quer durch den Raum und sprach weiter: „Wir bearbeiten den Mord an Ian Kaufmann und seiner Familie. Sie werden verstehen, dass wir eine Menge Fragen haben."

Es wurde still in dem Lokal. Ein weißblonder Mann kam hinter der Theke hoch und starrte von Oser zu Engels. „Die Schule ist geschlossen. Alle Termine sind gecancelt."

„Wer sind sie?", fragte Oser.

„Ich arbeite hier." Die Stimme des Weißblonden klang verwundert. „Jochen Sommer. Ich führe das Restaurant, außerdem erledige ich den Papierkram und vertrete Ian, wenn er ... mal verhindert ist. Was sollen wir denn?"

Engels kam näher.

„Wir sind alle noch total geschockt", sagte der Mann. Er konnte Engels dabei kaum in die Augen schauen.

„Das verstehen wir durchaus."

Engels musterte den Mann. Sommer war um die vierzig und sah irgendwie aufrichtig aus. Er war braungebrannt, trug Ringe an beiden Ohren, ein blütenweißes Hemd und feste schwarze Turnschuhe.

„Das Trainerteam habe ich nach Hause geschickt."

„Was für Leute spielen denn hier bei euch?"

„Vorwiegend Jugendliche", antwortete Sommer und räusperte sich. „Wir verstehen uns auch als Schule, nicht nur als Club für betuchte Mitglieder. Hier kann sich jeder für eine Trainingsstunde einbuchen."

„Und wie läuft der Verein?", fragte Engels mit einem langen Blick.

„Prächtig."

Sommer nestelte an seinem Hemdkragen herum, als wollte er Zeit gewinnen. „Hier gab`s nie irgendwelche Probleme. Der Betrieb ist gut ausgelastet, meine ich."

„Dann passt das doch."

Mit der Handfläche wischte sich Jochen Sommer einmal über die Stirn.

„Hatte Ian Kaufmann Feinde?"

„Warum fragen sie mich sowas?"

Sommer sah plötzlich noch betretener aus. Aber tapfer hielt er den Blicken der beiden Kripobeamten stand. „Ich weiß nicht was ich sagen soll", sagte er mit hochrotem Gesicht und ruckte mit dem Kopf.

„Ich sehe hier kein einziges Foto von Ian Kaufmann. Überhaupt nichts vom Eishockey." Engels tat erstaunt. „Hat das einen Grund?"

„Sind sie Fan?"

Sommer senkte seine Stimme.

„Warum verzichten die Adler ausgerechnet hier auf Werbung?", fragte Engels. „Kaufmann war doch ein ideales Aushängeschild?"

„Ian war viel mehr als ein Eishockeystar", sagte Sommer dann betont feierlich. „Aber *das* Kapitel war für ihn vorbei. Ian brauchte das Eis nicht mehr."

„Wollen sie uns etwas über den Menschen Ian Kaufmann erzählen?"

„Was wollen sie wissen?"

„Sein Alltagsleben meine ich."

„Sie wissen nicht wer Ian Kaufmann war?"

„Ganz so schlimm ist es nicht", wehrte Engels ab. „Auch wir lesen Zeitung und wissen welche Helden unter uns leben."

Sommer lächelte gezwungen und sagte: „Ian war ein überragender Eishockeyspieler." Aus irgendeinem Grund fügte er hinzu: „Ein perfekter Teamspieler, der seine Mitspieler immer mitreisen konnte. So einer wird nur alle fünfzig Jahre geboren. Und überhaupt war er ein begnadeter Sportler."

„Gott sei Dank…"

Sommer ließ sich auch durch den Zuruf nicht beirren.

„Als Mensch war für uns alle ein Glücksgriff, verstehen sie das?"

„Okay. Was noch?"

„Das Leben hat es nur gut mit ihm gemeint." Sommers Stimme wurde immer dünner. „Ian war mit einem enormen Talent gesegnet. Das hat er nie vergessen und er wollte dem Leben etwas zurückgeben."

Oser machte eine Grimasse.

„Der Club ist doch sein Privatbesitz, oder? Was glauben sie was das hier alles kostet?"

„Dafür hat Ian zig Millionen investiert, kommen sie mit?" Jochen Sommer standen plötzlich Tränen in den Augen. Seine Stimme brach ab.

„Entschuldigen sie bitte…"

Der Mann wandte sich ab und wischte sich noch einmal über die Augen. „Sorry…"

„Ian wollte sein Geld und seine Zeit für etwas Sinnvolles nutzen", fuhr Sommer mit heiserer Stimme fort. „Nicht nur zu Hause sitzen und die Hockeypokale polieren. Deshalb holte er die Kids von der Straße und lies sie hier kostenlos trainieren. Die talentierten hat er gefördert. Nicht nur mit kostenlosen Trainingsstunden."

Es entstand Gemurmel unter den Gästen.

„Was ist mit seiner Frau?", fragte er laut und deutlich, „hat jemand die Familie näher gekannt?"

Eine Frau mit blondem Pagenkopf und Designerjeans stand auf. „Lilli hat hier schon immer alles gemanagt, deshalb haben wir sie auch alle kennengelernt. Obwohl sie mit den Mädchen und Ian schon genug eingespannt war, hatte Lilli immer Zeit für einen, und man darf nicht vergessen, dass sie sich auch noch um ihre Mutter gekümmert hat und um Susanna, wann immer sie hier unten war…"

„Sie hat sich also um alles gekümmert?", fragte Engels, und die Frau zuckte leicht zusammen. Dann kräuselte sie pikiert die Lippen. „Ja, das war ihr wichtig", erwiderte sie und setzte sich.

„Soweit ich verstanden habe, war Familie Kaufmann überhaupt sehr beliebt."

„Das kann man so sagen", meldete sich eine langhaarige Frau zu Wort, die alleine an einem Tisch in der Nähe der Küche saß und eine fast leere Piccolo Sektflasche vor sich stehen hatte. „Ich habe beide gemocht", sagte die Frau lächelnd. Sie fingerte an ihrem Glas herum, ihr Blick flackerte.

Engels musste den Hals recken, um sie sehen zu können. Er ging hinüber zu ihr und setzte sich neben sie. Die Gäste entnahmen daraus, dass die allgemeine Befragung zu Ende vorbei war, und unterhielten sich weiter.

„Wir sind quasi nebeneinander aufgewachsen", sagte die Langhaarige und schwenkte ihr Glas. „Lilli und ich kennen uns seit Ewigkeiten."

Eine Weile blieb es still.

„Sie sind eine Freundin der Familie?"

„Ich bin Karin Grosser, und jeder hier weiß, wie gut ich mit Lilli und Ian befreundet war."

„Seit wann kannten sie …Lilli Kaufmann", hakte Engels nach.

„Seit wir Teenager waren."

Das Gesicht von Karin Grosser war blass, die Augen stark geschminkt. „Lilli und ich waren in der gleichen Clique …von Anfang an ", sagte sie und blinzelte Engels dabei an. „Ian, kam später dann auch dazu." Ihr Gesicht hellte sich etwas auf. „Da hieß Lilli noch Richter."

„Was war das für eine Clique?"

„Suchen sie sich was aus." Grosser bewegte ihren Kopf von einer Seite zur anderen. „Gute Freunde eben …"

„Verstehe." Engels zeigte mit den Augen auf die Nachbartische. „Leute von hier?"

„Nein", Karin Grosser lächelte freudlos zurück, „wie gesagt, wir waren allesamt Jugendfreunde", sagte sie dann noch, „aus der …Nachbarschaft, verstehen sie?"

„Klar. Erzählen sie weiter."

Engels wartete.

„Irene war dabei", zählte Grosser auf, „mein Bruder Alex, Klaus und Jenny Lipp, ich, und …noch einige andere. Ich weiß nicht mehr wer noch alles dabei war." Sie sah Engels an und erwartete wohl eine Frage dazu. Als die nicht kam, sagte sie: „Eine Zeitlang waren wir echt unzertrennlich."

Engels überging das mit einem Lächeln und fragte: „Und Ian Kaufmann, wie lange kannten sie den?"

„Seit seiner ersten Trainingseinheit bei den Adlern."

Karin Grosser änderte ihre Sitzhaltung und schlug ihre Beine übereinander. „Ich bin glühende Adler-Anhängerin", sagte sie. „Seit ich denken kann."

Engels nickte nur.

„Lilli war meine Brautjungfer als mein Edgar und ich heirateten, und sie saß neben mir, als ich ihn letztes Jahr beerdigt habe. Cheers, Lilli!" Die Frau schwenkte noch einmal ihr Glas. „Und den Rest der Geschichte behalte ich für mich."

Engels nickte noch einmal und erhob sich nach einem Moment wieder. Weitere Fragen waren jetzt sinnlos. Sie gaben sich die Hand, und er ging zurück an die Theke. Oser war immer noch in sein Gespräch mit Sommer vertieft.

Engels tippte ihm auf die Schulter.

„Ich bin fertig."

Oser erhob sich langsam. „Wir auch, und es gibt sonst keine weiteren Wortmeldungen."

Sie verabschiedeten sich, winkten und verließen das Lokal.

„Was halten sie von dem Mann?"

„Die Trauer ist nicht gespielt", antwortete Tom Oser, „Der Typ ist ein echter Jünger von Kaufmann."

Engels sah ihn fragend an.

„Er hat ebenfalls zwei Töchter, im gleichen Alter wie die Kaufmann Mädels", sagte Oser weiter. „Über die Schiene haben die sich wohl auch kennengelernt. Sommer ist geschieden, und arbeitet seit sechs Jahren für Familie Kaufmann."

Engels machte immer noch keine Anstalten weiterzugehen.

„Wohin jetzt?"

„Fahren sie mich zur Spurensicherung."

Als er wenig später die Autotür öffnete, begann gerade ein Telefon zu klingeln.

„Hallo."

„Max bist du dran?", meldete sich Till Keller.

Oser legte den ersten Gang ein und fuhr schon an.

„Du vertraust dem Schreiberling wohl immer noch?", begann der Oberstaatsanwalt aufgebracht.

Engels behielt das *BlackBerry* in der Hand. Er legte seine Stirn in Falten, aber er entschied sich nicht gleich zu antworten.

„Wen meinst du?", fragte er dann leise.

„Du weißt wen ich meine. Tänzer ist zwar ein unangenehmer Typ, aber ..." Keller schnaubte. „Wie gut kennst du den Kerl noch?"

„Jo, ist ein uralter Bekannter", sagte Engels und das Adrenalin floss wieder durch seine Adern. „Sonst ist da nix. Warum willst du das wissen?"

„Wir haben Nachrichtensperre angeordnet", antwortete Keller mit einer gewissen Schärfe. „Trotzdem schreibt der Kerl bereits detailliert über die Morde. Wie geht das? Das würde ich gerne wissen…"

„Was soll der Blödsinn?", unterbrach ihn Engels gereizt. „Tänzer ist Journalist. Einer von denen, die einem immer mal über den Weg laufen. Darauf habe *ich* aber keinen Einfluss."

„Ich muss gleich zur Pressekonferenz, und ich muss mich auf die Fragerei einstellen, verstehst du?"

Engels schüttelte den Kopf. „Ich sag dir eins, Tänzer ist ein erfahrener Journalist mit unzähligen Quellen. Der weiß über alles Bescheid, was in der Stadt hier von Bedeutung ist. Auch ohne mich. Da musst du dir einen anderen suchen."

„Dann kauf dir die aktuelle Ausgabe vom *Neckarblick*. Du wirst staunen welche Details du schon nachlesen kannst."

Engels hob eine Augenbraue und winkte gereizt ab.

Tom Oser hatte schweigend zugehört. „Ist doch eine spannende Geschichte", begann er noch einmal, „finden sie nicht?" „Doch natürlich", schnaubte Engels, „aber jetzt müssen sie hier abbiegen."

Kurze Zeit später bremste Tom Oser vorm Präsidium.

„Lassen sie mich aussteigen."

Engels warf einen Blick auf sein Armgelenk. „Es ist jetzt fast zwei Uhr. Gehen sie schon mal was essen, und danach …holen sie mich einfach wieder ab."

„Soll ich mitkommen?"

„Wozu…?"

Engels musste einmal hart schlucken.

„Nein, ich komme schon klar", sagte er dann etwas gedehnter und tippte Oser leicht an die Schulter. Ohne ein weiteres Wort stieg er aus, schlug die Autotür hinter sich zu und stapfte über dem Bürgersteig davon.

Vorsichtig, aber Tom Oser, der ihm nachsah, entging nicht, dass der Mann sein rechtes Bein leicht nachzog und es nach jedem Schritt ganz vorsichtig aufsetzte.

Engels spürte den Blick in seinem Rücken, und ignorierte ihn. Verbissen ging er bis zu der wuchtigen Tür. Auf der Schwelle zur Einsatzzentrale blieb er kurz stehen. Er verspürte doch tatsächlich einen Anflug von Wehmut.

Nur der alltägliche Teufel war los. Angespannte Streifenpolizisten telefonierten. Wann? Wo? Was? Immer dieselben Fragen. Bildschirme flackerten, und auf langen Regalen an den Wänden standen Funkgeräte auf Ladestationen. Pausenlos schepperten Meldungen aus den Boxen über den anwesenden Köpfen.

Geht`s auch schneller?

Max Engels lächelte halbherzig, ging vor bis zum Empfangstresen, und nahm dann die Treppe nach oben. Gehetzte Blicke verfolgten ihn, aber nicht lange

Im zweiten Flur meldete sich schmerzhaft die Hüfte und er wurde langsamer. Wie interessiert starrte auf die Plakatwände ringsum, und massierte sich mit Daumen und Zeigefinger dabei den Nasenflügel.

Eine Frau kam ihm entgegen. Kurze blonde Haare und etwas mollig. Sonst war niemand zu sehen.

„Kann ich ihnen helfen?"

„Wo finde ich die Spurensicherung?"

„Da müssen sie den Flur runter bis zur Pendeltür." Mit dem Daumen zeigte die Frau über die Schulter. „Dahinter finden sie die Kollegen dann gleich."

Engels nickte freundlich, lief aber einfach weiter. Das glatte Linoleum unter seinen Füßen dämpfte jeden seiner Schritte.

Die erst Tür, nach dem Flur stand tatsächlich weit offen. Abwartend blieb Engels im Türrahmen stehen. Auf den ersten Blick sah es vor ihm aus wie in einer Großküche. Unsichtbare Motoren summten und die Deckenleuchte flackerte einige Male. Ein sperriges Lichtmikroskop stand mitten im Durchgang.

Arthur Kemmer war allein. Er stand mit dem Rücken zur Tür und hantierte an einem offenen Rollschrank.

Ohne seinen weißen Schutzanzug wirkte der Mann seltsam schmal. Er hatte so dünnes Haupthaar, dass sich an vielen Stellen schon die Schädelform abzeichnete.

Auf der Anrichte neben ihm, stand ein kleiner Fernseher, aber die Bilder vom Flughafen in Teheran liefen fast ohne Ton. Der aktuelle Iranbesuch einer Wirtschaftsdelegation war wohl gerade das Thema. Kemmer hörte interessiert zu, aber als er die Schritte hinter sich hörte, wirbelte er aufgeschreckt herum.

„Augenblick mal."

Engels balancierte sich weit in den Raum hinein.

„Was ist…?"

Für den Bruchteil einer Sekunde trafen sich ihre Blicke.

„Schön sie zu sehen", sagte Engels.

Arthur Kemmer atmete tief ein und wieder aus. Dann winkte er den Besucher heran.

„Ah, was verschafft uns denn die Ehre?"

„Gibt`s schon was Neues?"

„Wir sind dran", wehrte Kemmer ab. „Aber setzten sie sich erstmal. Wir sehen hier nur selten Besucher." Ansatzlos schob er mit seinem Knie das altersschwachen Bodenstativ zur Seite.

„Sorry, für die Unordnung."

Mit seiner ausgestreckten Hand wies er auf einen schmalen Tisch mit hohen Hockern.

„Habe ich etwas verpasst?"

Engels schob sich in das Zimmer und sah sich um. Der Raum war rechteckig und es gab eine breite Fensterfront. Außerdem war er größer als er zunächst gedacht hatte, und randvoll gepackt mit elektrischen Gerätschaften und Vorrichtungen aller Art. Von den Apparaten die herumstanden, kannte er die wenigsten mit Namen.

„Trinken sie einen Kaffee mit?" fragte Arthur Kemmer. „Der ist gerade fertig geworden."

„Vielleicht einen Kleinen."

Mit einem Nicken verschwand der Techniker in einer der abgehängten Seitennischen. Mit eingezogenem Nacken kam er nach drei Sekunden wieder zurück. Er hielt zwei halbvolle Porzellanbecher in den Händen.

„Das ist kein Spülwasser aus der Kantine", lachte er. Geschickt drehte er sich zwischen einigen Apparaturen hindurch und reichte mit seinem ausgestreckten Arm eine der Tassen weiter.

„Probieren sie mal."

Engels Bein schmerzte seit er sich gesetzt hatte. Auch der Hocker knarrte, und missmutig verzog er das Gesicht.

„Was habt ihr gefunden?"

„Wir arbeiten mit Hochdruck an der Sache, aber geben sie mir noch ein paar Stunden."

Engels trank von dem Kaffee. Er war unglaublich gut.

„Wann ...?"

„Wenn wir so weit sind, erfahren sie es als erster."

Abrupt stellte Kemmer seine Tasse ab und stützte sich mit beiden Armen auf die Tischplatte. „Vorab kann ich ihnen lediglich sagen, dass es sich um ein schweres Betäubungsgas handelt, soviel ist sicher."

„Kaufmann und seine Familie sind also mit voller Absicht vergast worden?"

„Definitiv."

„Danach war eine Zeitlang nur das Summen des Kühlschranks zu hören.

„Trotzdem kann der Überfall auch ein Raubzug gewesen sein." Arthur Kemmer legte seine Stirn in Falten und sprach aufreizend langsam weiter. „Ich will noch nichts ausschließen."

Er beugte sich wieder hoch und verschränkte beide Arme vor der Brust. „Wir haben das Haus komplett auf den Kopf gestellt, aber keine brauchbaren Spuren gefunden. Im Haus sind zwar alle Zimmer durchsucht worden, aber die Bücher stehen noch in den Regalen. Das ist ungewöhnlich. Meines Erachtens ein armseliger Versuch, um einen Einbruch vorzutäuschen."

„Reden sie weiter."

„Es gibt auch noch keinerlei Forderungen, oder?"

Engels schüttelte den Kopf.

„Unüblich", knurrte Kemmer und fuhr sich mit zwei Fingern durch seinen Kinnbart.

„Ich weiß."

„Wer will denn auch für so eine fürchterliche Tat die Verantwortung übernehmen."

„Wenn die Tat politisch motiviert war, kommen die Bekenner nur langsam aus den Löchern."

Kemmer blickte für einen Augenblick zum Fenster. „Anhaltspunkte gibt`s natürlich eine ganze Menge. Vor allem etliche Reifenspuren von unterschiedlichen Fahrzeugtypen."

„War ein Transporter dabei?"

„Die Fahrzeuge sind noch nicht identifiziert. Im Haus gibt es auch DNA-Anhaftungen und andere Spuren, aber ich kann noch nicht näher darauf eingehen."

„Fußspuren?"

Kemmer nickte. „Mehrere unterschiedliche Personen", sagte er, „mindestens drei sind in dem Haus gewesen."

Max Engels schob die Kaffeetasse zur Seite und stand auf.

„Warum haben die Einbrecher den Tresor aus der Wand gerissen?", fragte er schmallippig. „Was haben die Typen gesucht?"

„Keine Ahnung."

„Ich möchte auch wissen, wie sich die Einbrecher geschützt haben", sagte Engels einen Moment später.

„Ich hätte eine Gasmaske mitgebracht."

Engels trat an den Stadtplan. „Hier ist die Antwort…", mit seinem Zeigefinger pochte er zweimal auf den Grundrissplan von Kaufmanns Anwesen. Das Haus sah so aus, wie es wirklich war, groß und protzig.

„Trotz allem … haben wir nichts."

Ein müder Typ mit Akne kam durch die Tür und übergab lustlos einen Arm voller Akten.

„Der Obduktionsbericht", sagte Kemmer und sah Engels dabei in die Augen. „Wollen sie ihn sehen?"

Engels nickte mit dem Kopf.

„Ich kann sowas lesen."

Kemmer schob den dünnen Aktendeckel über den Tisch und Max Engels begann darin zu blättern. Er vertiefte sich in den Text und die dramatischen Fotos der fünf Opfer.

Ian Kaufmann 48, Lilli Kaufmann 42, Sandy Kaufmann 17, Samantha Kaufmann 15, und Christa Richter 68.

Krämpfe und Tod! Die Bilder des Polizeifotografen waren schonungslos bis ins Detail. Engels fröstelte als er die Bilder ansah.

Nach einigen Sekunden legte er den Bericht zurück auf den Tisch und erhob sich.

„Gute Arbeit!"

Damit wollte er sich aus dem Zimmer schieben. „Und danke für den Kaffee!"

Kemmer räusperte sich und fragte: „Was machen sie als nächstes … "

„Ich mach weiter."

4

Es hallte einmal laut als Engels die Zimmertür hinter sich zuschlug. Erschrocken blieb er stehen und starrte in die Dunkelheit. Dann tastete er an der Wand nach dem Lichtschalter und knipste die Lampe an. Er brauchte einen ganz kurzen Moment um sich zu orientieren.

Dann hatten sich seine Pupillen auf die Lichtverhältnisse eingestellt und er konnte alles um sich herum genau erkennen. Die beiden Betten vor ihm lagen im Halbschatten.

„Diese Zimmer sind im Regelfall für unsere Gastdozenten reserviert", hatte der Mann von der Klinikverwaltung erklärt, als er Engels die Scheckkarte ausgehändigt hatte. „Aber, wenn die Staatsanwaltschaft auf den Umzug besteht, wird das auch ihrer Kasse recht sein."

„Das nehm ich mal an."

Engels war es egal. Er lief weiter, kurbelte die Jalousie hoch und öffnete das Fenster. Für einen Moment blieb er noch stehen. Wind und Abgase schlugen ihm ins Gesicht. Der Abend war immer noch mild. Ein paar hundert Meter über ihm hing ein Hubschrauber im Himmel. Die Rotoren schienen mal lauter, mal leiser. Scheinbar änderte der Wind die Richtung.

Ein Rettungswagen jagte mit Sirenengeheul über die Brücke und kam näher. Engels machte zwei Schritte zurück in das Zimmer, zog die Jacke aus und ließ sich auf sein Bett fallen.

Ohne die Metallkonstruktion an den Betten und den breiten Kabelschächte hätte man den Raum fast für ein Hotelzimmer gehalten. Max war zufrieden. Nur sein Rücken schmerzte, als er sich aufsetzte. Vom Beistelltisch zog er das Notebook heran, und streckte gleichzeitig beide Beine aus.

Während er mit der anderen Hand seine Hüfte abtastete, schaltete er den Computer schon ein. Farbige Balken zuckten auf. Die Programme starteten. Langsam erwachte der Bildschirm vor ihm und er rief als erstes die Internetseite vom *Neckarblick* auf.

POLIZEIBERICHT: Ganz oben auf der Seite kam der Gasüberfall.

„Gas, aber keine Gefahr für Mannheim."

Tänzer berief sich in dem Artikel auf anonyme Quellen aus Ermittlerkreisen und berichtete, wie die Einbrecher, mindestens drei Personen in zwei Fahrzeugen um 4.05 Uhr das Tor zum Grundstück der Familie Kaufmann geöffnet hatten, zum Aggregat der Klimaanlage gelangt waren und das noch unbekannte Gas in den Lüftungsschacht für die Klimaanlage gepumpt hatten.

„Scheißgeschichte", murmelte Engels halblaut vor sich hin. Mit dem Daumen scrollte er weiter.

„Ohne einen einzigen Schrei."

Auf dramatische Art schilderte Tänzer, wie panisch die Familie reagierte hatte, als ihnen bewusstgeworden war, dass sie vergast werden sollten.

Wie sie vom Lärm der Gasmelder aufgewacht waren, den Rauch oder Nebel aus der Belüftungsöffnung quellen sahen, wie Ian Kaufmann versucht hatte, die Öffnung mit Hilfe einer Decke abzudichten, während Lilli zur Tür eilte, um ihren Kindern zu helfen. Wie sie in Sekundenschnelle gelähmt waren und nach kurzem Todeskampf ihren Vergiftungen erlagen.

Wie die Einbrecher, oder besser gesagt die Mörder, anschließend das Haus ausraubten, den Tresor aus der Wand rissen und mitnahmen, danach alle Wertgegenstände aus dem Haus schafften und wegfuhren.

Das war typisch Tänzer. Mit solch spektakulären Artikeln hatte er schon etliche Male für Aufsehen gesorgt. Und natürlich auch Auflage beschafft.

Vor zwei Jahren war es der Korruptionsfall in der Stadtverwaltung gewesen, den er durch seine kompromisslose Recherche öffentlich gemacht hatte.

Der Skandal im Bauamt hatte eine Rücktrittswelle ausgelöst, die bis nach Stuttgart schwappte.

„Mannheimer Polizei sucht nach Zeugen."

Tänzer beschrieb auch Aussehen und Lage der Leichen, wie sie von der Haushälterin vorgefunden worden waren, erläuterte eingehend die sichergestellten Spuren der Täter und dass es angeblich „nur eine Frage der Zeit sei" sei, bis man die Schuldigen fassen werde. Die Ermittler baten die Bevölkerung um Mithilfe bei der Aufklärung.

Anschließend erschien in einem Kasten noch der sportliche Lebenslauf von Ian Kaufmann.

Engels gab den Kaufmann in die Suchmaschine und wenig später tauchten auf dem Bildschirm weitere Schlagzeilen auf.

„Die Wirkung war verheerend", erläuterte eine Polizeisprecherin die Situation. Der zunächst befürchtete Einsatz von Kampfgas bewahrheitete sich nicht – zum Glück für die Bevölkerung. Mittlerweile waren auch Spezialisten

der Umweltkommission vor Ort. Als Vorsichtsmaßnahme wurde das Gebiet weiträumig abgesperrt.

Vielleicht bringt der Aufruf noch etwas mehr Bewegung in die Sache, überlegte Engels. Sein Handy klingelte. Es war Sabine Back.

„Hören sie. Ich habe eben einen merkwürdigen Anruf von Keller bekommen."

„So funktioniert der Buschfunk! Machen sie sich keine Sorgen deswegen."

„Mach ich nicht."

Engels sagte noch etwas Unverständliches und machte eine Bewegung mit der Hand.

„Übrigens", sagte Back dann wieder ruhiger. „Die Adler veranstalten eine Trauerfeier für Kaufmann."

„Wo…wo soll das stattfinden?"

„In ihrer alten Heimat. Wo sonst", Back schnalzte mit der Zunge. „Morgen um Sechzehn Uhr wird im Friedrichspark eine offizielle Gedenkminute abgehalten."

„Da bin ich dabei."

„Seit Stunden rasen Meldungen durchs Netz. Die Fanclubs koordinieren sich schon über Facebook. Und die Moderatoren von Radio Regenbogen und RNF-Live überschlagen sich auch deswegen."

„Wissen sie wo diese Susanna steckt?", fragte Engels.

„Nein, die Kollegen suchen noch", gab Back zurück. „Die positive Nachricht ist, dass sie nicht im Haus war als es passierte."

„Aber sie wissen schon wer das Mädchen ist?"

„Ich weiß, dass sie eine uneheliche Tochter von Ian Kaufmann gibt."

„Wie bitte?"

Die Stimme von Sabine Back veränderte sich fast nicht. „Ein Kind der Liebe, wenn sie verstehen", sagte sie. „Ihre Mutter lebt im Elsass. Wir haben die Kollegen dort informiert. Die Frau wird sich sicher melden."

„Lebt die Dame dort von Kaufmanns Geld?"

„Nein", antwortete Back. „Die war ja nie mit Ian Kaufmann verheiratet. Thaler ist der Name. Ulla Thaler."

Nach einer kurzen Pause fragte Back plötzlich: „Haben sie schon was gegessen?"

„Äh nein, aber…"

Engels lauschte. Im Hintergrund der Kneipe kreischte eine Frau vor Lachen.

„Ich sitze im Lindbergh am Kanal", sagte Back, „das sind nur drei Minuten bis hoch zu ihnen. Soll ich ihnen etwas zur Stärkung raufbringen?"

Sie wartete einen Moment.

„Ein andermal bestimmt", bedankte sich Engels artig und legte abrupt auf.

5

Es war nach einundzwanzig Uhr. Die Kerzen auf dem Nachttisch flackerten und warfen ein schummriges Licht. An den Wänden gerahmte Schwarz-Weiß-Aufnahmen von einem unbekannten Musiker mit seiner Trompete. Sabine hatte das Gefühl, dass der Typ zusah, wie sie sich an die Brust des Mannes schmiegte, der neben ihr lag.

Eigentlich war sie gekommen, um sich Absolution zu holen. Was bedeutete, dass sie wieder in der Kiste gelandet waren.

„Ich finde wir sollten ehrlich bleiben."

Back unterbrach den Mann. Presste ihre Lippen auf seine, fast wie ein Zusammenprall. Dann musterte sie ihn wieder.

„Du kannst mir ruhig sagen, ob du…"

Sie blinzelte und verstand nicht gleich, worauf er hinauswollte.

„Wird das jetzt ein Verhör Herr Lehrer?"

„Entschuldigung", sagte Richard Abel und sah sie an. Er hätte sie noch lange so ansehen können. Sie küsste ihn wieder. Ihre Hand wanderte von seinem Hintern in seinem Nacken, dann in sein Gesicht.

„Willst du einen Kaffee?", fragte er etwas betreten.

„Hast du einen Sekt?

„Kommt gleich, aber bis jetzt dachte ich eigentlich, du trinkst …nur Bier."

Als er mit zwei kleinen Gläsern zurückkam, lächelte er und legte ihr eine Hand auf die Schulter, liebkoste ihren Arm und umfasste ihre Brust.

„Den magst du, oder?"

Sie tranken einen Schluck.

„Später."

Sie streichelte seinen kleinen Bauchansatz. Die Nähe des Mannes tat ihr gut. Sie spürte nicht einmal Lust auf eine Zigarette.

„Frage mich nicht mehr", sagte sie und errötete etwas.

„Du hast es mir versprochen."

Sabine Back hätte noch länger so liegen bleiben können, aber Richard schien Hummeln im Hintern zu haben. Er stand auf und machte sich am Fernseher zu schaffen. Im Weltspiegel lief ein Bericht über Misshandlungen an einer Mädchenschule in Pakistan.

„Für Geld kannst du dir dort alles kaufen", keuchte er.

„Wie bei uns!"

Sabine erhob sich ebenfalls, zog die Jalousie hoch und öffnete das Fenster. Die frische Luft war wie Champagner.

„Sieh mal einer an", sagte Abel. „Du siehst wunderbar aus."

Im Dachgeschoss des Hauses gegenüber ging Licht an. Erst jetzt fiel Sabine auf, dass es dort ein Fenster gab, von dem aus man herübersehen konnte. Sie kroch wieder unter das Laken und zog es bis unter das Kinn.

„Keine Panik", beschwichtigte sie Abel. „Der glotzt nur rüber, wenn er selbst im Dunkeln steht."

„Ach ja? Dann hat er uns wohl die ganze Zeit zugesehen!"

„Beruhige dich, das war nur ein Witz."

Er schloss die Jalousie, und sagte: „Eine herrliche Nacht ist das."

„In so einer Nacht ist gerade eine ganze Familie umgebracht worden", sagte Back und nahm einen zweiten Schluck.

„Du meinst diesen grausamen Überfall?" Abel war echt betroffen. „Das tut mir leid."

Er wusste, dass Sabine in ihrem Job immer wieder schlimme Dinge zu sehen bekam, aber er würde sich niemals daran gewöhnen. „Den Anschlag mit Giftgas", sagte er. „Furchtbar. Ich habe davon gelesen."

Sabine Back bedeckte weiter ihre Brüste, die sie für zu groß hielt. Früher hatte sie deshalb sogar den BH anbehalten, wenn sie mit einem Mann zusammen war.

Richard Abel räusperte sich.

„Ich muss dich etwas fragen."

„Nur zu."

„Was hältst du davon, wenn wir unsere Beziehung zukünftig etwas anders gestalten?" Er bemerkte ihre Reaktion und blickte scheu weg.

„Bitte nicht Richard, phantasier nicht schon wieder." Sie holte tief Luft. „Lass mich. Nur so komme ich mit mir klar. Das weißt du doch."

„Ich will wissen ob du mich willst?"

„Bis jetzt war es egal, dass ich dir nicht zu sehr auf die Pelle gerückt bin. Es läuft doch gut so wie es ist. Warum willst du jetzt alles ändern?"

Abel schwieg, und Back wartete einen Moment, aber die Stimmung war gekippt. Sabine stellte das Glas ab. Sie hatte es zu zügig geleert und spürte bereits die Wirkung.

Es wurde still zwischen ihnen. Nackt wie er war, blieb Abel auf der Bettkante sitzen. Entschlossen zerdrückte er die Kerzenflammen, weil Wachs auf den Nachttisch tropfte, und er knipste die Leselampe an.

Ihr grelles Licht wirkte für Sabine Back wie ein Signal, dass es Zeit für sie war aufzubrechen. Unter den Augen des Jazzmusikers suchte sie frustriert und wütend ihre Wäsche zusammen, die verstreut im Zimmer lag.

* *

Es war Zeit. Erst über den Ring, am Schlosshof vorbei. Schillerplatz dann direkt am altehrwürdigen Friedrichspark eingebogen.

Die letzten Stunden hatte es ununterbrochen geregnet, aber die Wolkendecke war endlich aufgerissen, und eine noch unentschlossene Sonne warf vorsichtige Schatten.

„Hier ist es", sagte Oser und trat auf die Bremse. Er parkte direkt neben ein paar Altglas- und Wertstoffcontainern. Lässig schloss er den Wagen ab und schaute dabei prüfend in den Himmel.

Drei Flaggen wehten an den hohen Fahnenmasten, die immer noch neben dem Parkplatz, am ehemaligen Heimstadion der Mannheimer Adler standen. Alle mit dem blauweißen Logo auf rotem Grund.

„Riechen sie es auch?", fragte Engels.

„Was ist?"

Amüsiert begann Engels zu lachen.

„Die Tradition ... und die kaputten Toiletten."

Tom Oser blinzelte verwirrt.

„Der Eingang ist dort drüben."

Ein kurzer Weg führte vom Durchgang bis in den Innenraum des ehemaligen Eisstadions. Die Eingangstore waren unter der gewaltigen Masse blauweißroter Schals kaum noch zu erkennen.

Max Engels schob die erste Tür auf und schnappte wie nach Luft.

„Heiliger … Das ist ja tatsächlich wie beim Public Viewing."

Überrascht blieben beide Männer stehen. Die Stehränge vor ihnen waren bereits gut gefüllt. Viele der treuen Adler Anhänger waren hergekommen um von ihrem Helden Abschied zu nehmen.

Trotz des warmen Wetters trugen etliche Leute sogar Schals. Viele Trikots sah man. Auffallend oft mit der *Vierzehn*.

Instinktiv trottete Engels in Richtung der Haupttribüne. Oser hinter ihm her. An den Wänden des breiten Korridors hingen einige enorme Fotos von Ian Kaufmann in Siegerpose. Auf allen waren schwarze Bänder befestigt.

Hinter dem Eingang der ehemaligen Spielerbar blieben die beiden Männer wieder stehen.

Sportlich aussehende Männer standen in kleinen Gruppen beieinander und versuchten cool und gleichzeitig ernst auszusehen.

„Kennen sie die dahinten?"

Tom Oser deutete auf eine Frau mittleren Alters und einem sehr jungen Mann, die die Köpfe zusammensteckten und in ihre Richtung sahen.

Engels schüttelte den Kopf.

„Das ist Anke Fischer von RNF-Live vermutlich mit einem ihrer Lustknaben", grinste Oser gutgelaunt.

Auf den Steintreppen hinter ihnen wurde es lauter, und einen Augenblick später waren sie von einer Horde junger Leute umringt, die den gesamten Innenraum bevölkerten.

Ein einzelner Kameramann umkreiste die Neuankömmlinge und filmte alles.

„Und das sind die Fans?"

„Das Team von der Fischer, würde ich annehmen", erwiderte Oser leise, während die Männer begannen, polternd ihre Kameras und Stative, lange Kabel und Mikrofone mit haarigen Überzügen auszupacken.

Angelockt von den Kameras und den konzentrierten Gesichtern der Fernsehleute strömten die Adler-Anhänger, auf die ehemalige Spielfläche und verteilten sich vor der Großleinwand.

Sobald ein Fernsehteam in ihre Nähe kam, zog es, wie immer die gesamte Aufmerksamkeit auf sich.

„Sehen sie irgendwelche bekannten Persönlichkeiten?", flüsterte Engels Oser zu, während er durch den Tunnel nach draußen ging.

„Noch nicht."

Das war das Signal. Und suchend schob sich Oser, die Hände in den Taschen durch die Menge vor sich.

„Ich erkenne lediglich ein paar Ehemalige- Adlerveteranen und natürlich stehen da vorne auch massenhaft Funktionäre und einige Edelfans beisammen."

Der junge Polizist deutete auf eine Gruppe glatzköpfiger Männer. Alle übergewichtig, aber ausnahmslos in dunkelgraue Sakkos gehüllt. Auffallend viele junge Frauen, alle mit blauweißroten Fankappen standen um die Männergruppe herum.

„Der da vorne ist Werner Sieloff." Tom Oser war plötzlich seltsam aufgeregt. „Der war jahrelang Chefscout bei denen."

Immer mehr Publikum strömte in die marode Arena. Bald war die halbe Spielfläche gefüllt.

„Sieht aus wie früher", sagte ein schmächtiger Mann in schneeweißem Poloshirt, der urplötzlich hinter Max Engels auftauchte und lässig dort stehenblieb. „Echtes Stadionfeeling."

„Die Zeremonie wird wohl ein Erfolg", sagte Engels und musterte den Mann, um herauszufinden, ob er möglicherweise ein ehemaliger Mannschaftskamerad war.

„Im Netz boomt sowas."

„Glauben sie?"

Der Mann lachte auf und schüttelte den Kopf.

„Die Zuschauer werden wohl eher um das Geld trauern, das sie nie wiedersehen. Etliche der hier Anwesenden haben irgendwann einmal in eines der widersinnigen Projekte von Ian Kaufmann investiert."

„Was meinen sie denn damit?"

Der Mann steckte sich das Shirt ordentlich in seine karierte Hose und schaute auf die Uhr.

„Kaufmann konnte meisterhaft schnorren. Nach ein paar Spielzeiten in der NHL dachten die Leute, er könnte Gold scheißen. Das Traurige daran ist, dass er das auch selbst geglaubt hat."

Mit einer Hand hielt er einen vorbeigehenden Mann zurück, der gerade auf dem Weg zu einer der Getränkeinsel war. Er trug ebenfalls ein Polohemd, nur in dunkelblau.

„He, Friedrich, hast du schon gehört? Die zelebrieren tatsächlich eine Gedenkminute für Kaufmann."

Fritz lief rot an.

„Die schrecken vor nichts zurück", schimpfte er. „Das Schauspiel für diesen Scheißkerl muss ich mir aber nicht antun."

Fritz machte auf dem Absatz kehrt und stapfte weiter auf die andere Seite in Richtung der Toiletten.

„Was waren denn das für Projekte von Kaufmann?", fragte Engels unbeeindruckt weiter.

Der schmächtige Mann lachte amüsiert.

„Festspiele in der SAP-Arena zum Beispiel. Haben sie noch nie von seinen Turnierveranstaltungen gehört? Merkwürdig. Oder die Rennbahn, die im Herrenried gebaut werden sollte? Die dann aber, wie sich herausstellte, mitten in einem Trinkwasserschutzgebiet lag? Und dann war da noch sein Tennisclub…"

„Ich dachte bei den Leuten um Ian Kaufmann wäre Geld kein besonderes Thema gewesen", sagte Engels und bemerkte, wie noch weitere Adleranhänger an ihnen vorbei auf die Stehtribünen strömten.

„Es war ja auch nicht sein Geld, das er verloren hat, sondern das der anderen. Sonst hätte er dieses wahnwitzige Spiel nicht so lange treiben können. Und der Tennisclub ist wirtschaftlich gesehen ein schwarzes Loch. Wenn man Siegprämien in sechsstelliger Höhe bei Clubmeisterschaften auslobt…Sie können sich ja vorstellen…Ruth!"

Der Mann eilte seitwärts weiter und einer Frau mit pinkfarbener Mütze hinterher. Engels beobachtete, wie die beiden ein paar Sätze miteinander sprachen und die Frau plötzlich ganz aufgeregt wirkte. Sie wandte sich um und ging in Richtung des angrenzenden Schlosshofs davon.

„Entschuldigen Sie", sagte Max Engels und trat ihr in den Weg, als sie vorbeiwollte. „Kannten sie Ian Kaufmann persönlich?"

„Leider", zischte die Frau und versuchte an Engels vorbeizukommen.

Max machte zwar einen Schritt zur Seite, hielt sie jedoch am Arm gepackt.

„Können sie mir etwas über den Mann erzählen?", bat er.

Die Frau mit dem Namen Ruth nahm ihre Sonnenbrille ab. Ihr Gesicht trug Spuren frischer chirurgischer Eingriffe, vor allem um die Augen.

„Von Ian Kaufmann ist nichts übriggeblieben als seine leere Fassade", sagte sie. „Der Mann war ein selbstverliebtes Arschloch und er wollte auch nach seiner aktiven Spielerkarriere immer noch Applaus hören und im Mittelpunkt stehen, aber ein Geschäftsmann war er nicht."

„Ich verstehe nicht ganz…", sagte Engels.

„Ian war ein Blender, verstehen sie? Aber er hat es perfekt verstanden sich zu vermarkten.

Das war alles. Ständig schob er neue Projekte an und er suchte immer wieder Sponsoren. Schwatzte den Leuten einen Haufen Geld ab und lebte davon. Es war ganz einfach. Wenn die Objekte floppten oder sonst wegkippten suchte er sich neue Investoren, lieh sich wieder Geld, polierte seine Fassade und das Rad begann sich wieder von vorne zu drehen."

„Kaufmann hat doch immer klotzig verdient." Engels blieb skeptisch. „Der Mann war doch jahrelang einer der schillerndsten Sterne in der Mannheimer Gesellschaft."

„Ein Lebensstil als Stern ist mächtig teuer", gab die Frau ungerührt zurück. Sie sah dabei fast ein bisschen gefährlich aus, und ihre operierte Nase näherte sich Engels Gesicht, „Das mit dem Geldverdienen ist eine Ewigkeit her."

Dann zwängte sie sich an ihm vorbei und verließ mit energischen Schritten die alte Arena, die sich immer weiter füllte.

Engels ließ seinen Blick über die große Leinwand, die vielen Menschen davor, und die Stehtribünen schweifen.

Ein Eishockeyidol weniger, dachte er. Darum bin ich hier. Und Till Keller will, dass ich diese Morde aufkläre. Angestrengt suchte er mit den Augen in der Menschenmenge.

„Haben sie einen der Helden entdeckt?", fragte er Oser, als der wieder neben ihm auftauchte.

Aber er hatte keine Chance. Das Gedränge wurde noch intensiver, und Engels verlor Oser wieder aus den Augen. Immer mehr Zuschauer tauchten vor ihm auf, versperrten ihm die Sicht, und er musste den Oberkörper strecken, um etwas sehen zu können.

Sein junger Kollege drehte den Kopf, und im selben Augenblick entdeckte Max Engels einen der großen DEL-Stars, einen Typen aus dem Allgäu, der mit den Adlern gerade einen hochdotierten Vertrag abgeschlossen hatte. Die Zeitungen waren tagelang voller Wasserstandsmeldungen gewesen.

„Den muss ich sprechen", sagte er sich und drängte durch die Menschenmenge.

Der Hockeystar hatte noch ein paar Kumpel dabei. Zwei von ihnen waren Profifußballer aus der Bundesliga, und der dritte produzierte Werbefilme fürs Erwachsenenprogramm.

Engels beeilte sich. An einer Getränkeinsel griff er sich eine Flasche, bedankte sich flüchtig und hastete weiter.

„Darf ich ihnen ein paar Fragen stellen?"

Der Filmproduzent dachte an einen Rundfunkjournalisten und fing augenblicklich an zu strahlen. „Haben sie einen Scheck dabei?"

Der Eishockeyspieler sah sich ebenfalls um. Lächelnd zeigte er seine blond gefärbte Mähne, und sein markantes Schubladenkinn.

„Wann geht's denn los? Ich möchte nicht den ganzen Tag hier rumstehen."

„Ein Weilchen s dauert wohl noch."

„Oh Shit", sagte einer der Fußballer spontan in die Runde.

„Kannten sie Kaufmann?", fragte Engels.

„Ja klar", antwortete der Hockeyspieler. „Kaufmann war immer noch ein Star und *die* Legende in der Region. Der hat hier auch irgendwo sein Haus, aber ich weiß nicht genau wo."

„Auf der Maulbeerinsel hat er gewohnt."

Der Allgäuer schüttelte den Kopf.

„Keine Ahnung wo das ist."

„Und sie?", fragte Engels die Fußballer. „Kannten sie Ian Kaufmannpersönlich?"

Beide verneinen.

Zwei weibliche Groupies kamen an die Männer heran. Im Haar übergroße Sonnenbrillen und auf den Lippen schrilles Lachen. Engels registrierte es aus den Augenwinkeln.

„Ich spiele manchmal in seiner Tennisschule", lachte der Produzent, zog sein Sakko aus und achtete darauf, dass sein protziger Breitling-Chronometer zur Geltung kam.

„Ian war ein super Typ", sagte er. „Wenn alle Prominenten so wären wie er, sähe die Welt anders aus."

Die Atmosphäre um sie war deutlich ernster geworden.

Danke, das reicht, dachte Engels. Er blieb noch einen Lidschlag stehen, scheinbar um sich zu orientieren und kehrte zu Osler zurück.

„Den Typen kenne ich doch." Tom Osler zeigte auf den Hockeyspieler. „Ist das nicht der…?"

„Genau der", fiel Engels ihm ins Wort und legte die Hand über seinen Zeigefinger. „Jetzt warten wir noch, bis die Schweigeminute um ist, und dann fahren wir."

Ein Mann blieb vor Engels stehen und starrte ihn unverwandt an. Er war Mitte, Ende fünfzig, übergewichtig und hatte schütteres graubraunes Haar.

„Hallo Max", dröhnte seine kurpfälzisch grundierte Raucherstimme. Engels entgegen. „Du hast dich gut gehalten über all die Jahre. Siehst gut aus."

„Was man von dir nicht unbedingt sagen kann, Jo." Engels sprach plötzlich ebenso breit und machte einen Schritt auf den Mann zu.

„Ohne ein Statement kommst du hier nicht mehr weg, alter Freund", schnarrte es Engels entgegen. Flink kam der Reporter näher. Er trug abgewaschene Jeans, ein weißes Hemd und eine dünne speckbraune Lederjacke. „Mit dem Fall wird die Stadt bekannt", sagte er.

„Jo Tänzer, und immer noch mit der Axt."

Engels verschränkte beide Arme vor der Brust und schürzte die Lippen. „Gibst du immer noch den Wadenbeißer, Alter. Ich dachte du bist längst Chefredakteur oder was in der Art"

„Lass mal stecken …", schnarrte Tänzer zurück. „Ich mache nur meinen Job, und ich habe da draußen die Schutzanzüge mit eigenen Augen gesehen, also?"

„Also was?"

„Wer ist verantwortlich für die Tragödie?" Der Reporter klang plötzlich anders, gedämpfter. Alle Jovialität an ihm war verschwunden. „Wisst ihr schon was?"

Engels reagierte erst nicht. „Ich hätte mir denken können, dass du das hier nicht auslässt." Er wollte noch etwas hinzufügen, doch Tänzer ließ ihn nicht zu Wort kommen.

„Sag was dazu, aber erzähl mir bloß nicht, dass du zufällig in der Stadt bist", sprudelte es aus ihm hervor. „Die Wahnsinnigen, die, … die diese Irrsinnstat verübt haben, müssen doch weg, habe ich nicht recht?"

Tänzer straffte sich, als er dicht vor Engels stehen blieb.

Engels antwortete nicht.

„Diese …Fanatiker muss man ein- für allemal unschädlich machen, sag ich dir."

„Du hast vielleicht Nerven."

Tänzer starrte ihn lange an. „Hast du wenigstens jetzt ein paar Neuigkeiten für mich?", fragte er mit flacher Stimme. „Haben sich die Taliban schon gemeldet?"

„Schlechter Start, alter Freund."

„Nein, diesmal ist es echt zu arg", fiel ihm Tänzer ins Wort. „Der Umgang mit solchen Wahnsinnigen ist doch dein spezielles Fachgebiet. Oder habe ich da was Falsches …über die, die … Terrorabwehr bei … Europol gehört?"

„Behalt` es für dich, Jo."

Endlich schüttelten sich die beiden Männer die Hand.
„Eine halbe Ewigkeit ist das her", sagte Engels. Er roch noch die Bierfahne von Tänzer, aber das war dem egal.

„Die Teilnahme ist für mich nicht nur Verpflichtung."

„Das weiß ich."

„Wenn der Verein sich entschlossen hat eine Schweigeminute für Kaufmann abzuhalten, ist es sogar meine Pflicht hier zu sein und darüber zu berichten", sagte er. „Unsere Leser interessieren sich dafür und außerdem muss mir auch meine Brötchen verdienen."

„Trauer ist eine sehr private Sache." Engels bekam plötzlich einen steifen Zug um den Mund.

„Früher habe ich Kaufmann hier oft zugesehen", sagte Tänzer und klopfte mit einer Hand auf ein niederes Geländer. „Der Kerl hat mir immer gefallen. Als Spieler war er nie kleinzukriegen und er hat immer hundert Prozent abgeliefert."

Plötzlich schluckte er.

„Natürlich gab`s auch viel Gelaber. Aber ich bin gut mit ihm ausgekommen", erzählte er weiter. „Ian Kaufmann hat mir nie ein Interview verweigert. Das zählt."

Engels schwieg und Jo Tänzer schluckte die Frage, die ihm auf der Zunge brannte fürs erste wieder. Als Reporter war er schon ein wenig arrogant, und er wusste instinktiv ab wann er mit Antworten rechnen konnte, und wann die eben ausblieben.

„Deine ehernen Absichten kauf ich dir sofort ab", sagte Engels und grinste plötzlich doch. „Ich freue mich auch, Jo."

Jo Tänzer entspannte sich. „Egal was war, aber so einen Abgang hat kein Mensch verdient."

„Deine Artikel wachsen auch aus dem Stoff, nicht wahr." Die Bemerkung konnte Engels sich dann doch nicht verkneifen.

„Ich tu nur meine Arbeit."

Tänzers Augen leuchteten farblos, aber sein Gesicht wirkte grau.

Mit Wehmut zeigte er plötzlich in die Menge.

„Das ist das Tolle am Sport." Er stockte, und als er weitersprach blieb sein Gesicht beinahe unverändert.

„Wenn einer wie Ian Kaufmann abtritt, dann zollen ihm die Leute Respekt. Wer kriegt so was heutzutage noch?"

Damit wollte er weitergehen. Aber wieder hielt ihn Engels am Arm fest.

„Bist du neuerdings Hockeyfan, oder warum machst du den Aufriss?" Tänzers Blick wurde bohrend

„Ich würde dich gerne ein paar Dinge abfragen."

„Kannst du…", sagte Tänzer und schob den Arm weg. „Aber was springt für mich dabei raus?"

Engels packte wieder zu. „Zu gegebener Zeit", sagte er ungerührt. „Und wenn es etwas zu vermelden gibt."

„Mit was haben sie dich hergelockt?"

Engels schüttelte den Kopf.

„Wie gut hast du Kaufmann gekannt?"

„Kennen wäre zu viel gesagt."

Tänzer fuhr sich mit der Hand über seinen weißgepuderten Dreitagebart ehe er weitersprach. „Aber wir sind uns schon mal über den Weg gelaufen."

„Mensch, Jo…"

„Was willst du denn hören?"

„Lass dir doch nicht jedes Wort aus der Nase ziehen."
Engels wurde fuchsig. „Weißt du wenigstens wen er angepumpt hat?"

Frostig grinste Tänzer zurück.

„Viele von denen hier", sagte er und machte eine weitläufige Geste mit Daumen und Zeigefinger. „Wenn auch nur die Leute, die es sich leisten konnten."

Engels trat von einem Fuß auf den anderen.

„Du siehst es mir doch nach, wenn ich mich damit jetzt nicht zufriedengebe", sagte er.

Tänzer zuckte nur gleichgültig mit den Achseln.

„Wo stehen seine Feinde, und mit wem hatte er Streit?"

„Keine Ahnung. So dicht war ich nie an ihm dran."

„Hast du bei ihm mal von Drohungen gehört? Ich habe den Eindruck, als wären einige ganz schön wütend auf ihn. Was weißt du davon?"

„Auf Sportplätzen wird viel gequatscht."

„Hast du auch Geschäfte mit ihm gemacht?"

Jetzt lachte Tänzer gequält. „Nein", sagte er dann, „wirklich nicht. Ich verfüge nicht über das nötige Kleingeld."

„Wer wollte was von ihm?"

Jo Tänzer wurde unruhig und winkte der Clique zu, die an ihnen vorbeizog. Die Männer lachten irritiert und gafften. Max Engels ließ aber noch nicht locker.

„Gibt es bei euch noch Material über Kaufmann?"

„Im Archiv liegt bestimmt noch einiges." Tänzer wurde allmählich zappelig. „Glaubst du, dass in den alten Geschichten ein Motiv steckt?"

„Wer weiß."

„Die Bösen sind die Bösen."

Die beiden Männer sahen sich an und Engels nickte.

„Kaufmann war der Star der Adler und ein Sympathieträger für die Liga", sagte Jo Tänzer mit seiner rauchigen Stimme. „Erfolg macht Sexy und Interviews gehören schließlich zu meinem Job, Max."

„Derzeit gebe keine Interviews, Jo."

„Für wen hältst du mich?"

Das Schweigen zog sich in die Länge, bis Engels wieder fragte: „Wusstest du, dass Ian Kaufmann …ein drittes Kind hat. Noch eine Tochter im Teenageralter, Susanna, heißt sie glaube ich?"

„Ja, natürlich." Tänzer schnippte leicht mit den Fingern.

„Das Mädchen heißt tatsächlich Susanna, und sie stammt aus einer Beziehung von ihm, die vor der Zeit mit Lilli lag."

„Danke."

Tänzer bog den Kopf in den Nacken und kramte scheinbar angestrengt in seinem Gedächtnis. „Kaufmann hatte andauernd Affären", sagte er. „Der hat nichts anbrennen lassen. Bis ihn Lilli an die Kette gelegt hat."

„Das weißt du sicher?"

Der Reporter blieb weiter ganz unaufgeregt. „Die Mutter von Susanna hat er jedenfalls nicht geheiratet", sagte er nach einer kurzen Weile, „das weiß ich genau."

„Erinnerst du dich noch an den Namen der Frau?"

Tänzer holte tief Luft. Dann sagte er: „Gleich, …gleich komme ich drauf. Es liegt mir … auf … auf der Zunge." Er lächelte etwas schief. „Die war damals Tänzerin bei den Cheerleadern", brummte er und ließ das erst mal wirken.

„Ich erinnere mich noch genau an die. Das Mädchen sah verdammt gut aus, verstehst du?"

Jemand kicherte.

Tänzers Miene wurde noch nachdenklicher. „Heute lebt sie, soviel ich weiß im Elsass." Es sah aus, als tauchten plötzlich noch mehr Erinnerungsfetzen in seinem Gedächtnis auf. „Aber das Kind war nie ein Geheimnis", fügte er hinzu. „Alle Mitglieder der Familie Kaufmann sind …äh…sehr offen …damit …äh…umgegangen. Susanna hat gelegentlich sogar bei denen gewohnt."

„Wann war sie zuletzt hier in der Stadt, weißt du das?"

Jo Tänzer strich sich wieder über die Barthaare in seinem Gesicht.

„Wenn sie bei ihrem Vater war, ist Susanna immer bei Gerlinde reiten gegangen", sagte er unvermittelt. „Unter den Damen wurde sogar gemunkelt, dass sie dort einen Job machen wollte, um länger in seiner Nähe bleiben zu können."

Engels kam noch einen Schritt auf ihn zu und senkte seine Stimme eine Spur weiter ab.

„Sie ist also in der Stadt? Oder war es vor kurzem noch?"

Tänzer kratzte sich an der Nase.

„Das weiß ich nicht", protestierte er. „Am besten besprichst du dich mal mit Gerlinde."

„Bitte."

Tänzer sah Engels fragenden Blick und fuhr fort:

„Gerlinde Apfel, der gute Geist für die Pferdemädchen. Sie betreibt eine Art Pferdepension. Das *Ponyheim*. Sie hat ihr Haus direkt neben der Anlage. Es liegt…"

„Ich weiß, wo das *Ponyheim* ist", unterbrach Oser und kam zu Engels herüber. „es ist nicht weit…"

Das Gemurmel um sie herum erstarb. Auf der Leinwand wurde es bunt. Ein Portrait von Ian Kaufmann wurde eingespielt. Verschiedene Spielszenen aus seiner aktiven Zeit. Und dazwischen kamen immer wieder Interviews mit ihm und zeigten sein markantes Gesicht.

Ein deutliches Ächzen ging durch die Reihen der Anwesenden.

Ein Mann in blauem Sakko und heller Hose stellte sich auf die Treppenstufe, die in das Clubhaus führte, und begann in ein Mikro zu sprechen.

„Liebe Mitglieder, liebe Gäste … Wir haben uns heute hier versammelt, um eines guten Freundes und eines lieben Mitmenschen zu gedenken, eines Mannes, der uns allen ein Vorbild war…"

Engels hörte nur zu. „Wer ist das?", flüsterte er zu dem Reporter hinüber.

„Rolf Ludwig Bauer", sagte Tänzer „Aktuell gibt er im Verein den großen Mäzen."

„Was weißt du sonst noch über den Mann?"

„Geld … viel Geld", flüsterte Tänzer und machte mit der Hand ein Zeichen. „Bauer hat seine Finger in etlichen Firmen und er ist nicht sehr wählerisch. Man erzählt sich, dass er sogar Drückerkolonnen am Start hat."

„Geld stinkt eben doch nicht."

„Bauer macht die Ansagen …und alle, die mitverdienen, halten gefälligst die Schnauze, verstehst du?"

„Gerade noch."

„Bei Rolf Ludwig Bauer läuft alles sehr …diskret und vor allem geräuschlos ab." Tänzer räusperte sich einige Male und drehte dabei den Kopf. „Der Typ ist aalglatt."
„Und Zuhause spielt er mit wilden Tieren."
Tänzer schüttelte den Kopf.
„Wie man hört, ist er gerade aus Florida zurückgekommen", flüsterte er.
„Huuh", machte Oser. „Amerika."
„Was soll das?"
Klick, klick, klick.
Statt einer Antwort Tom Oser hielt seine Handykamera in die Menschenansammlung und fotografierte hektisch drauflos.
„Ich bezweifle aber, dass er Kaufmann in letzter Zeit getroffen hat."
Dann wurde es mucksmäuschenstill unter dem Dach. Unweit vor dem Eisstadion raste ein Motorrad durch den Kreisverkehr Die Fernsehkameras liefen. Die Menschen warfen einander vorsichtige Blicke zu und versuchten traurige Gesichter zu machen.
Engels sah auf die Uhr.
Nach zweiundfünfzig Sekunden hatte der Clubpräsident genug und schlug die Hände zusammen.
„Wir werden Ian ein ehrendes Andenken bewahren", sagte er in sein Mikrofon. „Ich bedanke mich bei allen Gästen und Mitgliedern, auch bei den Repräsentanten der Medien…", er winkte tatsächlich in eine Fernsehkamera, „…und möchte daran erinnern, dass das Clublokal geöffnet ist, bis…"

Die Verstärkeranlage löste einen Knall aus, der in die Menge dröhnte, noch ein paarmal kratzte … und dann abbrach.

„Schöne Ansprache", sagte Engels und berührte Tänzer leicht am Unterarm. Damit wollte er sich verabschieden und wandte sich zum Ausgang.

„Ulla Thaler war der Name des Mädchens", stieß Tänzer plötzlich hervor. „Ich habe die Kleine nicht vergessen."

„Äh, ja."

Tänzer drehte den Kopf und sagte: „Du kannst dich revanchieren, aber lass dir ruhig noch etwas Zeit."

„Weiß er was?"

Oser formulierte die Frage stumm mit den Lippen. Engels schüttelte den Kopf. Bevor er antworten konnte, wurde es um sie herum noch lauter. *We are the Eagles* wurde angestimmt und aus vielen Kehlen wurde inbrünstig mitgesungen.

Max Engels blieb noch einen Moment stehen und sah sich um. Was für Emotionen, dachte er bei sich. Mit einer Hand fasste er Tom Oser am Arm und führte ihn auf den Parkplatz.

Während der Fahrt nach Norden, wartete Engels insgeheim, dass der Regenbogen-Sender noch weitere Anschläge melden würde. Aber nichts passierte und eine entsprechende Meldung kam auch nicht.

Nach jeder Brücke hatte auch Oser die Augen im Rückspiegel.

Durchbeißen, dachte Engels. Zu Oser sagte er nichts. Angespannt hörten sie beide dem Radioreporter zu.

Immer wieder wurde der grauenhafte Gasmord an Ian Kaufmann und seiner Familie erwähnt. Nichts sonst war Thema. Es wurde über Terroristen spekuliert und immer wieder wurden polizeiliche Maßnahmen aufgerufen Das Interview mit Oberstaatsanwalt Keller war eine Aufzeichnung, mehrfach geschnitten und fiel entsprechend karg aus.

„Was halten sie davon?"

Engels beugte sich vor zum Armaturenbrett. „Keller macht seinen Job, sonst nichts."

„Dienst nach Vorschrift nenne ich das."

Erst als sie durch die Neckarstadt durchwaren schnaubte Oser wieder auf. „Fürchterlich hört sich das an, echt." Er ließ Engels nicht aus den Augen. „Ich verstehe das nicht."

„Was verstehen sie denn nicht?", knurrte Engels zurück. „Überleben ist alles", fauchte er plötzlich los und es war ihm egal, dass dem jungen Kollegen die Kinnlade runterfiel.

Schweigend fuhren sie weiter. Der Verkehr wurde noch dichter. Sie kamen an Hotels, Autovermietungen und Schnellrestaurants vorbei.

Ein Flugzeug landete auf dem nahen City-Flughafen.

Zwanzig Minuten später waren sie durch die Innenstadt durch und fast am Ziel.

Die Straße ringelte sich nur noch holprig ins Gelände. Hier und da tauchte ein Stromkasten auf, oder kleinere Wartungshäuschen standen einsam herum.

In unregelmäßigen Abständen schnitten Feldwege ins Grün. Ansonsten gab es außer den Feldern, den vielen

Bäumen und dem wildwucherndem Büschen nichts zu sehen.

„Warum sind die Kasernen verschwunden?", fragte Engels und schaute irgendwie suchend die Wege entlang.

„Es ist wie es immer ist."

Tom Oser warf seinem Nebenmann einen irritierten Blick zu. „Die Blocks waren gleich abgerissen, aber aus dem Areal ist trotzdem nie ein neues Wohnviertel geworden."

Er versuchte ein halbes Lächeln. „Die Idee war großartig", sagt er noch, „aber den meisten Investoren ging die Puste aus. Mehr als den vorschnellen Abriss der Häuser und den Ausbau die Kanalisation haben sie nicht geschafft. Verflucht…"

Oser musste scharf bremsen.

Unmittelbar vor ihnen war ein breites Loch in der Straße. Wie eine frische Wunde sah das aus. Der Bereich um die Abbruchkante war mit zwei Hütchen und etwas rotweißem Plastikband abgesperrt. Irgendwo hinter ihnen ratterte eine Kettensäge.

„Was soll das denn?"

Engels drehte den Kopf. Er hörte Schritte. Ein Waldarbeiter in einem grünen Overall kam auf sie zu.

„Hey", rief der Mann, „hier können sie nicht durch. Das ist Baustelle, Betreten verboten, können sie nicht lesen?"

„Kein Problem."

Vorsichtig kurvte Oser an der Absperrung vorbei. „Der Rückbau ist seit Jahren steckengeblieben, aber ich kenne mich aus."

Schotter spritzte unter den Reifen hervor, als er das Gaspedal fest durchtrat. Als sie sich dem Reitstall näherten, verbreiterte sich der Weg wieder.

„Hinter dem Wasserreservoir liegt der Golfplatz."

Bagger, Planierraupen und mehrere Lastwagen bereiteten den Boden für Rasenflächen.

„Haben diese wichtigen Leute wirklich nichts zu tun, als durch ihre Wunderwelt zu spazieren und mit ihren Metallschlägern gegen kleine ruhende Bälle zu dreschen?", fragte Engels.

„Die spazieren nicht", korrigierte ihn Oser, „die fahren mit dem Golfcart."

Er deutete auf ein Schild mit der Aufschrift. *Reiterweg*, setzte den Blinker und bog rechts ab.

Dreihundert Meter am Zaun entlang. Dann Stopp. Der Parkplatz stand voll mit teuren Autos. Oser stellte den Wagen hinter einem Range Rover Sport ab und sie gingen hinüber zu einem niedrigen, weißen Gebäude mit schmiedeeisernen Gittern vor den Fenstern.

Links davon lagen die Stallungen, große offene Boxen aus dunklem Holz mit schönen, grün lackierten Schmiedeeisen, darüber riesige Baumkronen. Mädchen mit bunten Kappen und Pferdeschwänzen huschten zwischen Vollblütern mit schimmernd braunem Fell herum. Ein Pferdepfleger, der eine Schubkarre vor sich herschob, sagte etwas zu einem der Mädchen, und es lachte.

„Was für eine Idylle."

Max Engels blieb stehen. Oser folgte mit einer Kopfbewegung und lächelte ebenfalls.

„Sind sie Abholer oder Einsteller?", fragte eine Frauenstimme. Sie hatte kurzes graues Haar und rotgeränderte Augen.

Engels sah sie erstaunt an. „Weder noch", sagte er.

Die Frau kam näher und streckte ihre Hand aus. „Ich bin Gerlinde Apfel", stellte sie sich vor. „Ich habe eben zufällig mitgekriegt, dass es ihnen bei uns gefällt.

„Wir machen keine Werbung."

Engels riss sich von der Kulisse los und erklärte mit wenigen Worten wer er war und was er wissen wollte.

„Sie wollen also über Susanna sprechen?", fragte Gerlinde Apfel. „Was wollen sie denn wissen?"

Engels sah, dass die Frau sich schwer auf eine Krücke stützte. Keine wie er eine benutzte, sondern ein schönes, aber abgenutztes Stück aus dunklem Holz. Diesen Stock benutzte die Frau schon lange.

„Das Mädchen ist verschwunden."

„Sie wissen, dass Susanna hier reitet?"

„Deshalb sind wir hier."

Die Besitzerin des Reitstalls drehte sich mit einer eckigen Bewegung um.

„Wir können in mein Büro gehen", schlug sie vor.

Sie kamen an einem weiteren Stallgebäude vorbei. Ein schlankes Mädchen mit glänzenden Reitstiefeln führte ein arabisches Vollblut zur Reitbahn, wo einige Hindernisse aufgebaut waren.

„Darf ich ihnen etwas anbieten?"

Beide lehnten ab. In einem kleinen Zimmer hinter dem Verkaufsraum nahmen sie Platz. Gerlinde Apfel setzte sich schwerfällig, lehnte den Stock an ihren Schreibtisch und streckte ihr kaputtes Bein aus.

„Reitunfall", sagte sie. „Es ist über dreißig Jahre her. Ich habe mich daran gewöhnt, und ich kann trotzdem reiten."

„Haben sie eine Vorstellung wo Susanna sich aufhalten könnte?"

Max Engels sah Gerlinde Apfel fest an.

„Eigentlich wollte Susanna bei mir arbeiten", begann die Frau und faltete die Hände vor sich auf dem Schreibtisch. Sie waren schwielig und rau von der Arbeit. „Aber daraus ist nichts geworden. Im Nachhinein gesehen ist es natürlich ein Segen, dass sie nach Hause gefahren ist."

Die Frau blickte hinaus zu den Ställen, es zuckte leicht um ihre Mundwinkel.

„Sie hatte Streit mit …Lilli, äh ihrer Stiefmutter, wahrscheinlich, deshalb habe ich ihr den Job angeboten."

Susanna war also vor kurzem noch hier, ist dann aber abgereist?"

Gerlinde Apfel nickte mehrmals.

„Sie hat vorige Woche angerufen und mir mitgeteilt, dass sie es sich doch anders überlegt hat. Sie wollte der Schule noch eine Chance geben, und das habe ich ausdrücklich befürwortet."

„Konnte sie das denn so einfach entscheiden?"

Gerlinde Apfel nickte und legte abrupt beide Hände vor den Mund.

„Entschuldigen sie bitte", sagte sie dann.

„Kannten sie die Familie gut?", fragte Engels.

Die Reitstallbesitzerin schaute aus dem Fenster und ließ den Blick über die Stallungen schweifen.

„Nein, nicht besonders", sagte sie. „Samanthas Pony steht bei uns, ich weiß gar nicht, was wir jetzt damit machen sollen. Aber Ian Kaufmann kannte ich nicht und Lilli auch nicht gut.

Bevor sie die Kinder bekam, ist sie selbst geritten, aber dann hat sie immer so viel gearbeitet, und die Zeit hat nicht mehr gereicht."

Die Frau verstummte für eine Weile.

„Susanna ist eine prima Reiterin und kann gut mit Pferden umgehen. Das Gelände kennt sie wie ihre Westentasche."

Das Telefon auf dem Schreibtisch klingelte. Gerlinde Apfel nahm ab, aber antwortete kurz angebunden.

Engels stand auf. Hier würde er nicht weiterkommen.

Gerlinde Apfel warf den Hörer achtlos auf den Tisch.

„Wissen sie, wann Susanna genau abgereist ist?", fragte Engels abschließend.

Die Reitstallbesitzerin stützte sich auf ihren Stock und erhob sich mühsam.

„Ich nehme an, sie ist letzten Donnerstag, oder vielleicht noch einen Tag später gefahren. Das Internat in das sie wieder zurück wollte liegt am Bodensee. Den Namen des Kaffs konnte ich mir allerdings noch nie merken."

Engels ergriff ihre Hand.

„Danke für ihre Zeit."

Damit wandte er sich um und wollte Gehen.

„Übrigens", sagte er und blieb noch einmal stehen. „Sie erwähnten eben, dass Lilli Kaufmann so viel gearbeitet hat. Was hat sie beruflich eigentlich gemacht?"

„Sie war Finanzmaklerin und hat die Agentur geschmissen", antwortete Gerlinde Apfel. „Natürlich hat der Name Kaufmann gezogen, bei der Akquise meine ich, aber Lilli hat die Termine abgearbeitet und das Geld verdient."

„Und was war mit Ian?"

Apfel schüttelte den Kopf.

„Dann muss die Frau einiges verdient haben", sagte Engels und dachte an das riesige Haus auf der Maulbeerinsel. Im selben Moment klingelte sein Handy.

„Max Engels?", fragte eine Frauenstimme. „Sie wollten mich sprechen?"

„Äh", sagte Engels.

„Was wollen sie von mir?"

„Wer sind sie denn?" Max Engels ging ein paar Schritte Richtung Parkplatz.

„Ulla Thaler."

„Gut, dass sie sich melden. Es tut mir leid, was ihrem Exmann mit seiner Familie zugestoßen ist.", begann Engels.

„Mir auch, aber wie soll ich helfen?"

Ich ermittle hier in Mannheim und würde ihnen und ihrer Tochter gerne einige Fragen zu den Ereignissen hier stellen…"

„Das haben mir die Gendarmen auch so gesagt, aber darüber weiß ich nichts", sagte Ulla Thaler. „Mich informiert ja keiner. Man sollte doch annehmen, dass ich wissen muss was passiert ist. Immerhin war ich ja mal mit dem Kerl…zusammen."

„Das muss jetzt ein schrecklicher Schock für sie gewesen sein", sagte Engels mitfühlend.

„Das können sie laut sagen", erwiderte Ulla Thaler. „Ein Glück, dass Susanna schon weg war, wer weiß was sonst noch passiert wäre."

„Wie hat ihre Tochter auf die Ereignisse reagiert?"

„Wenn ich das nur wüsste."

„Sie ist abgetaucht. Können sie mir sagen wo ich nach ihr suchen soll?"

„Tja", sagte Ulla Thaler, „man könnte wohl wirklich erwarten, dass sie wenigstens mal an ihr Handy geht, aber das ist natürlich zu viel verlangt. Wahrscheinlich hat sie einfach keine Lust, es aufzuladen, wie immer."

Engels sah hinüber zu dem Reitplatz. Das Mädchen mit den glänzenden Stiefeln sprang mit ihrem Pferd gerade über eine Kombination.

„Sie haben also seit dem Todesfall nicht mehr mit ihrer Tochter gesprochen?"

„Wie denn?", fragte die Frau jetzt tonlos.

Engels sah der Stallbesitzerin nach, die in der Tür zu ihrem Büro stehengeblieben war.

„Gerlinde Apfel?", sagte er. „Wieso…Was hat die denn damit zu tun?"

„Susanna wollte für eine Weile auf dem Ponyhof wohnen. Sie hat es nicht mehr ausgehalten bei dieser Hexe, diese Lilli meine ich, deshalb ist sie in den Reitstall gezogen."

„Sind sie sicher?"

„Sie hat mich selbst angerufen und es mir gesagt. Mir ist es egal, wo sie wohnt, solange sie in der Spur bleibt und nicht verrücktspielt."

Engels setzte sich in Bewegung und stapfte auf das Büro des Reitvereins zu.

„Können sie einen Moment dranbleiben?", sagt er. „Es gibt hier jemanden, mit dem sie reden sollten…"

Er öffnete die Tür. Gerlinde Apfel sah verwundert hoch.

„Ulla Thaler ist dran", erklärte Engels und hielt ihr das Telefon hin. „Die Frau glaubt, dass Susanna hier bei ihnen wohnt."

6

Herrgott, war das eine Nacht gewesen. Engels war erst spät eingeschlafen. Er träumte schwer und hatte sich die halbe Nacht durch das schmale Bett gewälzt.

Das Klingeln des Weckers am nächsten Morgen war wie eine Erlösung gewesen, aber hart. Mit einer unruhigen Bewegung war er aufgestanden, und auf die Toilette geschlurft. Anschließend hatte er noch umständlich geduscht und sich dann auf die Socken gemacht.

Der Himmel über der Stadt begann sich zartrosa zu färben, als er startete. Tomas Ömer, einer der Physios hatte ihm für eine Tankfüllung Sprit, bis Schichtende einen alten Cherokee ausgeliehen. Engels wollte in die Gerichtsmedizin und folgte einfach dem Wegweiser dorthin.

Dem Leben verpflichtet…*p*rangte in Großbuchstaben über der schmalen Eingangstür des Backsteingebäudes.

Engels achtete nicht darauf. Er ging durch die Tür und weiter den Gang entlang. Schwache Neonröhren beleuchteten die Eingangsbereich, und es roch scharf nach einem antibakteriellen Reinigungsmittel. An den Gipswänden hingen einige Bilder mit abstrakten Motiven.

Der Informationsschalter im Foyer war unbesetzt. Engels blieb stehen und lauschte. Er sah keine Menschenseele, aber irgendwoher war Stimmengemurmel zu hören.

Der Flur führte bis zur Treppe und weiter geradeaus. Fliesenboden glänzte ihm entgegen. Engels passierte noch mehrere Türen und landete schließlich im Keller des Instituts.

Links hinter einer halbgeöffneten Tür konnte er den Warteraum der Pathologie ausmachen. Er ging hinüber und schob die Tür vollends auf.

„Hallo", grüßte er, blieb stehen und wartete er bis der langhaarige Kühlraumwärter aufhörte zu telefonieren.

„Ist der Gerichtsmediziner schon da?"

„Der ...ist schon drin", sagte der Mann matt und kam einen Schritt auf Engels zu. Er war ganz wund und rot unter der Nase, als sei er erkältet und habe sich zu oft geschnäuzt. „Sie können reingehen."

Einladend wies mit der Hand zu der großen Stahltür mit der Aufschrift OP. Von irgendwoher hörte Engels das beunruhigende Surren eines Bohrers, dann das Geräusch von fließendem Wasser. Doch was ihm am meisten zusetzte, war der Chemikaliengestank.

Engels klopfte an, und ging hinein. Der Operationssaal war hell erleuchtet. Alle Kameras an! Mit dem Rücken zur Tür blieb er stehen.

Ordentlich aufgereihte Stahltische mit Waschbecken und Instrumententische säumten die Wand gegenüber und über allem lag ein feiner Duft nach Formaldehyd und anderen Desinfektionsmitteln.

Auf einem der Stahltische lag eine mit einem blauen Tusch abgedeckte Leiche. Zu beiden Seiten des Tisches stand je ein Rollwagen. Auf dem einen lagen ein paar persönliche Habseligkeiten.

Ein schwarzes Handy, Armbanduhr, Scheckkarte und die Ausweise. An seinem Schlüsselring hingen mehrere Schlüssel.

„Sie sind doch wegen dem Amerikaner gekommen, oder?" Dr. Schmieder war herangekommen und begrüßte

Engels nur mit den Augen. Er hatte sich bereits frische Latexhandschuhe übergezogen.

Engels nickte ihm kurz zu.

„Haben sie schon was für uns?"

Der Pathologe schüttelte den Kopf. „Die Obduktion ist angeordnet, aber noch nicht terminiert."

„Scheiße."

Abrupt wandte sich Schmieder um und ging durch die Schwingtür in den Nebenraum.

„Kommen sie mit."

In dem gefliesten Raum war es noch merklich kühler. Der Pathologe zeigte auf die Kühlfächer in der Wand, zählte ab, und öffnete eine der Edelstahltüren. Geschickt zog er das Metallgestell mit dem abgedeckten Körper heraus.

„Was wollen sie wissen?", fragte er und hob das Leintuch dabei etwas an, bis Ian Kaufmanns Gesicht frei lag. Der Mund des Toten war aufgerissen und die Miene war verzerrt.

Engels beugte sich weit über die Leiche.

„Sehen sie die bläulich verfärbte Gesichtshaut?", fragte der Arzt, „und die Feuchtigkeit unter der Nase?" Er wartete nicht auf Antwort.

„Gas! Eindeutig!", dozierte Schmieder knapp. „Aber kein Giftgas. Seien sie froh."

„Bin ich."

Engels richtete sich auf. „Leichen habe ich genug gesehen. Mein Bedarf ist gedeckt."

Der Pathologe überhörte das. Mit den Fingerkuppen tastete er über das blasse Gesicht des Toten und öffnete ein Augenlid.

„Der Mann ist erstickt", sagte er geschäftig und zeigte auf punktförmige Blutungen rund um das reglose Auge. „Die Hornhäute sind noch nicht getrübt, sehen sie? Bei den Frauen sieht man es noch deutlicher. Wollen sie die auch sehen?"

„Nein."

Ein paar Minuten später war Max Engels wieder draußen. Der Verkehr war eine Katastrophe. Ständig hatte er die Augen im Rückspiegel. Er schaltete den Blinker ein und bog nach links ab in die Landstraße. Die Fenster des alten Jeeps standen weit offen, und während der Fahrt wehte viel frische Luft um sein Gesicht.

Die monotonen Fahrgeräusche hatten eine beruhigende Wirkung auf ihn. Mehrmals drehte er den Hals, und versuchte so die Verspannung loszuwerden.

**

Es war viel Verkehr, aber Engels kam zügig voran. Als er vor der Tennishalle ankam, war das Tor geschlossen. Der Parkplatz war leer und die umstehenden Bauten wirkten irgendwie geisterhaft. Keine Trainingsgäste, keine Geräusche und auch die Außenplätze wirkten seltsam ruhig und verlassen. Aber der Tag war schön und auf der Neckar-Insel schien die Sonne scheinbar noch wärmer.

Entschlossen stieg er aus. Zum Glück hatte er Joggingschuhe an den Füßen. An dem Zaun, der das riesige Gelände umgab, lief außen ein Trampelpfad entlang, und es begann ein anstrengender Spaziergang für ihn, und es wurde auch mehr als staubig.

Irgendwo, weit entfernt, bellte ein Hund, die Sirene eines Rettungsfahrzeugs war kurz zu hören, dann nur noch ein gleichmäßiges, in Wellen anrollendes Rauschen: die Geräusche der Stadt.

Es dauerte eine Weile bis er endlich die entlegene Seite des Grundstücks erreicht hatte. Die Zeit schien stillzustehen. Irgendwann hörte die Umzäunung ganz auf. Vor einiger Zeit waren hier halbhohe Hecken gepflanzt worden.

Engels sah sich um. Nur tiefblauer Himmel über ihm. Nicht das kleinste Fitzelchen einer Wolke gab es irgendwo da oben. Er stapfte weiter. Nach ein paar weiteren Minuten stand er auf einem einsamen Sandplatz.

Jetzt konnte er sich noch besser orientieren und sah die gewaltige Rückfront der Tennishalle deutlich vor sich. Auf dem Gelände war immer noch keine Menschenseele zu sehen. Langsam stapfte Engels weiter, und erst auf verwaisten Terrasse des Clubrestaurants hielt er wieder an.

Im Erdgeschoss waren alle Türen geschlossen und eine Klingel gab es nicht. Vor einem der hinteren Fenster, ein einzelner Flügel war hier geöffnet, stellte Engels sich auf die Zehenspitzen und spähte hinein.

„Hallo?", rief er laut und blickte in einen rechteckigen Raum mit hellen Einbaumöbeln. In der Mitte des Zimmers standen sich zwei wuchtige Schreibtische gegenüber.

Ein klobiger Metallschrank komplettierte die Einrichtung. An den vergilbten Wänden hingen etliche bunte Postkarten, und dazwischen ein riesiger Kalender. Abgestandener Zigarettenrauch hing in der Luft.

Der Kopf eines schwarzhaarigen Mannes kam hinter einem Schreibtisch hervor.

„Der Club ist geschlossen", sagte der Mann und bürstete sich den Staub von den Knien. „Was wollen sie denn?"

„Kripo Mannheim", sagte Engels. „Darf ich trotzdem mal reinkommen?"

Der junge Mann legte einige Blätter zur Seite. Er zögerte. Dann kam er auf Engels zu und sah ihn neugierig an.

„Von der Verwaltung ist niemand da", sagte er und seufzte einmal tief. „Ich weiß auch nicht wer von denen überhaupt noch kommt, und wann hier wieder aufgemacht wird, weiß ich auch nicht."

Trotzdem öffnete er eine der Türen und streckte auch die Hand aus.

„Guten Tag."

„Tag", grüßte Engels zurück.

„Ich bin Mathias Rapp." Der junge Mann blieb stehen. Etwas ungelenk zeigte er in die Mitte des Zimmers.

Ein schwacher Alkoholgeruch hing in der Luft.

„Was wollen sie hier?"

Engels runzelte die Stirn.

„Sie wissen doch was passiert ist", sagte er und ging dicht an Rapp vorbei. Tatsächlich stank der Mann nach Schnaps.

„Gab`s mal Ärger in letzter Zeit?"

„Mit mir nicht." Rapps Lippen zitterten. „Ich kriege das gerade gar nicht auf die Reihe", sagte er nervös.

Engels drehte sich zur Seite. Der Mann schien den Alkohol regelrecht auszuschwitzen.

„Hatte Ian Kaufmann Feinde?"

Rapp schüttelte den Kopf.

„So gut habe ich den Mann nicht gekannt."

„Wie war er denn ihr Chef?"

„Eigentlich war er ganz in Ordnung", sagte Rapp. „Wenn es um`s Business ging konnte er aber auch den knallharten Boss rauskehren." Eine Zornesfalle tauchte zwischen seinen Augen auf. „Wir haben wenig miteinander gesprochen, verstehen sie?"

„Sagen sie mir welche Funktion sie hier haben?"

„Ich bin angestellt als Tennistrainer."

„Wie viele Mitarbeiter gibt es außer ihnen noch?"

„Eigentlich sind wir zu acht", antwortete Rapp und machte ein gequältes Gesicht. „Sommer hat gesagt, wir sollen erst am Montag wiederkommen, aber heute früh hat er mich angerufen und herbestellt."

Endlich entspannte sich Rapp wieder. Mit einer Geste bat er Engels weiterzugehen. Aus dem Büro heraus. Engels sah sich um. Auf den Tischen stapelten sich mehrere Papierstöße.

„Furchtbare Tage sind das … für uns alle ", grummelte Rapp hinter ihm.

„Das glaube ich ihnen."

Auf dem Flur herrschte eine seltsame Ruhe. Überall waren die Kunststoffdecken abgehängt. Erst im Vorraum blieben sie wieder stehen. Verwirrt legte Rapp seinen Kopf zur Seite. Es sah aus, als starrte er die kahle Wand an.

„Wer macht so was?"

Es gab keinerlei Geräusche, auch keine klingelnden Telefone waren zu hören. Alles wie ausgeblendet!

„Das finden wir raus", sagte Engels.

„Die ganze Familie einfach ausgelöscht", machte Rapp. „Alle weg. Soll man jetzt einfach wieder zur Tagesordnung übergehen?"

Engels gab keine Antwort.

„Wie soll es überhaupt weitergehen?" Rapps Gesicht war blass geworden. „Wenn es Terroristen waren, wer ist dann als Nächster dran?"

Das Restaurant war dunkel und leer. Nicht ein Licht. Alles still. Links von ihnen war der Empfang, und da standen auch mehrere Ledersessel. Auf der rechten Seite gab es noch einen Shop, in dem Trainingskleidung und Tennisschläger verkauft wurden.

„Wer regelt jetzt eigentlich die Geschäfte?"

Aber Mathias Rapp reagierte nicht gleich.

Sommer würde ich annehmen", sagte er dann, aber genau weiß ich das auch nicht." Sein Blick flackerte unruhig.

„Von hier gelangt man zu den Duschräumen", sagte er unvermittelt und deutete auf die Seitentüren. „Der Fitnessbereich liegt eine Etage tiefer."

„Kennen sie Susanna", unterbrach ihn Engels.

Erstaunt sah Rapp ihn an.

„Klar, ich trainiere sie schließlich."

„Ach, sie sind ihr Trainer?"

„Ich versuche zumindest sie zu motivieren", erwiderte Rapp, „aber das Mädchen ist so flatterhaft."

Engels fixierte den Trainer genauer.

„Erzählen sie weiter. Ich versuche mir gerade ein Bild zu machen. Was für ein Typ ist sie denn."

Mathias Rapp räusperte sich und sprach leise weiter. „Die richtige Einstellung fehlt ihr halt", sagte er, und sah sich um dabei. „Susanna hat alles ausprobiert, aber nirgends lange durchgehalten. Sie hat einfach keine Lust auf harte Arbeit. Und wenn sie keine Lust hat auf Training, hat sie eben keine Lust."

„Hat das Mädchen denn wenigstens Talent?"

„Das reicht aber nicht", Rapp lächelte ein trauriges Lächeln. „Susanna könnte erfolgreicher werden als ich es war."

Engels sah den Mann noch genauer an, aber das Gesicht sagte ihm nichts. Warum auch?

„Sie haben selbst gespielt?"

Rapp machte zu. Er nickte nur einmal leicht.

„Warum arbeiten sie dann hier?"

„Weil mir die Arbeit als Trainer gefällt. Als aktiver Spieler habe ich schon lange aufgehört."

„Ich verstehe", sagte Engels. „Das Leben, das man führt, muss einem wenigstens selbst gefallen."

„Mir gefällt meines."

„Haben sie eigentlich mitgekriegt, dass Susanna spurlos verschwunden ist?"

„Hier ist sie nicht."

Mathias Rapp schüttelte den Kopf. „Das hätte ich gemerkt."

„Wann haben sie sie das Mädchen zuletzt gesehen?"

„Das muss am Donnerstag gewesen sein." Rapp brauchte nicht lange. „Susanna war kurz hier und hat eine Trainingsstunde abgesagt. Sie sagte nur, sie wollte auf eine Party bei einer Freundin und dort auch übernachten."

„Hat sie ihnen gesagt bei welcher Freundin sie übernachten wollte?"

Der Tennislehrer überlegte.

„Banny war der Name, oder so ähnlich."

„Haben sie den vollständigen Namen?"

Rapp ging hinüber zum Empfangstresen und sackte dort auf einen Stuhl. Max Engels ging ihm hinterher. Mathias Rapp griff sich eine der Mappen und blätterte. Mit dem Zeigefinger fuhr er die Zeilen entlang.

„Schafhaupt ist der Familienname", sagte er gleich darauf. „Hier habe ich sie." Rapp sah auf. „Der Vater von Banny spielt regelmäßig bei uns. Gerhard Schafhaupt reserviert immer für Sonntagsabends."

„Geben sie mir die Adresse?"

Rapp nickte. Sein skeptischer Gesichtsausdruck verschwand, aber er wirkte immer noch besorgt. „Jungbusch", sagt er matt. „Schafhaupt betreibt da unten eine Art Hafenbar."

Er schnalzte mit der Zunge als er den Notizzettel ausgefüllt über den Tisch schob. „Die Mickey Bar muss eine ziemliche Goldgrube sein."

„Wahrscheinlich ist das auch so", lachte Engels. „Susanna besitzt doch ein Handy?", fragte er dann weiter. „Glauben sie, dass sie sich bei ihnen melden wird?"

Mathias Rapp hob ein paar Blätter auf und schob sie in eine Mappe.

„Sie hat versucht mit ihrem Handy zu telefonieren, als sie hier war, aber es hat nicht richtig funktioniert. Das hat sie unheimlich geärgert."

„War das echt, oder hat sie nur gespielt?"

„Wie meinen sie denn das?"

„Wie ich es sage", knurrte Engels. „Mädchen in dem Alter inszenieren nun mal gerne."

Mathias Rapp überlegte wieder. „Nein", sagte er dann entschieden und klappte den Ordner zu. „Unser Verhältnis ist ein anders. Susanna ist keine berechnende Person und viel zu impulsiv."

„Haben sie eine Idee, wo sie sich verstecken könnte?"

Rapp ließ die Hände sinken. „Haben sie es schon mal im Ponyhof gesucht? Dort ist ihr die Zeit nie lang geworden. Pferde sind das Einzige, was ihr wirklich etwas bedeutet."

Engels fuhr zurück in die Innenstadt. Er war ein wenig frustriert. Die Fahrt dauerte keine zwölf Minuten. Vor dem großen Kreisel ordnete er sich ein und griff nach seinem Mobiltelefon. Er wurde langsamer und wählte die Nummer von Sabine Back. Er ließ es lange klingeln. Dann meldete sie sich plötzlich doch.

„Hallo?"

„Na, haben sie sein Geständnis?"

„Nö, oder habe ich gerade was verpasst?"

„Buschfunk", antwortete Engels, „aber ich habe manchmal auch den sechsten Sinn."

Darauf hörte er ein Knacken in der Leitung.

„Die Situation hier macht uns allen zu schaffen", sagte Sabine Back. „Grün sitzt zwar in Untersuchungshaft, aber er verweigert noch immer jede Aussage. In achtundvierzig Stunden ist Termin beim Haftrichter. Dann werden wir sehen."

„Ich erinnere mich an Lukas Grün", sagte Engels träge. „Der Typ war immer schon ein schlechter Verlierer. Wenn der ernsthaft blockt, kriegen sie von dem niemals auch nur eine Erklärung."

„Ich habe schon gemerkt, was für ein harter Brocken der ist", sagte Back. „Da kommt kein Wort."

„Dem müssen sie jeden Punkt detailliert nachweisen."

„Aber die Beweislage ist erdrückend." Wieder machte Back eine Pause. „Ich bin auf dem Weg zum Schlossplatz

", sagte sie dann abgehakt. „Der Staatssekretär hat mich zum Essen eingeladen."

Für einen Moment war nur noch ein Rauschen in der Leitung.

„Lassen sie sich bloß nicht aushorchen."

„Danke für die guten Wünsche."

Sabine Back lachte einmal schräg auf. „Ich werde es mir trotzdem schmecken lassen. Was wollen sie wirklich?"

„Sie haben Kaufmanns ... äh... uneheliche Tochter doch auch auf dem Schirm?"

„Susanna...?" Back wurde wieder ernsthaft. „Was soll sein?"

„Fällt ihnen zu dem Mädchen was ein?"

„Immer noch nichts", antwortete Back. „Aber ich glaube eigentlich nicht, dass ihr etwas zugestoßen ist, eher sieht`s so aus, dass sie abgehauen ist."

„Nichts deutet in die Richtung."

„Ich muss jetzt aufhören", erwiderte Back. „Mir erscheint die Göre ist ziemlich durchtrieben. Ich denke, dass sie Theater spielt."

„Okay."

Engels drückte er auf die Austaste und sah auf die Handyuhr. Ulla Thaler kam aus Straßburg herüber und würde wohl gleich am Bahnhof einlaufen.

Er wechselte die Spur und beeilte sich. Der Lieferwagen vor ihm bremste scharf ab. Stockender Verkehr. Engels fluchte und stoppte ebenfalls. So ging es weiter. Als er in den Kaiserring einbog gab er wieder Gas.

Fünf Minuten Verspätung war alles was er von der Bahn wollte. Und Engels hatte unverschämtes Glück. Neben dem Taxistand wurde gerade ein Parkplatz frei.

Eilig bahnte er sich seinen Weg über den Bahnhofplatz. Unzählige Fahrräder und anscheinend noch mehr Fußgänger waren unterwegs. Zwischen den Fastfoodrestaurants und den Imbissbuden schlugen ihm verheißungsvolle Gerüche entgegen. Das Gewusel gefiel ihm immer wieder.

Dann war er im Hauptgebäude. Durch die große Halle durch und in der Unterführung. Von den Bahnsteigen kam ihm eine Gruppe Arbeiter entgegen.

„Gibt's Verspätungen?", fragte er leutselig, aber er blieb nicht stehen dabei. Seine Hüfte hatte wieder angefangen zu hämmern.

Die Arbeiter grüßten. Einer hob sogar die Hand. Andere Lachten.

„Bis jetzt ist nix passiert, Kumpel."

Engels winkte zurück, und hastete weiter. Gleis sechs. Er erreichte die Treppe und stieg hoch. Oben angekommen atmete er schwer. Aber Keine Spur von der Thaler.

Nur ein paar Pendler standen da noch rum und warteten auf Anschlusszüge. Die Leute blickten nicht einmal auf. Fast alle quatschten in ihre Handys und sahen dabei weder nach rechts noch nach links.

„Scheiße …"

Engels verzog das Gesicht, aber blieb schnaufend stehen. Nirgends war eine weibliche Person zu sehen, zu der die Kurzbeschreibung annähernd passte. Zierliche Figur und große schwarze Sonnenbrille. Mehr Anhaltspunkte hatte er allerdings nicht. Was nun?

Er brauchte einige Augenblicke. Dann machte er kehrt. Im Untergeschoß kamen ihm etliche bunte Jacken entgegen. Alle hatten es eilig.

Auf der anderen Seite war noch mehr Betrieb. Im Halbkreis standen die Leute vor dem großen Zeitungsstand. Engels warf einen Blick auf den riesigen Monitor und konnte mühelos die endlosen Internet-News mitlesen.

Eilmeldung: +++*Metropolregion-Mannheim*: +++**Eilmeldung:** …*Grausiges Ende!* … *Zwei Tote im Industriegebiet entdeck*t! +++**Eilmeldung**: +++***Metropolregion-Mannheim:*** … Die Opfer…"

Vor einem Flachbildschirm blieb er etwas länger stehen. „Tödliche Schießerei", sagte der Sprecher gerade. „Eskaliert gerade ein Bandenkonflikt?"

Ein Polizist in Uniform erschien im Bild. „Wir suchen mit einem Hubschrauber … "

Engels wandte sich ab. Die Tragödie um Ian Kaufmann war also schon fast wieder überholt.

Fette Blockbuchstaben leuchteten über der aktuellen Ausgabe vom *Neckarblick*. Das Drama um die Familie wurde also nicht nur im Web ausgewalzt. Verbrechensmeldungen verkauften sich zu gut. Blut immer.

Die zweithäufigste Nachricht des Tages war der Artikel über das Verschwinden des Mädchens. In dem Laden gab es auch noch Zeitungen aus echtem Papier. Engels kaufte sich gleich mehrere Exemplare und überflog die Meldungen so schnell es eben ging. Im *Rheinspiegel* waren die Texte gleich, aber es gab andere Fotos.

Die Bilder vom Tatort am Neckar und von den Einsatzbeamten waren gut gelungen.

Das weiße Licht beleuchtete die konzentrierten Gesichter der Polizisten. Bedrohung und Panik wurde vermittelt.

Wieder klingelte das Handy.

Engels meldete sich. Diesmal war es der Oberstaatsanwalt.

„Ich bin`s."

„An dich habe ich gerade mal nicht gedacht:"

Engels atmete laut aus. Er war genervt.

„Wir haben die Täter", sagte Till Keller kurzangebunden.

„Ja, …"

Engels wollte mehr sagen, aber ein Bettler blieb genau neben ihm stehen und streckte seine Hand aus.

„Haste ein bisschen Kleingeld? Ich habe Hunger."

Es dauerte einen Moment. Engels sagte kein Wort, aber der Bettler blieb wie eingefroren vor ihm stehen. Der Mann hielt seinen Blick gesenkt, und sah ihn nicht einmal an. Engels zückte sein Portemonnaie, legte ein paar Münzen auf die ausgestreckte Handfläche und wartete. Fast augenblicklich verlor der Bettler das Interesse an ihm und trottete vorbei.

„Hast du mich verstanden …", Kellers Stimme klang aufgeregt. „Wir haben die Kerle, die Kaufmann und seine Familie umgebracht haben, verstehst du?"

„Bist du sicher?" Engels hörte kaum hin.

„Komm her und sieh` s dir an", sagte Keller irgendwie verärgert. „Die Beute ist auch da."

„Da bin ich mal gespannt was die Typen uns für eine Geschichte auftischen."

„Die reden nicht mehr ", sagte Keller. „Die sind beide tot."

„Was ist …?"

Keller hatte genug. „Findest du dich im Hafen noch zurecht?"

„Was meinst du?"

„Nach der großen Getreidemühle." Der Oberstaatsanwalt stöhnte noch einmal lauf. „Wenn du über die Brücke kommst, siehst du ... uns schon."

„Okay", sagte Engels. „Ich bin gleich bei dir."

Nach der Kurpfalzbrücke bog er gleich wieder links ab. Aus alter Gewohnheit sah er auf den Fluss hinunter und lächelte. Nach ein paar weiteren Kreuzungen erreichte er das erste Hafenbecken.

Die Bewohner der Gegend gaben sich immer noch keine Mühe ihre Gesinnung zu verbergen. Grellbunte Fahnen und Plakate mit arabischen Schriftzeichen hingen in vielen Fenstern. Ansonsten schlief die Straße noch.

Dicht vor einem einfallslosen, grauen Betonwürfel bremste Engels den altersschwachen Wagen ab. Der Cherokee war bis zu den Seitenfenstern mit Dreck bespritzt. Ihm war`s egal. Er machte den Motor aus und zog die Handbremse an, blieb aber im Wagen sitzen und beobachtete die Szene vor sich durch die Windschutzscheibe.

Zwei Einsatzfahrzeuge standen quer in der Straße und sperrten den Durchgangsverkehr. Allerhand Schaulustige tauchten auf und liefen zu Fuß die Straße entlang. Die schaurige Nachricht wanderte weiter und verbreitete sich wie ein fliegender Funken und trockenem Gras.

Hinter dem großen Platz sah man vereinzelte Industrieanlagen. Ein weißes Kühlhaus und mehrere Geschossbauten. Daneben Flachdächer bis zu der freien Fläche. Zwischen den Ladebuchten waren mehrere Lastwagen eingeparkt. Dahinter kamen noch weitere Lagerhäuser zum Vorschein und auch einige Schuppen aus Wellblech.

Till Keller stand aufrecht zwischen den zugewucherten Bahngleisen. Umringt war er von mindestens einem halben Dutzend Uniformierter. Der Oberstaatsanwalt hielt sein Mobiltelefon am Ohr und gestikulierte aufgeregt mit einem Arm. Da lief einiges sicher nicht nach seinem Geschmack.

Nach dem Telefonat, wurde Kellers Laune scheinbar noch schlechter. Nur die Glatze glänzte. Trotzig wirkte Keller zu Engels hinüber, als er ihn ausmachte. Das Mobiltelefon hing plötzlich wie ein Wurfgeschoss in seiner Rechten. Aber handzahm kam er an den Jeep.

„Bist du querfeldein gefahren?"

Statt einer Antwort sah Engels den Oberstaatsanwalt nur skeptisch an.

„Ich habe dich vorhin im Radio gehört", sagte er.

„Wie habe ich geklungen?"

„Wie ein Politiker."

„Lass stecken."

Kellers Stimme klang plötzlich heiser. „Ich kriege sonst Prusteln auf dem Arm." Mit zwei Fingern zeigte er auf eine verschlossene Lagerhalle neben sich. „Hier, kannst du dir merken."

„Da drin…meinst du?"

„Ganz genau…unser Fundort." Mit dem Kopf deutete Keller eine leichte Verbeugung an.

„Tofexx..."

Max Engels stellte das Radio ab und betrachtete für einen Moment die verwitterte Fassade vor sich. Verglichen mit den Gebäuden ringsum war die Halle ziemlich hoch, knapp sechs Meter, schätzte er.

„Und weiter …?"

„Siebenhundert Kilo …", sagte Keller. „Das Zeug war zwischen einer Ladung Kaffeebohnen aus Kolumbien versteckt."

„Wurde die Firma schon überprüft?"

„Hör auf. Die Kollegen sind keine Anfänger."

Mit seinen Augen tastete sich Engels noch einmal die Straße entlang. „Dann komm mal langsam auf den Punkt."

Alles an Keller straffte sich.

„Aber es ist nicht unsere Baustelle."

Mit einem Taschentusch wischte er sich ein paarmal über den schweißnassen Schädel. „Die Kollegen sind noch dran", ächzte er. „Mittlerweile wissen wir, dass ein Teil der Ladung für den Odenwälder Markt bestimmt war."

„Und was hat das mit dem Gasanschlag zu tun?"

„Das zeige ich dir… jetzt auch."

Ohne ein weiteres Wort ging Keller um den Jeep, öffnete die Tür und setzte sich auf den Beifahrersitz, aber er schnallte sich nicht an.

„Da vorne…es ist nicht weit."

„Der LKW steht um die Ecke."

Engels gab nicht gleich eine Antwort. Er löste die Handbremse, legte den ersten Gang ein und fuhr bis zu den flachen Lagerhallen, rollte langsam daran vorbei und noch ein paar Meter weiter bis zu dem freien Grundstück in der Kurve.

„Halt mal an."

Wuchtige Betonpfeiler! Ohrenbetäubender Lärm. Über ihnen tobte der Verkehr über die Hochstraße. Engels sah sich um. Überall standen uniformierte Bereitschaftspolizisten herum und sicherten den Platz nach allen Seiten ab.

Kameras waren auf Stativen aufgebaut und ein Scheinwerfer sorgte für noch mehr Helligkeit. Funkgeräte knatterten Drei Kriminaltechniker knieten im Staub, suchten abschnittsweise den Boden ab, und diskutierten auch noch miteinander.

Die Techniker trugen alle die übliche Tatort-Verkleidung: Overall, Handschuhe, Mundschutz und Haube, dazu Überzieher für die Schuhe. Gespenstisch sah das aus.

Tom Oser saß auf einem Stapel Paletten und telefonierte.

„Scheiße", rief er mehrmals halblaut aus und war sichtlich genervt. Er bat jedes Mal um Rückruf und drückte die nächste Nummer, die er von den Firmenschildern an der Straße abgeschrieben hatte.

Keller winkte energisch mit der Hand und zeigte auf die Markierungsbänder. Engels rollte langsam wieder an und bog nach wenigen Metern gleich wieder ab. Das war`s. Der hintere Teil des Grundstücks war bereits weiträumig abgesperrt.

An der Absperrung kam ihnen ein Uniformierter entgegen. Der Mann sah blass aus.

„Bis auf weiteres muss der gesamte Platz gesperrt bleiben, Kollege", schnarrte Keller aus dem Seitenfenster. „Keiner erhält Zutritt, wenn er nicht zur Spurensicherung oder zur Mordkommission gehört. Das gilt ausnahmslos für alle. Die Männer sollen innerhalb der Absperrung alles freihalten, damit die Spusi ungestört arbeiten kann."

Ein alter Lastwagen stand dort mit dem Heck zur Straße. Eine der Ladetüren stand offen und bewegte sich quietschend im Wind. Daneben stand ein Streifenwagen.

Die ganze Straßenseite wimmelte von Uniformierten. Die Einsatzfahrzeuge, auch von der Feuerwehr und den anderen Rettungsdiensten standen hintereinander und bildeten eine regelrechte Barriere.

„Da drin…?"

„In der Fahrerkabine", sagte Till Keller, „um genau zu sein."

Der Oberstaatsanwalt wuchtete sich aus dem Jeep und ging auf den Lastwagen zu.

Der aufgewühlte Boden und die vielen Reifenspuren zeigten, dass die unbebaute Grundstücksfläche vor allem als Parkplatz genutzt wurde.

„Kommst du mit", fragte er und hob das Absperrband so an, dass Engels sich leicht darunter durchschieben konnte.

„Das muss ich mir genau anschauen."

Der Boden war festgetreten, aber holprig. Zwischen Löchern und Erdhügeln fristeten ein paar kümmerliche Grasbüschel ihr Dasein. Betonreste erinnerten an ein altes Hausfundament oder eine Zufahrt.

Zwei Meter vor den Ladetüren des LKWs blieb Engels wieder stehen. Till Keller ging noch ein paar Schritte weiter, schaltete eine starke Taschenlampe ein und richtete den Lichtstrahl ins Wageninnere.

„Ist das alles … aus dem Haus …von Kaufmann?"

„Rate mal."

Ein großer Flachbildschirm reflektierte den Schein. Keller ließ den Lichtkegel langsam weiterwandern, und

Engels erkannte Bilderrahmen, und mehrere Rollen mit Teppichen. Mehrere Kisten standen auf dem Boden des Laderaums.

„Wie ein Raubüberfall sieht das aber nicht aus."

„Vielleicht gab es Streit?"

„Da hat jemand hat seine Komplizen beseitigt."

„Meinst du?"

„Für mich sieht`s so aus."

„Ich lasse alles in die KTU schaffen", knurrte Keller.

„Wo sind die Leichen?"

Till Keller zeigte auf einen der Rettungswagen. Aufheulende Motorgeräusche und das laute Krächzen der eingehenden Funkmeldungen dröhnten immer wieder durch die Luft.

Eine Weile blinkten immer noch Blaulichter dazu.

Engels machte ein paar Schritte. Er presste die Lippen zusammen. Als er die Tür an dem Kastenwagen öffnen wollte, kam ihm der Gerichtsmediziner mit ernstem Gesicht entgegen.

„Sieht übel aus", sagte Doktor Schmieder anstatt einer Begrüßung. „Totaler Overkill, wenn sie mich fragen."

Engels sah auf.

„Jeweils zwei Schüsse", sagte der Arzt. „Aus nächster Nähe in den Kopf."

Engels winkte ab und zwängte sich in das Wageninnere. Er beugte sich über den Leichensack und öffnete den Reisverschluss am oberen Ende.

Für einen Moment starrte er in das blasse Gesicht des Toten. Dann auf das viele Blut. Eines der Geschosse hatte beim Austritt aus dem Hinterkopf eine fürchterliche Wunde gerissen. An dem Kopf fehlte fast die gesamte hintere

Schädelhälfte. Mit einem Ruck zog Max Engels den Reisverschluss wieder hoch.

„Herrgott", murmelte er leise.

Der Gerichtsmediziner suchte Blickkontakt bei Engels. „Die Temperatur ist bereits bis auf Umgebungstemperatur abgesunken. Deshalb kann ich ihnen auch sagen, dass der Todeszeitpunkt höchstens 12 Stunden zurückliegt."

„Wenigstens ist es schnell gegangen."

„Maximal 30 Sekunden… ", sagte er und musste nicht einmal überlegen.

Das zweite Opfer lag ausgestreckt auf der Liege neben der Außenwand. Schwarze Lederschuhe, schwarze Hose hellgraues Hemd, der oberste Knopf geöffnet. Die Arme ausgestreckt, die rechte Hand verkrampft. Männlich. Ende dreißig. Durchtrainiert. Engels betrachtete die Schusswunde zwischen der Schläfe und dem rechten Auge.

Ein dünnes Blutrinnsal, inzwischen fast schwarz, war nach rechts unten gesickert. Unter dem Kopf hatte sich eine Pfütze gebildet. Das Blut aus der Austrittswunde.

„Mein Bericht kommt dann mit der Hauspost." Das war alles was der Arzt noch von sich gab.

„Danke."

Das Gesicht des Streifenbeamten vor dem Lastwagen war rot angelaufen, aber der Mann sagte kein Wort. Von der Straße drang wieder Sirenengeheul herüber. Es wurde lauter. Die Streifenbeamten von der Neckarstadt Wache erhielten offensichtlich noch mehr Verstärkung.

Tom Oser ging den Beamten entgegen. Engels sah dem Kollegen hinterher. Noch im Gehen steckte der junge Mann sich eine Zigarette an und inhalierte einen kräftigen

Zug. Er wölbt eine Hand unter der Glut, um die Asche aufzufangen, falls etwas herunterfiel.

Till Keller war bei dem Lastwagen stehengeblieben und ging auf die linke Seite und weiter zur Fahrerkabine. Die Tür war nur angelehnt. Engels kam hinter ihm her.

„Bei dem Einsatz, von dem ich dir erzählt habe", murmelte er, „da brauchten die Soldaten der Spezialeinheit keine Gasmasken."

„Wovon redest du?"

Keller blieb stehen und drehte sich um.

„Das war damals neu." Engels kratzte sich am Kopf. „Bevor die Männer das Theater gestürmt haben, hat jeder von ihnen eine Spritze mit dem Gegengift bekommen."

Till Keller warf ihm einen langen Blick zu.

„Die Wirkung des Nervengifts wurde geblockt."

„Interessanter Gedanke."

Keller beugte sich Engels noch weiter entgegen. „Ist dir das mit dem Atropin gerade so eingefallen?"

„Ich habe ein paar Telefonate gemacht."

„Du weißt aber schon, dass mit dem Zeug auch Drogenabhängige behandelt werden?"

Engels fasste sich nachdenklich ans Kinn, und schaute einzelnen Passanten hinterher.

„Wie Junkies oder umherziehende Straßendiebe sehen die Kerle da drin nicht aus, wer hat sie eigentlich gefunden?"

Till Keller zeigte auf die blonde Streifenbeamtin neben dem Lastwagen und winkte sie heran.

„Ein Mann aus der Nachbarschaft", sagte die Kollegin, der vor Anspannung etwas die Stimme zitterte. *Martina Reisig* stand auf ihrem Namensschild.

„Erzählen sie mal."

„Gegen acht Uhr kam der Funkruf. Da ich in der Nähe war bin ich sofort hergefahren."

Die junge Polizistin zeigte auf die andere Straßenseite und blätterte in ihrem Block nach dem Namen. „Werner Sauer heißt der Mann, der uns angerufen hat. Sauer wohnt da drüben über der Kneipe."

Engels blickte in die angezeigte Richtung und dann wieder zur Fahrerkabine hinauf. Er sah lediglich ein schmutziges Seitenfenster und das fleckige Innendach.

„Von außen war da aber nichts zu erkennen."

„Dieser Sauer hat angegeben, dass der Lastwagen seit ein paar Tagen nicht mehr bewegt wurde. Deshalb hat er nachgesehen."

„Sagt er das." Engels warf der Polizistin einen fragenden Blick zu. „Und dann hat er die Toten entdeckt."

Till Keller trat einen Schritt zurück, stemmte die Arme in die Seiten und betrachte den Wagen eindringlich.

„In dem Fall…"

„Der Laster war nicht abgeschlossen", erklärte die Uniformierte. „Sauer hat die Fahrertür nur einen Spalt aufgezogen, da kam ihm die erste Leiche schon entgegengefallen", sagte sie unaufgeregt. „Der andere lag vor dem Beifahrersitz."

Engels öffnete die Seitentür und stieg mit angespannten Gesichtsmuskeln in die Kabine. Der ganze vordere Bereich, das Armaturenbrett und auch Teile der Frontscheibe waren voll triefender Blutspritzer

„Puh. Daran gewöhn ich mich nie."

Heftig stieg ihm der kalte Blutgeruch in die Nase. Außerdem roch es penetrant nach Urin.

Für einen Moment versuchte er nicht zu atmen.

Vorsichtig kletterte er erst über den Beifahrersitz und beugte sich dann ganz tief in den Fußraum hinunter.

„Was haben sie alles angefasst?"

„Nichts", sagte Reisig. „Ich habe mich lediglich mit meiner Taschenlampe umgesehen und beiden Opfern in die Augen geleuchtet. Es kam aber keine Reaktion mehr. Deshalb bin ich zu meinem Fahrzeug zurück und habe Hilfe angefordert."

„Gute Arbeit, Kollegin."

Einige der Umstehenden nickten zustimmend.

Fast schon synchron sah das aus. Engels schmunzelte.

„Der Schütze hat die Tür geöffnet und sofort gefeuert."

Engels verstand, sagte aber kein Wort.

Martina Reisig machte kehrt, ging etwas auf Abstand, aber nach einigen Schritten drehte sie um und kam wieder zurück.

„Wie eine Exekution sah das aus."

Instinktiv taststete Engels den Boden ab. Er suchte nach Munitionshülsen.

„Fehlanzeige", murmelte einer der Spurensicherer von der anderen Seite. „Der Killer hat alle Hülsen eingesammelt und mitgenommen."

„Wie weit seid ihr?"

„Bisher noch nichts Konkretes", antwortete der Mann. „Massenhaft Fußspuren da draußen, alle Größen. Vor allem von zierlichen Damenschuhen." Er grinste etwas dabei. „Aber keinerlei Papiere bei den beiden Toten."

„Hier herrschen lose Sitten."

Engels richtete sich auf und stieg aus. Mit den Augen suchte er die junge Kollegen und ging auf sie zu.

„Habt ihr den Halter des Lastwagens schon festgestellt?"

„Klar. Die Karre ist auf eine Spedition zugelassen, Halter ist Tofexx-Mannheim."

„Haben die eine Erklärung wie der Wagen hierher kommt?"

„Null."

Reisig lächelte Engels nur freudlos an. Eine Sekunde später sagte sie: „Der LKW ist schon seit zwei Monaten als gestohlen gemeldet."

„Scheiße."

„Ich verstehe nicht …"

„Egal."

Engels winkte ab. „Kann ich mit ihrem Zeugen sprechen?"

„Das wird noch eine Weile dauern, fürchte ich."

Martina Reisig wechselte ihr Standbein. „Der gute Mann hat bei der Aktion einen Schwächeanfall gekriegt. Unser Arzt hat ihm erstmal ein Beruhigungsmittel gespritzt."

„Auch das noch."

Engels sah auf die Uhr.

„Was ist los?"

Keller starrte ihn mit zusammengekniffenen Brauen ins Gesicht.

„Ich habe gerade meine Verabredung mit Ulla Thaler verpasst", antwortete Max Engels lauter und ging grußlos zurück hinter die Absperrung."

✶✶

Es war wie in einem Bienenstock. Von überall summte es. Und Türen wurden immer wieder zugeschlagen. Die Luft in dem großen Haus war staubtrocken und es roch stark nach Essensresten, Zigarettenrauch war auch dabei.

Zweite Etage.

„Kommen sie von der Polizei?"

Ulla Thaler war höchstens mittelgroß, blieb im Türrahmen stehen und lächelte etwas unsicher.

„Ja. Mein Name ist Max Engels. Wir haben telefoniert."

„Jetzt weiß ich wieder…"

Ihr Haar war nach der aktuellen Mode geschnitten – stufig und kurz, mit ein paar zarten, ins Gesicht gekämmten Locken. Ulla Thaler trug eine schlichte weiße Bluse, enge Jeans, einen dunkelbraunen Ledergürtel und halbhohe Lederstiefeletten. Sie war fünfzehn Jahre älter als ihr Bild auf Facebook und stellte sich mit festem Händedruck vor.

„Ist Susanna inzwischen aufgetaucht?"

„Noch nicht."

Engels schüttelte nur den Kopf. „Können wir uns in Ruhe unterhalten?

„Nicht hier, bitte."

Die Augen der Frau weiteten sich erst und füllten sich dann mit Tränen.

„Bitte entschuldigen sie, aber können wir etwas essen gehen?", fragte sie dann weiter. „Ich bin vollkommen ausgehungert."

„Okay."

Entschlossen zog Ulla Thaler die Tür hinter sich ins Schloss.

Durch das Treppenhaus gingen sie nach draußen, auf der Straße nach links, vorbei am Eingang der großen Bank und in dem Einkaufszentrum fuhren sie gleich mit der Rolltreppe nach oben.

Hier befand sich ein Supermarkt, und mehrere kleine Läden und Schnellrestaurants. Thaler blieb erstaunt stehen und sah sich um.

Ich weiß genau, dass es hier war…" Ihre Stimme klirrte vor Enttäuschung.

„Hört sich doch gut an."

Townhall-Kittchen. Engels ging weiter in die Richtung.

Ulla Thaler folgte ihm mit zögernden Schritten.

Das Lokal war winzig. Engels fragte sich, wer bloß auf die Idee kam, so ein kleines Restaurant zu betreiben. In einem Eckchen zwängten sie sich an ein Quadrat aus grünem Kunststoff.

Engels setzte sich so nah vor die Frau, dass sich fast ihre Knie berührten. Ulla Thaler war immer noch eine attraktive Frau, und fast schlank. Er musterte sie unauffällig.

„Diesen neuartigen Lokalen fehlt einfach die Gemütlichkeit", sagte die Frau nach einigen Augenblicken und legte die Speisekarte zur Seite. Engels winkte einen Kellner heran und bestellte.

Die Spezialitäten des Hauses waren Burger und frische Salate. Engels bestellte einen mit Rindfleisch, Thaler den mit Huhn. Dazu zweimal Salat.

„Ich weiß, dass sie einiges durchgemacht haben, Frau Thaler", begann er verständnisvoll. „Ist Susanna das erste Mal weg?"

Ulla Thaler wand sich etwas unbehaglich auf ihrem Stuhl.

„Das probiert doch wohl jeder Teenager mal aus", erwiderte sie knapp.

Dann wurde der Weißwein serviert.

Ulla Thaler kippte das erste Glas hinunter und ließ sich direkt nachschenken. Engels sagte erst einmal nichts. Die Frau war gestresst und stand unter mächtig unter Druck. Engels wollte ihr etwas Zeit lassen. Die Burger wurden gebracht, und die Thaler stürzte sich geradezu auf das Hühnergericht.

„Susanna ist wie ihr Vater", sagte sie zwischen zwei Bissen. „Seit sie weiß, wie berühmter ihr Vater ist, geht es immer nur ich, ich, ich."

„Wir haben uns nur noch gefetzt, verstehen sie? Ich meine…Und dann Ian, der damals nichts als Eishockey im Kopf hatte. Glauben sie mir, so lustig war die Zeit nicht für mich."

„Wo kann das Mädchen bloß stecken? Haben sie eine Idee?"

Ulla Thaler verdrehte die Augen und lehnte sich weit über den Tisch.

„All die Jahre habe ich mich alleine um Susanna gekümmert", sagte sie nachdrücklich. „Jetzt war Ian endlich auch mal an der Reihe, ein bisschen Verantwortung zu übernehmen. Nicht immer lässt sich alles mit Cash regeln, verstehen sie?"

Sie stöhnte auf und ließ sich gegen die Rückenlehne des ultramodernen Stuhls sinken.

„Wann haben sie denn das letzte Mal mit ihr gesprochen?"

„Als sie angerufen hat um mir sagen, dass sie auf den Pferdehof ziehen will."

„Am Donnerstag also."

„Ulla Thaler nickte aufgeregt. „Nach unserem Telefonat bin ich auf ihre Facebook-Seite gegangen, dort war sie seither auch nicht mehr aktiv."

„Was glauben sie was passiert ist?", fragte Engels vorsichtig.

Die Augen der Frau weiteten sich.

„Ich habe von dem Raubüberfall und Ians Tod erst aus der Zeitung erfahren", sagte sie mit dünner Stimme. „Stellen sie sich vor, ich erfahre das aus einer Schlagzeile in irgendeinem Schmierblatt. Wissen sie was das für ein Schlag für mich war."

Engels nickte und versuchte mitfühlend auszusehen.

„Natürlich habe ich versucht Susanna zu erreichen, aber ihr Handy ist andauernd ausgeschaltet."

„Haben sie eine Nachricht hinterlassen?", fragte Engels.

„Was glauben sie denn", schluchzte Thaler. „Aber sie hat einfach nicht zurückgerufen."

Engels aß noch, ohne dass es ihm schmeckte. Ulla Thaler schob ihren leeren Teller weg, und wischte sich die Finger mit der Papierserviette ab.

„Was machen sie beruflich?"

„Ich arbeite in der Pharmabranche", erwiderte die Frau etwas irritiert und bestellte ein weiteres Glas Wein. „Pharmatest – Alsace", sagte sie betont, „wenn ihnen der Name was sagt."

Engels machte sich eine Notiz.

„Sicher eine interessante Arbeit."

Es sollte interessiert klingen, und Thaler stieg direkt darauf ein.

„Ein Job wie es viele gibt", sagte sie mit wenig Begeisterung in der Stimme. „Ich bin zwar ausgebildete Laborantin, aber heutzutage kontrolliere ich nur noch Biochemische Testreihen."

„Pharmazie?

Sie zuckte mit den Achseln.

„Chemie oder Pharmazie überlappt irgendwann. Der Job läuft im Schichtbetrieb, wenn sie verstehen. Wir sind Vorproduktion, keine Forschung, und es ist eine anstrengende Arbeit."

„Das glaube ich ihnen", sagte Engels.

„Wir kriegen nichts geschenkt."

„Wenn Susanna früher mal verschwunden ist, wie lange hat es dann gedauert, bis sie sich bei ihnen zurückgemeldet hat?"

Ulla Thaler schloss die Augen, und ihre Schultern sanken herab, der Wein hatte sie offenbar ein wenig entspannt.

„Vielleicht einen Tag, wenn man die Stunden alle zusammenzählt", sagte sie. „Ich erinnere mich lediglich an eine Geschichte, da hat sie bei einer Freundin geschlafen, ohne mir Bescheid zu sagen. Wir haben das anschließend besprochen, sie weiß, wie viel Sorgen ich mir mache."

Susanna war offensichtlich keine Ausreißerin.

Max Engels hatte auf eine andere Antwort gehofft.

„Hat sie mal Freunde erwähnt?"

„Nein."

„Halten sie es für möglich, dass sie nach Hause gefahren ist?"

„Wohin?"

Thaler sah auf. Überlegte kurz und schüttelte den Kopf.

„Bestimmt nicht", sagte sie dann entschieden. „Zuletzt wollte sie die Schule abbrechen. Deshalb gab es doch den Krach zwischen uns."

Engels sagte nichts.

Ulla Thaler sagte: „Außerdem kennt sie die Adresse von Jenny hier in der Innenstadt. Jenny Lipp ist meine beste Freundin. Wir haben zusammen unsere Ausbildung gemacht. Bei der Südwestchemie und …äh …besuchen uns immer noch regelmäßig."

Darauf schwieg sie und ihr Gesicht wurde ausdruckslos.

„Ich verstehe."

„Wo soll ich mein Mädchen denn suchen", sagte Ulla Thaler, und dann schien etwas in ihr nachzugeben. Ihr liefen die Tränen endgültig über.

Engels ließ sie ein paar Minuten weinen. Dann legte er der Frau die Hand auf den Arm.

„Darum kümmern wir uns."

„Werden sie … Susanna … finden?"

„Geben sie uns etwas Zeit."

Ulla Thaler schnäuzte sich in ihre Serviette und nickte.

„Versprechen sie es mir."

Engels nickte.

„Aber sie müssen uns dabei helfen."

Die Frau schwieg lange und sagte dann: „Wie denn?"

„Was war los? Warum hat Susanna so heftig zu ihrem Vater gezogen?"

„Hm… wenn ich ehrlich sein soll."

Thaler hatte ihre Fassung so weit wiedergefunden, dass sie Engels wütend ansehen konnte. „Ian hat mit dem Portemonnaie gewunken. Was glauben sie denn?"

Sie lachte einmal grell auf und sagte dann: „Nach jedem Besuch bei denen, folgte Zuhause immer das Klagelied über das einfache Leben. Es war nicht mehr auszuhalten. Sie, die Tochter des Eishockeystars…am falschen Platz …ihre Recht am Leben…und so weiter. Furchtbar! Auch deshalb haben wir uns irgendwann für den Internatsplatz entschieden."

Engels war zu müde um auf ihren Tonfall einzusteigen.

„War es wirklich so schlimm?", fragte er stattdessen. „Kaufmann hat sie doch finanziell unterstützt, oder?"

„Natürlich", kam es trotzig zurück. „Für den feinen Herrn war das Schulgeld kein Problem und …"

„Von was für einem Internat sprechen wir eigentlich?"

„Sport, bei Ian ging`s immer um Sport", brauste Thaler auf und warf wütend die Arme in die Luft.

„Ein Sportgymnasium", sagte sie erhaben. „Am Bodensee. Natürlich sehr exklusiv, und sehr teuer, aber Geld spielte bekanntlich ja keine Rolle für den Herrn. Ian hat den Platz ausgesucht und Susanna war einverstanden gewesen. Das können sie sich ja vorstellen. Natürlich wollte Susanna ihrem Vater unbedingt nacheifern. Jeder Teenager will das", zischte sie und ihre Augen wurden hart.

„Die Pubertät ist brutal für Eltern, glauben sie mir." Ulla Thaler schnalzte mit der Zunge. „Susanna war immer schon sehr begabt …für alle Sportarten. Sie hat eben die Talente ihres Vaters geerbt."

„Also ist sie bei ihrem Vater geblieben, weil sie …ja, was? Weil sie Tennis spielen wollte? Aber warum wollte sie dann partout auf dem Pferdehof jobben gehen?"

Ulla Thaler beugte sich zu Engels hinüber, als das mittlerweile vierte Weinglas zwischen ihnen auf den Tisch gestellt wurde.

„Bei mir hat sie dagegen erlebt was es bedeutet, wenn man ohne Geld seinen Weg finden muss."

„Hören sie auf", sagte Engels leise.

Sobald er wieder auf dem Parkplatz stand, schaltete Engels sein Handy ein. Sieben Nachrichten auf der Mailbox. Er rief die Nummer an. Die erste Nachricht stammte von Tänzer.

„Rufe mich an."

Du kannst mich, dachte er und löschte die Nachricht.

Das widerholte sich dann noch ein paar weitere Male.

Engels wollte mit Tom Oser sprechen und versuchte ihn anzurufen, aber er hörte ständig immer nur das Besetztzeichen. Da ließ er es lange klingeln.

Endlich nahm Oser ab.

„Was ist?", fragte er in einem Ton, als sei er schon seit Stunden im Stress. „Bis jetzt keine Spur von Susanna. Nichts Handfestes!"

Der Suchbereich war auf das gesamte Stadtgebiet ausgeweitet worden. Außerdem wurde ihre Computerfestplatte durchforstet.

„Wie war das Gespräch mit der Mutter?", hakte sich Oser gleich ein.

„Schwierig." Engels überlegte kurz und sagte dann: „Die Frau zickt ein wenig, weil sie selbst nicht mehr im Mittelpunkt steht."

„Jedenfalls hat sie ihre Tochter vor zwei Stunden offiziell als vermisst gemeldet."

„Dann machen sie jetzt Druck."

„Ich checke gerade das Facebook-Konto der Tochter", sagte der junge Kollege. „Aber es gibt noch keine Rückmeldungen. Offensichtlich hat Susanna nirgendwo Nachrichten hinterlassen."

„Ich habe im Wirtschaftsteil gelesen, dass Facebook schon wieder out ist?"

„Nur bei älteren Leuten, die keinen eigenen Zugang haben."

Clever gekontert. Aber Engels ließ nicht locker.

„Schicken sie mir die Einloggdaten ruhig her", sagte er „Vier Augen sehen mehr als zwei."

„Wenn sie meinen."

„Ich meine gar nichts", erwiderte Engels schärfer, „aber …ähm…eben auch nicht, dass das Mädchen von zu Hause abgehauen ist." Er zögerte kurz, dann fuhr er fort. „Ich glaube sie ist in etwas richtig Scheußliches hineingeraten."

„Wieso glauben sie das?", fragte Oser.

„Sie hat sich seit sieben Tagen nicht gemeldet. Wie viele Chancen hat so ein Mädchen allein?"

**

Ringfahndung!
Und wie geht es weiter?
„Ruf an, Kollege, wenn was ist."
Die Stimme aus der Telefonleitung klang unpersönlich und tönte blechern.

Am frühen Nachmittag versammelten sich die ersten Suchmannschaften. Viele Freiwillige! Am Wildgehege gingen sie in einer langen Reihe los. Zwischen den Bäumen bewegten sich die Leute mit weitem Abstand, aber sie hielten ständig Blickkontakt.

Auf den Waldwegen standen Polizeiwagen mit eingeschaltetem Blaulicht. Ein Beamter mit zahlreichen Reflektoren an der Jacke dirigierte die Gruppen in unterschiedliche Richtungen. Pferdekoppeln oder Golfplatz.

Engels war auch erschienen und saß neben Tom Oser in dem weinroten Focus. Gemeinsam beobachteten sie die Szenen um die verlassenen Munitionsbunker. Aus dem Funkgerät klirrte das Stimmengewirr der Suchmannschaften.

„Hoffentlich finden wir das Mädchen."

Max Engels biss die Zähne aufeinander, bis es knirschte.

„Sie ist jetzt seit sieben Tagen abwesend", sagte Oser nachdenklich. „Wenn sie die ganze Zeit hier irgendwo gelegen hat, ist sie tot."

Sie fuhren den Hügel hinunter und den Weg zurück. Bis sie das Rauschen der Autobahn hören konnten.

Oser parkte den Wagen am Seitenrand, stieg aus und marschierte auf den Mann mit der reflektierenden Jacke zu. Engels beobachtete wie die beiden miteinander sprachen, dann zückte Oser sein Telefon und gestikulierten plötzlich heftig.

Engels stieg aus und ging langsam in ihre Richtung, vorbei an Gruppen mit langen Stöcken, die alle nach dem Mädchen suchten. Der Waldboden war noch immer warm und es roch intensiv nach allerhand Kräutern. Der Wind trug noch mehr schwüle Luft heran.

„Der Einsatzleiter ist nicht so optimistisch", sagte Oser als er Engels wieder erreichte.

Er stellte sich breitbeinig neben ihn und stemmte beide Arme in die Seiten.

„Die Autobahn ist nicht weit entfernt wie man hört, und auf der anderen Seite gibt es auch nur Bäume. Ich würde eine Runde mitgehen. Was ist mit ihnen?"

Max Engels dachte an die Schmerzen in seiner Hüfte. Dann atmete er schwerfällig aus und nickte Oser langsam zu.

„Ja", sagte er dann. „Ich gehe gerne eine Runde mit."

Nach einigen Stunden saß er wieder auf dem Vordersitz des Geländewagens, den er sich wieder gepumpt hatte, und starrte wie gebannt auf den Laptop neben sich. Susanna hatte ihre Facebook-Seite seit letzten Donnerstag nicht mehr besucht.

Engels fiel der Computer wieder ein, der in dem Jugendzimmer von Kaufmanns Haus auf der Maulbeerinsel gestanden hatte. Es musste Susannas gewesen sein.

Obwohl sie von jedem beliebigen Rechner auf ihr Konto zugreifen konnte, war nichts passiert.

Ungewöhnlich. Engels öffnete sein eigenes Profil.

Jede Menge Werbemüll hatte sich angesammelt, aber noch immer keine Freunde.

Er ging auf Search und gab Susanna Thaler ein.

Peng. Volltreffer.

Ganz links war ein Bild von Susanna, das vermutlich neu war. Die Augen von ihr waren stark geschminkt und ein wenig zu weit aufgerissen, sie hielt den Kopf leicht schräg, das schwarze Haar stand wild nach allen Seiten ab.

Die Perspektive wirkte ein bisschen verzerrt, wahrscheinlich hatte sie das Bild mit einer Webcam aufgenommen.

Susanna hatte über zweihundert Freunde. Sie füllten fünf ganze Seiten mit Namen und Fotos in alphabetischer Reihenfolge, jeweils versehen mit einer kurzen Information. Alle waren jung und stammten ausnahmslos aus Deutschland oder Frankreich.

Engels blätterte eine Weile durch die Freundesliste und erwischte auf der letzten Seite schließlich noch ein Mädchen, das ihm auffiel. Barbara, „Banny" Schafhaupt. Banny poussierte mit demselben Gesichtsausdruck wie Susanna, und war auf die gleiche Art geschminkt.

Die haben ihre Bilder zusammen gemacht, dachte Engels, mit derselben Webcam. Vielleicht sammeln sie auch ihre Freunde gemeinsam.

7

An den Piers im Hafen lagen die Schiffe dicht an dicht. Je niedriger die Nummer des Kais war, desto länger wurden die Schiffe. Max Engels spazierte langsam an der Bootsreihe vorbei und löffelte dabei seinen Eisbecher leer.

Es waren nur wenige Leute zu sehen. Ein paar Männer trugen Werkzeuge an Bord einer Segeljacht. Eine Frau polierte mit einem Lappen das Nachbarboot.

In der *Mickey Bar* brannte Licht. Das Mobiliar war in Hellblau und Weiß gehalten, ganz der maritime Stil. Engels setzte sich auf einen Hocker an die Theke und bestellte einen Milchkaffee, aber das Gebräu schmeckte ihm nicht.

Über dem Tresen lief ein stumm gestellter Fernseher. Eine Seifenoper von RNF, aber keiner im Raum schaute zu.

Vier Blondinen hatten sich an einem der Fenstertische niedergelassen und genehmigten sich den ersten Prosecco des Tages. Ein paar Fußballfans tranken ihr Bier direkt aus der Flasche, und ein Stück weiter hinten saßen zwei junge Mädchen und kicherten über ihren Handys.

Kerstin Schafhaupt kam neben Max Engels. Sie sah genauso aus wie die Frauen an den Nachbartischen. Schlank, blond und braungebrannt. Goldene Ohrringe und klimpernde Armreifen. Tief ausgeschnittenes Top mit Leopardenmuster.

„Sie untersuchen die Morde?", fragte sie und drückte Engels herzhaft die Hand, während sie gleichzeitig ihren Lippenstift in ihrer Bauchtasche verstaute.

„Wie ich ihnen gesagt habe, suchen wir vor allem anderen nach Susanna Thaler. Das Mädchen ist spurlos verschwunden."

„Furchtbar ist das…aber wie soll ich ihnen helfen?"

Die Frau schauderte und ihre Augen weiteten sich. „Unfassbar! Eine ganze Familie umzubringen. Was heutzutage…alles passiert."

„Ihre Tochter ist doch mit…Susanna befreundet. Haben sie eine Vorstellung wo das Mädchen untergekrochen sein kann?"

„Die kann sonst wo stecken."

Kerstin Schafhaupt runzelte die Augenbrauen. „In dem Alter sind wir Mütter immer die letzten, die eingeweiht werden."

„Das war wohl immer schon so." Engels wartete ab und drängte sie nicht. Er nickte ihr noch einmal beruhigend zu.

Kerstin Schafhaupt schüttelte nur wieder ihren Kopf. „Ich habe das Mädchen nur einige Male gesehen, und wenn, dann haben wir uns lediglich gegrüßt oder halt über ein paar Belanglosigkeiten ausgetauscht um die Wartezeiten zu überbrücken", sagte sie nervös.

„Susanna war immer höflich zu mir, und das ist alles was ich ihnen sagen kann", die Stimme von Kerstin Schafhaupt wurde immer dünner. „Leider, aber so ist es."

Ihre Wangen wurden ganz rot, und ihre Stimme brach ab. „Tut mir leid, aber ich kann ihnen nicht mehr sagen."

„Vielleicht weiß Banny wo ihre Freundin steckt."

„Keine Ahnung", sagte Kerstin Schafhaupt wieder viel zu schnell. „Und lassen sie mein Mädchen in Ruhe. Ich will nicht, dass sie in…so eine Geschichte reingezogen wird."

„Ich verstehe, dass sie sich Sorgen machen… "

„Wirklich?" Die Frau war immer noch aufgeregt. „Banny ist auch schon wieder abgefahren", sagte sie und winkte ab. „Gott sei Dank beginnt das neue Schuljahr."

„Herrgott noch mal…"

Engels beugte sich vor.

„Ich kann doch…"

Habe ich mich klar genug ausgedrückt?"

Kerstin Schafhaupt hob die Arme. „Die Mädels besuchen zufällig die gleiche Schule", sagte sie, „aber wir sind dem berühmten Vater auch dort nie begegnet." Sie stöhnte. „Ich weiß nur, dass Susannas Mutter im Elsaß lebt."

„So viel wissen wir auch", saget Engels.

„Kennen sie die Frau?"

Schafhaupt sah ihn nur seltsam an.

„Ist Susanna denn nicht zu ihr gefahren?"

„Eben nicht!" Jetzt war Engels mit Kopfschütteln an der Reihe. „Das haben wir überprüft."

Frau Schafhaupt deutete zur anderen Seite des Raums.

„Sie haben ja gar nichts mehr zu trinken…"

Sie drehte sich abrupt um und sauste die Theke entlang bis in die Küche.

„Na, … sieh mal an."

Max Engels drehte sich überrascht um als er den Dialekt hörte.

„Fährst du mir hinterher?"

Jo Tänzer schüttelte den Kopf und kam näher. Er trug eine bunte Plastiktüte. Er stellte die Tüte auf einem Stuhl ab, reichte Engels die Hand und sagte: „Ein freundliches Vögelchen hat mir zugeflüstert, dass ich dich hier finde."

„Ich empfehle dir das Pochen im Kopf einfach zu ignorieren." Engels hob die Augenbrauen. „Was willst du von mir?"

„Mit was soll ich anfangen?"

Wie festgemeißelt saß das Lächeln in Tänzers Gesicht.

„Du willst doch jetzt kein Interview mit mir machen, Jo."

„Ich komme in Frieden", sagte Tänzer, und du kannst mir immer noch vertrauen, alter Freund."

„Sag mir was du willst, Jo Tänzer?"

„Du bist auf dem Holzweg, mein Lieber." Herausfordernd starrte der Reporter Max Engels ins Gesicht. „Wenn du das Mädchen hier in der Nähe suchst."

„Alles was du von mir jetzt hörst ist vertraulich", erwiderte Engels ernsthaft. „Vergiss das nicht."

Tänzer quittierte den Hinweis mit einem kurzen Schnauben und sagte dann ernsthaft: „Ich bin immer im Job, aber ich vergesse niemals eine Abmachung." Plötzlich begann er zu grinsen. „Du hast doch mein Wort."

„Warum bist du hergekommen?"

„Was soll ich machen, wenn du auf meine Anrufe nicht reagierst?" Der Reporter zuckte mit der Achsel. „Die Unterlagen hier wollte ich dir zeigen."

„Ich habe aber trotzdem nichts für dich."

Tänzer schnitt eine Grimasse. „Du wirst du gleich steilgehen, alter Freund."

Mit den Worten nahm er einen länglichen Umschlag aus der Plastiktüte und legte ihn vor Engels auf den Tresen.

„Was soll das?"

„Sieh`s dir ruhig mal an."

Engels griff nach dem vergilbten Kuvert, zog einige lose Papiere heraus und warf einen Blick auf die Fotos.

„Willst du mich erschrecken?"

„Nö." Tänzer legte einen Finger über seine Lippen. „Aber das Thema ist durchaus ein Ansatz, meinst du nicht?"

Auf dem ersten Foto lag eine zerstückelte Leiche ausgebreitet auf einem Tuch. Das Gesicht war grotesk verzerrt.

„Wahnsinn!"

„Das war die Russenmafia, aber die Südamerikaner sind noch einfallsreicher, hier schau dir das an."

Auf dem nächsten Bild sah man ein Männergesicht…mit offener Luftröhre, und aus dem schrecklichen Schnitt ragte die Zunge des jungen Mannes heraus.

„Die Kartellwächter nennen es „Krawatte", sagte Tänzer. „Sie schneiden die Kehle auf und drücken die Zunge so weit nach unten, bis man sie durch den Schnitt ziehen kann.

Kerstin Schafhaupt stand am anderen Ende des Tresens und sah lauernd zu den beiden Männern herüber. Beide beachteten sie nicht.

„Sowas habe ich schon mal gesehen, Jo", sagte Engels und schob die Fotos wieder in den Umschlag zurück. „In echt…keine … brave Bildchen."

Angewidert sah er Tänzer kurz ins Gesicht. „Was soll ich mit dem Zeug anfangen?"

„Ich will die Geschichte", hetzte der Reporter.

„Hast du was getrunken?"

Tänzer kam mit dem Gesicht nahe an Engels heran. „Du hast mich doch letztens nach Kaufmanns Bedrohungslage gefragt", sagte er mürrisch, „oder habt ihr schon etwas Konkretes?"

Fast unmerklich schüttelte Engels den Kopf.

„Das Problem ist anders…"

„Ich kann mir alles vorstellen."

Tänzers Lippen wölbten sich, und Engels spürte förmlich wie der Verstand des Reporters hochschaltete.

„Glaubst du das Kaufmann erpresst wurde?"

„Gute Frage."

Tänzer zog ein Päckchen Zigaretten aus seiner Hemdtasche und schob sich eine zwischen die Lippen, aber er zündete sie nicht an. „Meinst du, weil er prominent war?"

„Sag du es mir."

„Ian Kaufmann hatte Freunde, wenn du verstehst", knarrte Tänzer Engels entgegen. „Ich habe ihn während einer Artikelserie mal auf seinen Personenschutz angesprochen, aber der Typ hat mich nur angestarrt und gelacht. Bestimmt haben auch die Adler auf ihr Aushängeschild aufgepasst."

„Und später? Vielleicht ist das Mädchen deshalb verschwunden."

„Wer weiß das schon", sagte der Reporter. „Aber ich glaube es eigentlich nicht." Mit einem Finger zeigte er auf den Umschlag. „Solche Leute machen keine Gefangenen Die räumen ihre Probleme einfach aus dem Weg."

„Die Banden sind doch neu", sagte Engels. „Die sprechen jetzt Türkisch, Albanisch oder Libanesisch." Er schob seine Mundwinkel nach oben.

„Wir verstehen weder ihre Sprache, noch was sie tun. Und wie sie es tun, verstehen wir auch nicht."

„Hier gibt es nur einige Hinterbänkler", erwiderte Tänzer. „Die großen Bosse sitzen in Frankfurt oder in Berlin."

„Wo kann man einen Mord bestellen?", wollte Engels plötzlich wissen.

„Meinst du einem Auftragskiller?"

Tänzer brauchte doch ein paar Sekunden. „Warum fragst du mich sowas?"

„Wir haben zwei Tote im Industriehafen", sagte Engels, „und für einen Moment hat es so ausgesehen als ob."

„Vermintes Terrain, glaube mir."

Jo Tänzer schüttelte den Kopf und hatte plötzlich kreisrunde Augen.

„Aber gefährliche Leute gibt es überall." Er holte tief Luft. „In den letzten Tagen sind mir wieder mal unsere gesammelten Meldungen über den ... *Todesengel* in die Hände gefallen."

„Mafia?"

„Du erinnerst dich?"

„An *die* Frau habe ich jetzt echt nicht gedacht", gab Engels zurück. „Aber du darfst ruhig weitermachen."

„Unzählige Morde gehen auf der ihr Konto", sagte Tänzer und wechselte sein Standbein.

„Die war nicht wählerisch bei ihren Aufträgen."

„Interpol sucht seit Mitte der Neunziger nach ihr. Und immer noch ohne Erfolg."

„Auch das weiß ich."

Und was spucken eure Computer dazu aus?

„Kleine, energische und sphinxhafte Frau..."

„Also ... nichts."

„Für einen konkreten Verdacht ist es auch noch zu früh", wehrte Engels ab."

„Also weiterhin schön die Augen offenhalten."

„Wir suchen die Täter, aber noch viel dringender ist das Mädchen", sagte Engels. „Wenn du etwas zu sagen hast, jetzt bin ich ganz Ohr."

„Es gibt ein paar Kontakte", Tänzer wurde noch unruhiger. „Aber nicht so wie du vielleicht glaubst." Einsilbiger fügte er dann noch hinzu: „Natürlich werde ich mich bei den Leuten umhören."

„Versuch`s mal."

„Gib mir etwas Zeit." Angespannt bearbeitete Tänzer plötzlich seine Kaumuskulatur. „Wenn es eine Geschichte wird, habe ich die dann exklusiv?"

„Sind wir dann fertig … mit dem Psychogewäsch?"

Jo Tänzer bestellte ein Bier für sich, prostete allen zu und wechselte ansatzlos das Thema.

„Suchst du eine Bleibe in der Gegend?", fragte er Engels ungeniert. „Der Jungbusch ist zwar ein Brennpunktquartier, entwickelt sich aber rasant. Immer mehr Yuppies wollen hier wohnen und kaufen die heruntergekommenen, aber schönen alten Häuser auf."

„Hältst du mich für einen Yuppie?"

„Ich nenne es den Deal-Modus", krächzte Tänzer und seine Augen funkelten. „Außerdem bist du doch pensionsberechtigt, und das zählt heutzutage eigentlich noch mehr."

Er zwinkerte listig und Max Engels grinste plötzlich auch wieder.

„So lange bleibe ich nicht in der Stadt."

Tänzer überhörte das, lehnte sich an die Theke und sagte: „Übrigens Gerhard Schafhaupt ist nicht nur der

Stadtteilsprecher vom Jungbusch, sondern auch Immobilienmakler, falls du mal einen brauchst."

„Wie gut kennst du den Mann?"

„Gerd ist ein alter Bekannter", sagte Tänzer, „der weiß über alles Bescheid was in unserer schönen Stadt wichtig ist."

Mit ausgestrecktem Arm zeigte er auf einen großen, schlanken Mann mit Geheimratsecken, der gerade durch die Tür kam.

„Wenn man vom Teufel spricht."

Gerhard Schafhaupt war eine Institution auf dem Kiez. Die Bar, sein ewiges Heim, hatte er bereits von seinem Vater übernommen. Das war vor mehr als zwanzig Jahren gewesen. Seither hatte er sein Revier, wie er es bezeichnete nicht mehr verlassen. Sein ganzes Leben hatte der Mann zwischen dem Industriehafen und den Stadtteilen am unteren Neckar zugebracht.

Kerstin Schafhaupt sah zum Eingang und hob die Hand.

„Vorhang auf…der Hausherr betritt die Bühne."

Gerhard Schafhaupt, im grauen Sommeranzug, warf seiner Frau eine Kusshand zu und kam direkt an die Theke. Sein Haar war an den Seiten noch dunkel, über den Ohren aber schon leicht ergraut.

„Ist alles in Ordnung?", grinste er aufgeräumt in die Runde. „Ich erschrecke mich immer, wenn sich Pressevertreter zu uns verirren."

„Mit dir habe ich noch nicht gerechnet." Tänzer drehte sich um und hob kurz die Hand. „Was soll sein?"

Für einen Moment wurde es still. Ein Paar kam durch die Tür und hielt nach einem Sitzplatz Ausschau.

„Willst du dir ein Boot zulegen?"

Tänzers Lachen wurde abweisend. „Als Kind hatte ich mal eine Modeleisenbahn."

Schafhaupt überhörte das. Resolut drückte er sich an dem Reporter vorbei.

„Das klingt nicht sehr lustig."

„Wie laufen denn bei dir die Geschäfte?"

Schafhaupt machte eine frustrierte Bewegung mit seinen Händen, „Schnäppchen gibt`s nirgends mehr, das sage ich euch gleich."

„Was meinst du?"

„Schon gut."

„Ich denke der Immobilien-Markt boomt", mischte sich Engels ein.

Schafhaupt ging nicht auf den Einwand ein, setzte sich aber lässig auf den Platz neben Engels, und streckte ihm seine Hand entgegen.

„Die Preise steigen immer weiter", sagte er etwas steif. „Weil sich immer mehr Objekte in der Hand von immer weniger Anbietern befinden."

„Das ist doch ungesund."

„Stimmt."

Schafhaupt streckte sich und griff mit einer Hand entschlossen über den Tresen, zog eine halbvolle Flasche Weißwein heran und schenkte sich großzügig ein Glas ein.

„Warum fällt das niemanden auf?", fragte Engels und schwenkte seine Tasse am Henkel. „Warum werden die Immobilien immer teurer?"

„Großanleger!"

Schafhaupt schob sich ein Streichholz zwischen die Lippen und begann hektisch darauf zu kauen. „Die kaufen sich hier ein, und treiben die Märkte rigoros vor sich her."

Langsam kam der Mann in Rage. „Darauf haben wir längst keinen Einfluss mehr."

„Sind denen die Preise egal?"

„Die bestimmen sie doch." Verärgert schlug Schafhaupt mit der Hand auf den Tresen.

„Was unternimmt die Behörde dagegen?"

„Was die Leute immer machen …", sagte er nach einem kräftigen Schluck. „Die reagieren überhaupt nicht, oder viel zu spät."

„Bei uns doch nicht."

„Wie wär's mit etwas unangepasster Berichterstattung?"

„Die Leute im Viertel sind nervös genug", erwiderte Schafhaupt. „Das ständige Theater um die Drogenszene und das Rotlicht-Milieu sind auch nicht hilfreich."

„Das ist nicht mein Ressort, Gerd", sagte Tänzer. „das weißt du."

„Dann lassen wir das auch."

Mit dem Handrücken wischte sich Gerhard Schafhaupt über die Lippen. „Was führt euch eigentlich hierher?" Seine Miene hellte sich beinahe auf. „Sucht ihr etwas Anregendes für den Blutkreislauf?"

Engels wartete.

Plötzlich grinste Schafhaupt etwas spöttisch.

„Ein paar Meter weiter liegt ein schickes Schnellboot und der Besitzer braucht dringend Geld."

„Falsche Farbe", sagte Max Engels und Tänzer wieherte beinahe.

„Über was sprechen wir dann?"

„Sie wollten uns gerade die Immobilien Situation vor Ort erklären."

„Das ist ganz einfach", sagte Schafhaupt. „Die Investoren, die ich meine, verfügen einfach über viel zu viel liquide Mittel, versteht ihr, und das Geld muss schließlich Rendite bringen, also was soll`s."

Der Mann wurde immer lauter. „Man bezahlt schließlich auch einiges mehr für die Adresse", setzte er noch ironisch hinzu."

„Was ist mit der Kriminalität?"

Er wurde wieder ernst. „Das nimmt langsam groteske Züge an."

„Was meinen sie?"

„Merken sie`s nicht?"

Es dauerte einige Sekunden, bevor Gerhard Schafhaupt weitersprechen konnte. Er streckte die Hand aus und gönnte sich einen weiteren Schluck von dem Weißwein. Kerstin Schafhaupt lehnte sich zu ihrem Mann hinüber und flüsterte ihm etwas zu. Sie lächelte dabei, ein bekümmertes Lächeln.

Erschrocken sah sich der Mann um. „Habe ich das richtig verstanden…?"

„Was wollen sie von mir?"

„Nur eine Auskunft", sagte Engels mit Nachdruck. „Wir suchen noch immer nach dem Mädchen."

„Bei uns hat sich niemand gemeldet."

„Sie ist eine Klassenkameradin ihrer Tochter."

Schafhaupt sah auf seine Frau, aber die schüttelte nur den Kopf.

„Und uns läuft die Zeit davon", sagte Engels. „Verstehen sie das?"

„Vielleicht ist die Kleine mit einem Kerl zusammen."

„Wenn sie nicht einmal einen Freund hatte. Sie ist gerade sechzehn geworden", blaffte seine Frau los.

„Du warst auch nicht älter, als ich dich kennengelernt habe."

„Sagt wer?"

8

Seit Wochen war es heiß, und, wie es in jedem Wetterbericht hieß, auch viel zu trocken. Eben ein Jahrhundertsommer, mit allem was dazu gehört.

Max Engels wartete schon eine ganze Weile. Der Parkplatz war leer, kein einziges Auto, nicht einmal ein Lieferwagen stand noch dort, nur die drei Hochhäuser am Nordufer des Neckars leuchteten herüber. Fast hinter jedem Balkonfenster brannte dort ein Licht.

Zunächst hatte er sich auf einem niederen Mauervorsprung gesetzt und zugesehen wie ein halbes Dutzend Jugendliche immer noch versuchten in dem Metallkäfig ein paar Bälle zu spielen.

Nach zwanzig Minuten hatte er genug gehabt, war aufgestanden, und hatte ein paar Schritte über den Platz gemacht. Steif hatte das ausgesehen, und irgendwie wirkte alles an ihm unrund.

Er bemerkte einige Reklameschilder von denen bereits die Farbe abblätterte, und plötzlich standen Frauen an den Hausecken, die mit viel nacktem Fleisch lockten. Am liebsten hätte er aufgeheult wie ein Wolf.

Engels erinnerte sich, dass genau hier vor ihm, am Brückensteg, ein gewissenloser Investment-Banker erschossen worden war. Vor etwa sechs Jahren war das gewesen.

Eine taffe Geschäftsfrau hatte den Mann mit einem Jagdgewehr von den Beinen geholt. Ein Aufschrei. Aber kein Verbrechen aus Leidenschaft. Glasklarer Auftragsmord war es gewesen, wie sich später herausstellen sollte. Die organisierte Kriminalität war auf dem Vormarsch. Punkt.

Nach ein paar weiteren Gedanken an die Vergangenheit, ging es Engels wieder besser.

Sabine Back bremste hart ab als sie endlich auftauchte. Die Reifen knirschten laut als der Wagen neben der Sportgruppe stehenblieb.

Abwartend starrten die jungen Männer zu der Frau in dem Auto hinüber, aber keiner machte eine Bemerkung oder sagte etwas.

„Hi…"

Engels stakste auf den Wagen zu. Der Belag unter seinen Schuhen glänzte wie feucht.

„Kess…, aber schwaches Timing … ", war alles was er sagte.

Sabine Back blieb ruhig sitzen. Sie trug einen schwarzen Overall und Wanderschuhe. Für ein Streitgespräch hatte sie jetzt keinen Nerv.

„Sorry", entschuldigte sie sich. Sie spitzte die Lippen und wartete einen Moment.

„Heute Nachmittag gab es einen Sabotagealarm im Kraftwerk in Neckarau", sagte sie dann leise.

Engels ignorierte ihr Lächeln, öffnete die Beifahrertür und stieg ein.

„Weiß man schon näheres?"

„Zum Glück war es falscher Alarm."

Back begann zu kichern.

„Ein Schweißer hat seinen Rest Sprengstoff in einer Plastikschachtel in seinem Spind aufbewahrt."

„Was war los?"

„*Kölner Haie* stand auf dem Deckel."

„Muss man nicht verstehen, oder?"

„Lassen sie uns einen Döner essen gehen. Ich lade sie ein."

„Haben sie mich deshalb herbestellt?", fragte Engels missmutig und knallte die Tür zu. Er war immer noch angefressen und hatte keine Lust auf die Konversation. „Warum tun sie so geheimnisvoll?"

„Das erkläre ich ihnen später."

Back atmete laut aus. „Vertrauen sie mir", sagte sie. „Aber jetzt müssen wir uns beeilen."

„Vergessen sie`s nicht."

Engels löste rasch die Sitzverriegelung und ließ sich im Sitz nach hinten rutschen. „Haben sie kein Blaulicht?"

„Geht nicht."

Back schaute hoch zur Decke.

Für einen Moment herrschte Stille, man hörte nichts außer dem Verkehr auf der Straße und der Sirene eines Krankenwagens. Die Sekunden verrannen und Sabine Back verharrte reglos in ihrer Haltung. Endlich drehte sie sich wieder zu Engels hin.

„Ist Kaufmanns verlorene Tochter inzwischen aufgetaucht?"

Engels ignorierte die Frage, denn es war nicht der richtige Zeitpunkt für Erklärungen, aber Sabine Back lächelte ihn eisern weiter an.

„Nein, das Mädchen ist wie vom Erdboden verschluckt."

„Hat die Handyauswertung auch nichts ergeben?"

In Engels Augen leuchtete es einmal kurz auf.

„Nach Angaben des Mobilfunkanbieters war ihr Handy seit letzten Donnerstag nicht mehr eingeschaltet."

Back nickte. Dann legte sie einen Gang ein und trat das Gaspedal einmal voll durch. Der schwere BMW schoss vorwärts. Schweigend fuhren sie an den Kasernen vorbei und unter der Bahnbrücke hindurch.

„Was sagt eigentlich der …Oberstaatsanwalt?"

Engels sagte nichts, aber er beobachtete Back aus den Augenwinkeln. Sabine hielt mit beiden Händen das Lenkrad umklammert, und presste ihre Lippen zu einem dünnen Strich zusammen.

Funkgeräusche knisterten in das Schweigen, und wie gebannt starrte Engels er auf die roten Digitalanzeigen in der Mittelkonsole.

„Habt ihr … inzwischen die Beute aus dem Überfall gesichtet?", fragte Back plötzlich und nahm eine scharfe Rechtskurve.

„Alles da", brummte Engels. „Nur der Tresor …der fehlt."

Back starrte geradeaus in die Scheinwerfer des Gegenverkehrs.

„Also war es doch ein Raubüberfall und kein verdammter Anschlag?"

„Das will jetzt noch niemand bestätigen."

Engels seufzte einmal tief. „Das Teil … war nie auf dem Lastwagen", sagte er und schaute wieder geradeaus. „Die Spusi hätte zumindest Spuren gefunden."

Back überholte einmal und beschleunigte weiter.

„Ich weiß, wohin der Tresor verschwunden ist", sagte sie.

„Die Straße, bitte", mahnte Engels und zeigte nach vorn.

„Fahr ich ihnen zu schnell?"

Engels streckte die Hand aus. Kein Zittern.

„Ich glaube es gibt eine ganz andere Erklärung."

„Dann lassen sie mal hören."

„Es waren wohl noch mehrere Personen an dem Raubüberfall beteiligt, und natürlich auch mehr Fahrzeuge."

„Sie meinen, der oder die Unbekannte haben den Tresor separat transportiert?"

„Das würde ich mal so annehmen."

Engels schwieg einen Moment.

„Was?"

„Wussten sie eigentlich, dass Lilli Kaufmann und die Schwester von Alex Grosser beste Freundinnen waren?"

„Das wusste ich nicht."

„Karin Grosser war in der gleichen Halbstarken-Clique wie Lilli, und sie verkehrte lange mit ihr, und auch mit Ian Kaufmann bis … na, eben bis zu der Tragödie."

„Das Leben ist zuweilen wirklich Sonderbar."

„Die Leutchen stammen alle aus der Neckarstadt", sagte Engels. Die sind quasi nebeneinander aufgewachsen."

„Sind sie sicher?"

„Ich habe die Frau selbst gesprochen."

Sabine Back wechselte das Thema und zeigte nach vorne.

„Natürlich war da noch ein anderes Fahrzeug."

Fünfzig Meter weiter wollte Engels dann von ihr wissen: „Was macht eigentlich ihr ganz spezieller Fall?"

Schlagartig wurde Back langsamer.

„Der Akt hat sich für mich erstmal geschlossen", antwortete sie. „Lukas Grün sitzt in Untersuchungshaft, und bis auf weiteres sind die Anwälte am Zug, und das kann Monate dauern."

„Das ist eine Scheißgeschichte."

Engels räusperte sich. „Ich weiß das. Demnächst wird uns der Presserummel einfach überrollen", sagte er. „Ein Kriminalrat des LKA wird wegen Mordes angeklagt, das wird gewaltigen Wirbel verursachen."

Sabine Back nickte nur.

„Solche Geschichten passieren nur im wahren Leben", sagte sie und schielte aus den Augenwinkeln. „Grün wird die besten Strafverteidiger aufbieten, die er kriegen kann."

„Machen sie sich keine Sorgen um den."

Engels sah Back offen an. „Der Typ weiß sich zu helfen."

Sabine Back wartete.

„Ich habe mit Grün schon zu tun gehabt", sagte Engels. „Früher, bevor er bei der Internen in Stuttgart zum Star geworden ist."

Plötzlich wirkte Back angespannt.

„Lukas Grün hat für den Zeugenschutz gearbeitet", sagte Engels. „Einer der Besten, die je dort rumgelaufen sind. Er hat die Begleitteams zusammengestellt und gebrieft, verstehen sie?"

Darauf starrte Engels kurz aus dem Fenster. „Bei uns galt er damit als *Kamikaze,* aber das ist schon etliche Jahre her. Ich erinnere mich, dass Grün irgendwann zum Einsatzkoordinator beim LKA befördert wurde."

„Der Fall ist schon seltsam", sagte Back. „Lukas Grün war wohl immer ein guter Mann gewesen, das haben mir jedenfalls fast alle Kollegen von ihm bestätigt."

„Richtig, ich kannte ihn auch nur als kompromisslosen Idealisten, aber jeder Mensch hat wohl eigene Abgründe."

„Was ist dem passiert?"

Max Engels dachte nach.

„Keine Ahnung!"

„Wie gut haben sie sich denn gekannt?"

Er zögerte. „Wie gesagt, wir waren Kollegen und wir kannten uns. Aber grüßen sie ihn nicht von mir. Wir waren nicht beste Freunde oder so", sagte er dann etwas gedehnter. „Lukas Grün hat niemand nahe genug an sich rangelassen."

„Das hat sich aber scheinbar geändert."

„Sie haben mich gefragt", erwiderte Engels. „Unsere letzte Begegnung muss jetzt ungefähr fünf Jahre her sein. Soviel ich weiß, hat er Familie und eine kleine Tochter mit seiner Frau."

„Die Frau ist zu bedauern", gab Back zurück. „Da lebt sie jahrelang neben so einem Typ, der manchmal wochenlang verschwunden war, und ihr dazu noch die ganze Geheimnistuerei zugemutet hat, und dann bringt dieser Kerl, wie aus heiterem Himmel seine junge Geliebte zusammen mit deren Freund um, und erwartet ausgerechnet Hilfe von seiner Ehefrau."

„Zu seiner Ehefrau ist Grün aber doch immer wieder zurückgekehrt, oder?"

„Sie machen wohl Witze?"

„Nein, aber ich hätte auch nicht gedacht, dass ausgerechnet der Typ mal den Boden unter den Füssen verliert."

„Der Mann hat nicht nur sein eigenes Leben an die Wand gefahren."

Sabine Back schielte immer noch zu Engels hinüber, aber sagte kein Wort mehr. Augenscheinlich wollte sie das Thema wechseln.

„Sie kommen also viel schneller zurück als einige hier gedacht haben", brummte Engels endlich. „Darüber wird sich nicht nur Till Keller freuen."

Back schwieg auch dazu.

„Es war gute Arbeit, und so …", sagte Engels nach einer Weile.

„Ich weiß."

Nach einem kurzen Moment sagte sie: „Ich hatte Glück und bin praktisch über Grün und seine …Spuren gestolpert."

Sie dachte zurück an das Gespräch mit Ute Grün, als sie die Frau das erste Mal besucht hatte.

„Das Ergebnis wird jedenfalls Eindruck machen." Engels verschränkte die Arme vor der Brust. „Überall."

„Der Prozess auch, glauben sie mir."

„Können wir über den Kokainfund sprechen?",

„Wenn das jetzt wichtig ist."

„Ist es tatsächlich."

Abwartend starrte Engels aus dem Fenster.

„Herzig."

Back lachte auf: „Keller hat mir ein Memo zu dem Einsatz geschickt, wollen sie`s lesen?"

Mit dem Kopf zeigte sie auf das Handschuhfach im Armaturenbrett.

„Nicht notwendig", wehrte Engels ab. „Wenn sie überzeugt sind, dass es dabei auch Ansätze für uns gibt, reicht mir das."

„Wenn sie ihre Meinung ändern, …"

Engels sah sie an.

„Der Kollege Waechter gilt als äußerst ehrgeizig", fuhr Back fort. „Auf seinen letzten Erfolg hat der Mann lange warten müssen. Jetzt will er auch die kleinen Lichter einsammeln."

Engels sah sie immer noch an.

„Die Drogenfahndung macht Razzia, und Waechter lässt uns zusehen." Spott flackerte in seinem Blick. „Was wissen sie sonst noch alles, Kollegin?"

„Das ist es nicht allein." Back grinste und setzt sich etwas auf. „Ich habe das so angeordnet."

„Können sie das denn?"

„Ich bin Waechters Vorgesetzte, schon vergessen?"

„Trotzdem."

„Man hat mir auch die Leitung der hiesigen Mordkommission angeboten, da kann Waechter mich unmöglich umgehen."

„Gratuliere." Anerkennend pfiff Engels durch die Zähne. „Ich bin beeindruckt."

„Lassen sie das."

Back nahm eine Hand vom Lenkrad und täuschte einen Schlag an. „Immer noch derselbe …Eisvogel", flüsterte sie.

Engels zuckte mit keiner Wimper.

„Ich mache auch gar kein Rauschgift?"

„Heute schon", sagte Back. „Der Einsatz läuft gerade an und wir werden dabei sein."

„Da bin ich aber gespannt."

Max Engels rutschte weiter in seinen Sitz und streckte vorsichtig die Beine aus. Das rechte Bein pulste bis hinunter in den Unterschenkel.

„Ein SEK ist auch eingeladen."

Der Verkehr um sie herum wurde immer weniger und es wurde auch ruhiger.

„Das Rauschgiftdezernat hat wohl Blut geleckt."
Back nickte.

„Eine Drogenlieferung ist auf dem Weg", sagte sie fahrig. „Neue Route und so. Waechter weiß das, und will den Transport auflaufen lassen. Mit der Aktion will er auch an das hiesige Verteiler-Netz rankommen."

„Wie haben die Kollegen das eingefädelt?

„Das Übliche halt…die haben etliche Kontrakte ", sagte Back, „Was wollen sie hören?"

„Wer überwacht die Szene?"

„Seien sie jetzt bloß nicht so zickig."

Back war genervt. „Die Kollegen haben sicherlich nicht nur einen Peilsender scharfgemacht. Hoffe ich zumindest."

„Dann ist es trotzdem ein Vabanquespiel.

„Das weiß jeder, aber es lässt sich nicht anders machen."

Back schüttelte sich. Ihr Lächeln wirkte plötzlich distanziert, und sie senkte ihre Stimme.

„Die Sonderermittlungsgruppe observiert seit Monaten alle maßgeblichen Transportwege ab Genua", erklärte sie. „Ich glaube, so gut waren wir noch nie aufgestellt."

„Hat der Zoll denn die ganze Zeit über geschlafen?"

„Die Statistik war immer in Ordnung."

„Wie frisch gefallener Schnee."

Engels presste die Lippen aufeinander. Er hätte doch noch eine Ibu einwerfen sollen.

Sie kamen über die Schnellstraße, bis die Stadt ländlicher wurde, fuhren an den Reihenhäusern vorbei, dann an zwei Baustellen und nach dem Einkaufszentrum bogen sie schließlich wieder ab auf die Umgehungsstraße.

Es begann zu regnen, aber Sabine Back wurde nicht langsamer. Trotzig fuhr sie immer wieder durch aufspritzende Wasserfontänen.

Autos kamen ihnen entgegen und blendeten auf. Back winkte immer nur ab. Ohne ein weiteres Wort trat sie das Gaspedal fest durch. Der BMW beschleunigte und schoss vorwärts.

Bis zum Busbahnhof fiel kein Wort mehr. Die Fahrbahn verengte sich wie ein Flaschenhals und wenig später waren sie an ihrem Ziel angelangt.

In der Querstraße hielt Back den Wagen an. Inzwischen war es stockdunkel geworden. Sie standen vor einem Zaun direkt neben einer riesigen Lagerhalle. Auf dem Seitenstreifen vor ihnen waren mehrere Lastwagen abgestellt. Back fand trotzdem noch eine Lücke zwischen den Kolossen und parkte geschickt rückwärts ein. Mit einem Handgriff waren die Scheinwerfer aus.

„Den Funk lasse ich eingeschaltet."

„Von mir aus…"

Engels schnitt eine Grimasse. Die Aktion war noch nicht angelaufen.

Fast lautlos glitt die Seitenscheibe nach unten. So warteten sie mehrere Minuten lang, und beobachteten stumm das Gelände. Die Straßenlaternen spendeten wenig Licht Alles um sie herum blieb still.

„Schork mein Name."

Beinahe unbemerkt war hinter dem Wagen ein einzelner Mann aufgetaucht. Er trug einen schwarzen Kampfanzug und begrüßte Back direkt durch das offene Seitenfenster. Schork hatte ein rotwangiges Gesicht, einen Knopf im

Ohr, und war kurz angebunden. „Sie werden bereits erwartet, Kollegin."

„Jetzt sind wir ja da", flüsterte Back, und öffnete die Tür.

„Eine Einsatzgruppe ist schon vor uns."

Schork trat etwas zur Seite.

„Wie viele sind es?"

„Das wissen wir nicht genau, aber sicher mehr als drei." Der Mann verzog seinen Mund. „Bis jetzt ist noch nichts passiert", sagte er gepresst. „Scheinbar warten die noch ab."

Mit einer Hand fasste er an sein Ohr.

„Aber jetzt fängt der Zirkus an."

Max Engels kam um den Wagen herum und blieb neben dem Schwarzuniformierten stehen. Er versuchte dem Mann ins Gesicht zu sehen. Ohne Erfolg.

„Ich bin als Beobachter dabei", sagte er leise.

Die Antwort war ein unverständliches Brummen. Schork blieb auch weiterhin wortkarg.

„Alles save."

„Wir bleiben auf der Straße", bestimmte Back, da sie wusste, dass Engels manchmal noch Krücken benutzte.

Engels nickte und schloss für einen Moment die Augen.

Mit eingezogenen Köpfen liefen sie über den Platz und bogen hintereinander in die nächste Straßenbiegung ein.

Engels Nackenhaut begann zu prickeln, und sein Blick wanderte hoch zu den Straßenleuchten. In der Straße waren nur vier Autos zu sehen, alle weit entfernt.

Die Lichter der Stadt beleuchteten einen grauen, wolkenbedeckten Himmel und der Schein der Straßenlaternen fiel auf ein Mehrfamilienhaus.

Die winzigen Balkone dort wurden als Abstellräume genutzt. Alte Matratzen und Gerümpel aller Art stand herum. Das Summen der Klimaanlagen war das einzige Geräusch, das sie hören konnten.

„Auf meiner Seite Okay", sagte Schork.

Plötzlich näherten sich Schritte hinter ihnen und sie drückte sich nebeneinander in den nächsten Hauseingang.

Alle drei zogen ihre Waffen und entsicherten sie.

„Gegenseitig absichern!"

Auf der anderen Seite wackelte eine schmächtige Gestalt die Straße entlang. Sonst war niemand zu sehen.

„Geht gleich los."

„Lassen sie, das mache ich."

Back hatte plötzlich auch einen winzigen Knopf im Ohr. „Ich mime einsames Frauchen auf dem Heimweg."

Sie lauschte einen kurzen Moment, machte ein Zeichen mit der Hand und verschwand um die nächste Hausecke.

Die wacklige Gestalt war ein ziemlich junger Kerl mit Kapuzenpulli und knautschiger Umhängetasche, der durch das dämmrige Licht der Straßenbeleuchtung torkelte. Offensichtlich war er kräftig angetrunken.

Als er vor der breiten Hauseingangstür stehen blieb, schwankte er.

Er klingelte, aber nichts rührte sich. Er blickte nach oben und suchte mit den Augen die Fassade ab. Dann hantierte er lange mit dem Schlüssel, bevor er das Schlüsselloch traf. Offenbar fiel ihm nicht ein, Licht zu machen, denn die Tür schwang zu, ohne dass eine Lampe angegangen wäre.

Engels sah wie sich mehrere Schatten von den Mauern und aus den umliegenden Gassen lösten.

Zur gleichen Zeit gingen im Obergeschoss des Hauses zwei Lichter an. Offenbar war der Betrunkene angekommen.

„Zugriff."

Etwas klickte, wahrscheinlich ein Feuerzeug.

Mehrere Polizisten in dunklen Kampfanzügen und zwei Zivilbeamte setzten sich in Bewegung. Die Männer erreichten im Erdgeschoss, im selben Moment die Tür als sie zuzufallen drohte.

Fünf Minuten später fielen zwei Schüsse, kurz hintereinander. Engels sah durch die oberen Fenster die Mündungsfeuer aufleuchten. Vor seinem inneren Auge begann ein Lichtblitz zu tanzen. Dann war alles wieder still und der Spuk war vorbei.

Das Rauschen in seinen Ohren nahm ab. Cool bleiben befahl er sich.

Zwei Polizisten kamen aus der Tür, und schleppten den Angetrunkenen mit sich. Seine Fußspitzen schleiften über den Boden, und in seinem Gesicht spiegelte sich die totale Verwunderung. Er drehte den Kopf von einem Polizisten zum anderen und begann dann aggressiv zu protestieren.

„Was zur Hölle soll`n das? Hä? Jungs, was habt ihr vor?"

Der Drogenschmuggler begann mit den Armen zu rudern und nach den Männern zu treten, aber das half ihm nicht viel.

„Lasst mich los, verdammt noch mal...", schnauzte eine männliche Stimme.
Etliche Meldungen liefen zusammen.
„So eine Sauerei."
Das war alles.
Im nächsten Augenblick saß der Mann schon in Handschellen auf dem Rücksitz eines Einsatzfahrzeugs, mit einem Polizisten neben sich, und einen vor sich.
„Schussverletzung", rief eine tiefe Stimme.
„So eine Scheiße."
„Wir brauchen den Notarzt", bestimmte dieselbe Stimme."
„War`s das schon?"
„Scheint so."
„Der Typ ist sturzbesoffen, aber er hat die Knarre schon in der Hand gehalten", sagte einer der Männer.
„Alles gesichert", meldete der Einsatzgruppenleiter. Die Beamten des SEK suchten sich ein ruhiges Eckchen zwischen den Häusern. Schwerbewaffnete Männer in schusssicheren Westen und Sturmhauben.
Einige rauchten. Engels und Back stellten sich zu der Gruppe. Blaue und rote Lichter funkelten abwechselnd. Ein Rettungswagen der Johanniter stand hinter einem der Einsatzwagen und zwei schwarze Limousinen parkten auf den Seitenstreifen direkt an der Kreuzung.
„Es war nicht anders zu machen", sagte einer der Uniformierten gerade. „Der Kerl hat uns schon in der Unterführung bemerkt. Er ist direkt getürmt."
„Warum habt ihr ihn euch nicht gleich gegriffen?"

„Wir hatten unsere Befehle", sagte ein anderer Mann. „Auf jeden Fall die Position halten, das habe ich sogar schriftlich."

Engels runzelte die Stirn.

„Ich meine..."

Derselbe Mann sagte etwas gequält: „Die Kollegen haben uns doch per Funk eingewiesen. Wir wussten nicht genau … wo die Musik spielt."

„Habt ihr in der Wohnung da oben überhaupt noch was gefunden?" Engels spürte, wie ihn die scharfen Augen der Fahnder musterten.

„Jedenfalls keinen von den kranken Typen", erwiderte die erste männliche Stimme wieder. Der Gesichtsausdruck des Mannes veränderte sich nur langsam, während er weitersprach. „Und überhaupt keinen Stoff. Nichts davon! Die Kerle waren alle weg, ausgeflogen, und haben sogar noch hinter sich aufgeräumt."

Engels winkte einem der Uniformierten und fragte:

„Wo steckt eigentlich Hauptkommissar Waechter?"

Der Mann wies mit dem Daumen über die Schulter. „Der sitzt da vorne bei der Einsatzleitung und hört die Statusmeldungen ab."

Ein paar Minuten später fuhren zwei Autos, dicht hintereinander in die Straße und hielten im Wendehammer. Von seinem Standplatz sah Engels die Lichter der Scheinwerfer und wie sie ausgingen.

Endlich setzte er sich in Bewegung. Am Ende der Straße stellte er sich neben den Mannschaftswagen. Zwei Uniformierte standen lässig vor dem Wagen und tranken dampfenden Kaffee aus Styroporbechern.

„Die schlechten Nachrichten haben sich schon rumgesprochen", empfingen ihn die Kollegen. Einer von ihnen grinste.

„Ich wollte sagen, dass es ein Witz ist. Aber das ist es nie."

„Es ist ...ach Scheiße!"

Engels starrte durch das Seitenfenster in den Bus. Der Innenraum des Wagens war vollgestopft mit modernster Technik. Zwei Männer saßen um den eckigen Tisch und debattierten heftig.

„Die Meldung ist durch", hörte er als erstes.

Das rauschende Krachen eines Funkgerätes hinter ihm zerriss die weiteren Worte. Unverständliches elektronisches Gebrabbel knisterte aus den Lautsprechern. Sirenen heulten auf. Entschlossen kletterte einer der Männer aus dem Wagen.

Roland Waechter. Engels sah den Mann genau an. Der Chef der Rauschgiftfahnder war ein stämmiger Mann mit Bürstenhaarschnitt und einem Doppelkinn.

„Die Kapelle spielt noch."

Als Roland Waechter Engels bemerkte, machte er seine Jacke zu, und suchte Augenkontakt bei ihm.

„Was wollen sie hier?"

„Das ist Max Engels vom Euro-*TAZ* "

Sabine Back stand plötzlich neben dem Bus. „Keller hat sie doch informiert, oder lesen sie gar keine Post mehr?" Die Headsetkabel waren aus ihrem Gesicht verschwunden.

„Terrorabwehr?" Roland Waechter biss sich auf die Unterlippe. „Das wusste ich nicht."

„Kräfte bündeln und so...", Back neigte ihren Kopf leicht zur Seite. „Der Mann hilft bei uns aus."

Engels nickte nur, aber eher so in sich rein.

„Erzählen sie mal", sagte er.

Plötzlich wirkte Waechter irgendwie zerknautscht.

„Wie lange sind sie denn noch außer Betrieb?" Sein Blick blieb wie zufällig an Engels Hüfte hängen.

„Die Ärzte sagen, das wird alles wieder."

„Kaffee?", fragte Waechter zögernd, er wollte noch etwas sagen, ließ es aber.

„Nein, danke."

Nach einem kurzen Zögern streckte er seine Hand aus und Engels schlug ein.

Hauptkommissar Waechter war zwar sauer, aber er fing sich wieder. Es dämmerte ihm, dass es mit dem Kollegen kein Zuckerschlecken geben würde.

„Wir bleiben dran", sagte er trotzig in das Schweigen hinein.

„Okay…"

„Das dauert noch."

Einer der Kriminaltechniker tauchte auf, und nahm Waechter zur Seite.

„Was war das jetzt?"

„Wir sind ins Leere gelaufen", antwortete einer der Männer verärgert.

„In dem Schweinestall da oben ist keiner mehr. Die sind abgehauen. Vor unseren Augen. Durch den Keller in die Tiefgarage des Nebengebäudes, und ab, verstehen sie? Eine Verfolgung ist momentan völlig sinnlos."

Für einen Moment starrte Roland Waechter nur auf seine Schuhspitzen.

„Zwei Ausgänge", brummte er. „Verstehen sie das?"

„Wie bitte?", fragte Back etwas überrumpelt. „Da weiß die rechte Hand mal wieder nicht was die Linke treibt."

Waechters Gesicht wirkte plötzlich wie versteinert. „Keiner von unseren Strategen hat sich vor dem Einsatz auch nur einmal die Bestandspläne angeguckt."

„Da oben liegen nur etliche Handys rum", sagte einer der Uniformierten dazwischen.

„In der Nebenstraße gibt`s natürlich Fluchtwege ohne Ende."

„Macht mir bloß die Spuren nicht kaputt." Mit schmalen Augen suchte Waechter immer noch den Platz vor sich ab. „Erst muss Kemmer mit seinen Leuten da durch."

„So ein Scheiß aber auch, was?"

„Hier kommt niemand durch!"

Die Zufahrt blieb gesperrt. An den Haltestellen klingelte eine Straßenbahn aufgeregt, fuhr aber, ohne anzuhalten vorbei. Überall Polizisten.

„Die Wohnung ist jedenfalls clean, absolut keine Spuren."

„Ich dachte sie wollten einen Verteilerring hochnehmen", sagte Engels.

„Das dachte ich auch", gab Waechter zurück. „Aber manchmal läuft es eben ganz mies."

Er machte seinen Leuten ein Zeichen.

„Den muss ich mir merken", sagte Engels.

Einige der Männer lachten.

„Das passt doch überhaupt nicht zusammen."

„Alles für `n Arsch."

Der Beamte winkte missmutig ab, aber er sah aus, als dämmerte ihm etwas.

„Ich glaube die haben gewusst, dass wir kommen."

„Das gibt jetzt massiv Druck, und der Präsident wird auch ordentlich austeilen."

„Koffler, heißt der Typ", erklärte Waechter plötzlich ganz gelassen und spukte einmal aus, „Koffler ist ein Kunde von uns", fügte er nach einem kurzen Moment noch hinzu. „Das Treffen war verabredet."

„Habt …ihr noch mehr solche Informanten?"

Roland Waechter runzelte die Stirn, aber schielte immer noch zu Max Engels hinüber.

„Erkläre sie mir nicht meinen Job."

„Woher habt ihr gewusst wo der Kerl hinwollte."

„Wir haben ihn überwacht." Waechter winkte ab. „Verdammt, das war eben Pech."

Zuviel Routine, oder was?"

„Muss ich mich jetzt rechtfertigen?"

Mit der Hand fuhr sich Waechter durch sein fleckig gewordenes Gesicht. „Wir rufen euch wieder an, wenn wir Zuschauer brauchen", sagte er dann etwas höhnisch, aber er ließ Engels immer noch nicht aus den Augen.

„Ich mag keine Spiele, die am Grünen Tisch entschieden werden."

Waechters Gesichtszüge froren ein und seine Laune sackte völlig in den Keller.

„Jedenfalls haben die Kerle euch ins Leere laufen lassen, Kollege", sagte Engels. „Denken sie mal darüber nach."

Hauptkommissar Waechter klappte zweimal den Mund auf und schloss ihn wieder, ohne ein Wort zu sagen.

Mehr als ein Dutzend Männer versammeln sich an den von Bäumen gesäumten Platz. Sabine Back schwatzte leise mit allen.

„Das Haus muss man im Auge behalten", keuchte der baumlange SEK Mann, als er aus dem Treppenhaus herauskam. Er hatte seine Sturmhaube hochgeklappt. Sein Gesicht war verschwitzt. „Wir haben alles durchsucht."

Etliche Augenpaare fuhren auf ihn zu.

„Vorhin haben wir die Kerle noch deutlich gehört", sagte er und zeigte mit dem Finger auf Waechter, „Aber als die Freigabe endlich kam, und wir durch die Vordertür reinkamen, waren die schon raus."

„Ich melde mich, wenn es etwas Neues gibt", versprach Waechter in die Runde. „Fürs Erste wird hier alles versiegelt." Der Mann hatte die Fassung wiedergewonnen und er wirkte wie erleichtert.

„Tun sie das."

Roland Waechter drehte allen den Rücken zu, und ging mit federnden Schritten zu seinem Einsatzwagen zurück. Dort setzte er sich wortlos auf die Rückbank.

„Sie haben`s gehört", sagte Engels halblaut. „Der Kollege will ungestört noch eine rauchen."

„Dann können wir auch abhauen."

Sabine Back packte Engels am Arm. „Kommen sie mit? Ich habe Hunger und lade sie ein … "

**

Zwanzig Minuten später standen sie vor einen Laden im ehemals verwegendsten Viertel der Stadt.

„Der liebenswerteste Mexikaner den ich kenne ", sagte Back mit einem schiefen Lächeln.

Chili Bar. Die Tür war wie immer weit geöffnet, und die Straße davor war voller Nachtschwärmer. Die meisten hielten Bierflaschen in der Hand, oder glimmende Zigaretten. Ein Pärchen tanzte wie entrückt und hielt sich dabei eng umschlungen.

Back und Engels blieben eine Weile stehen, rauchten und sahen zu. In den Hausfassaden ringsum gab es viele Schaufenster. Telefonläden, Reisebüros und auch noch andere Geschäfte. Alles voller Lichter.

„Hier war ich noch nie", murmelte Engels."

„Warum nicht?"

„Was soll sein?"

„Trauen sie sich trotzdem rein, alter Mann?"

Ohne zu antworten ging Engels vor und stemmte die Tür auf. Als sich Back an ihm vorbeidrückte, packte sie seinen Arm und zog ihn mit. Verbrauchte Luftschwaden kamen ihnen entgegen, und schlagartig wurde es lauter.

Der Laden war immer noch voll. Die Gäste buntgemischt. Viele Männer in mittleren Jahren. Einige von ihnen sahen aus wie Schurken aus einem Johnny Depp Film.

Back drängte sich am langen Tresen vorbei, und fand noch einen Holztisch und zwei freie Stühle.

An der Rückwand standen massenhaft Schnapsflaschen, und etliche Aschenbecher. Zigaretten qualmten. Aufgeregtes Lachen, quirliger Sprachensalat und dahinter samtweiche Salsa-Musik.

Max Engels blieb lange stehen.

„Kommen sie öfter hierher?"

„Natürlich", antwortete Back. „Zum Abtanzen."

„Ach ja?"

Back lachte.

Eine grellgeschminkte Kellnerin kam an den Tisch. Die Frau erkannte Sabine Back, lachte freundlich mit ihr und teilte ihnen mit, dass die Küche noch immer geöffnet sei. Back bestellte gebratenes Hühnerfleisch in Maisfladen für sie beide ... und Flaschenbier.

„Ich hoffe sie mögen`s ... scharf", sagte sie, verdrehte die Augen und begann zu klatschen.

„Ich werde mal darüber nachdenken."

„Auf alles was wir lieben."

Alter.

Sabine Back wurde immer quirliger.

„Manchmal komme ich mir vor wie ein Nachtfalter."

Die Bierflaschen kamen, und klirrend tranken sich die beiden zu.

„Ist Okay", sagte Engels. „Ab und an machen es sich auch die Nachtfalter gemütlich."

„Brauch ich nicht."

Dann kam der Tequila, und dann noch eine Runde. Danach war Schluss mit Denken.

Backs Gesicht war schweißnass, aber ihre Augen strahlten.

Mit Gemütlich kann ich nicht so viel anfangen."

„Verstehe."

Nach einer Weile kam das Essen. Das Pollo war fantastisch und Engels staunte. Kurz danach tränten ihm bereits die Augen.

„Na und?"

Sabine Back lachte nur. Es schmeckte großartig. Tequila!

„Trinken sie noch was."

„Natürlich."

„Glauben sie bloß nicht, dass ich sie aushorchen will."

„Wieso sollte ich das glauben?"

Back sah ihm in die Augen. Eine weitere Runde kam an den Tisch. Danach stieg Engels um auf Bier.

Sabine Back bestellte trotzdem weitere Drinks und leerte ihr Glas fast auf einen Zug.

„Caipirol", quietschte sie zwischen zwei Sätzen und fuhr sich mit dem Zeigefinger am Hals entlang.

„Werd ich peinlich?"

Engels hob nur die Augenbrauen.

Back lachte wieder schrill auf.

„Ich versuche mir nur ein Bild zu machen", sagte sie. Vielleicht hatte sie ein paar Tequilas zu viel gehabt. Mit der Hand tätschelte sie Engels Knie.

„Aha."

„Immer noch ein harter Hund, was?"

Engels lächelte zurück.

„`Tschuldigung", sagte Back. „War ein Reflex."

Engels sagte immer noch nichts.

Back nagte an ihrer Unterlippe „Ich liebe die heißblütige Lebensart der Südamerikaner, verstehen sie?"

Sie wartete bis Engels den Kopf drehte und sie sicher sein konnte, dass er ihr wieder zuhörte.

„Die Menschen dort lieben das Leben, und sie leben es einfach. Nicht so hektisch wie wir. Dort haben alle Pfeffer im Arsch."

Irgendwie sah sie Engels dann lange in die Augen.

„Das ist meins!"

Der grinste nur.

„Was machen sie, wenn das hier vorbei ist?"

„Darüber habe ich noch nicht nachgedacht."

Es wurde eins und es wurde später. Engels entschuldigte sich plötzlich und ging zur Toilette.

„Ich denke es wird langsam Zeit für uns."

Irgendwann fielen ihm fast die Augen zu, und er bat die Kellnerin ein Taxi für sie zu rufen.

Engels bezahlte die Rechnung und gab reichlich Trinkgeld. Mit schweren Beinen schoben sie sich dann an den Tischen vorbei nach draußen. Junge Leute standen in Gruppen beisammen. Außerdem gab es noch fahles Licht und Kopfsteinpflaster war auch zu sehen.

„Ich bring sie noch nach Hause."

„Danke."

Sabine Back blieb dich vor Engels stehen. Es war nicht ganz leicht für sie, denn sie hatte ordentlich Schlagseite.

„Wo wohnen sie denn?"

Back hob einen Arm und zeigte damit irgendwo ins Nichts. Die andere Hand legte sie Engels auf den Unterarm, machte, „Pscht..." und lachte dann.

„Neckarstadt...Ost..."

Das Taxi hielt und sie stiegen ein. „Zwei Fuhren", sagte Engels. „Zuerst fahren wir in die Neckarstadt."

Back nannte dem Fahrer ihre Adresse, und der fuhr rasch die Straße hoch. Dann bog er ab nach links.

Sie sprachen nicht mehr viel, und ein paar Minuten später hielt der Wagen vor Backs Wohnblock, einem sanierten Mehrfamilienhaus aus den achtziger Jahren.

„Da oben wohne ich", lallte sie los und zeigte mit ihrem Arm auf eine der Hausfassaden. Die ersten Vögel begannen zu zwitschern, und angestrengt mühte sie sich aus den Polstern.

Auch Engels stieg aus und sie gingen ein paar Schritte.

„Schlummertrunk", sagte Back. „Bringen sie mich noch…?" Aufgekratzt kicherte sie vor sich hin. „Blick über die Dächer…Eckwohnung."

Engels ging nicht darauf ein. Er sah sie einen Moment an und fragte ganz leise: „Können wir das auf ein andermal verschieben?"

„Klar."

Sabine Back starrte Engels nur an, verstand ihn allerdings nicht richtig. Dann aber doch, und ihr Lächeln stockte für einige Sekunden.

Nach dem dritten Herzschlag brachte sie ihre Stimme in Ordnung, machte kehrt und stiefelte auf die Eingangstür zu.

„Gute Nacht, Sabine."

Als Antwort hob sie, ohne sich umzudrehen, die Hand. Engels blieb noch eine Minute stehen und schaute ihr hinterher. Als sie durch die Eingangshalle durch war, setzte er sich wieder zurück ins Taxi.

Der Taxifahrer, ein Inder mit Turban, meinte in gutem Deutsch:

„Es geht mich ja nichts an, aber ich glaube, die Dame wollte, dass sie mitkommen."

„Ach ja?"

„Ja."

9

Der Handy-Wecker klingelte um sechs Uhr. Als Engels ihn ausschaltete und sich einen Augenblick lang mit dem Telefon in den Händen zurücklehnte, war er echt dankbar für die paar Stunden ununterbrochenen Schlafs, die hinter ihm lagen.

Mit einer vorsichtigen Bewegung stand er auf, und ging auf die Toilette, zog die Hose runter, zielte und pinkelte. Dann spülte er, klappte die Brille wieder runter und ging ans Waschbecken. Nebenbei hörte er die Nachrichten im Morgenfunk. Da war es sieben Minuten nach sechs. Und dann Action. Plötzlich schien die Zeit zu rasen. Engels verzichtete auf sein Frühstück und fuhr eilig los.

Eine Viertelstunde später stand er auf dem leeren Hof neben dem Polizeipräsidium.

Als er den Pressekonferenzsaal im Erdgeschoss endlich gefunden hatte, öffnete die Tür und ließ seinen Blick einmal durch den Saal wandern. Unregelmäßig strukturierte Wände, Putz mit scharfen Vorsprüngen, ein blaues Podium mit vier Stühlen, die Decke mit Stuck verkleidet.

Der Raum war bereits voller Journalisten. Fernsehkameras und Radioleuten. An der Tür bildete sich ein Stau. Engels wartete, bis die meisten hineingegangen waren, betrat dann auch den Saal, blieb aber gleich hinter der Tür stehen. Er schaltete das Handy aus und blickte über die Menschenmenge, die dabei war, sich in den Sitzreihen niederzulassen. Gemurmel machte sich breit.

Das RNF tauchte ebenfalls auf. Das Kamerateam baute ihr Equipment ganz vorne auf; die Radioreporter und die Internet-Blogger tummelten sich in der Reihe dahinter.

Dann kamen die Zeitungsredakteure. Pressefotografen schlurften zwischen den Stuhlreihen durch.

Vor dem Podium, das aus einem gewöhnlichen Tisch mit vier Stühlen bestand, drängten sich die Fotografen und die RNF- und Radioleute mit ihren Mikrofonen. Jo Tänzer war in der Unordnung leicht auszumachen, er wirkte einfach wie ein alter Bekannter.

Engels sah dem Treiben ein paar Minuten zu. Plötzlich ging eine Seitentür auf und vier Männer betraten hintereinander den Saal. Das vereinzelte Klicken der Fotoapparate verdichtete sich zu einem Maschinengewehrfeuer. Kamerascheinwerfer flammten auf und tauchten den Raum in gleisendes Licht. Grell geschminkte Fernsehreporter vom Regionalfernsehen machten aufgeregte Ansagen vor ihren Kameras.

Die eintretenden Männer nahmen hinter dem Tisch Platz: Polizeioberrat Adler sah aus wie ein lieber Onkel. Wie immer, würdigte er niemand eines Blickes und sah nur stur geradeaus, ohne zu blinzeln. Till Kellers Blick war auch völlig neutral, er fixierte einen Punkt ein paar Zentimeter über den Köpfen der vordersten Stuhlreihe. Dann sackte er schwerfällig auf einen der Stühle nieder. Hauptkommissar Waechter setzte sich neben ihn. Sein Haar war frisch geschnitten, und der Mann hatte sich gründlich rasiert.

Als Letztes kam Pit Merker heran. Er war der Moderator der Veranstaltung, und setzte sich auf den Platz ganz außen.

Das Blitzlichtgewitter der Fotografen ließ nach. Die Radioreporter setzten sich. Haben wir tatsächlich keine andere Wahl, fragte sich Engels, und warf einen Blick auf die Uhr. Sollte es zu lange dauern, würde er einfach gehen. Er hörte, wie Merker zur Ordnung mahnte. Bis beinahe vollkommene Stille herrschte. Erst dann begann der Mann mit der Einleitung. Die Pressekonferenz zog sich ewig hin.

**

Als Engels am darauffolgenden Freitagmorgen, einiges nach acht Uhr, mit seinem Kaffeebecher in der Hand durch die Flure des Präsidiums hastete, glaubte er für einige Minuten tatsächlich alleine zu sein. Das Treppenhaus und die Flure waren menschenleer.

Als er aber mit Schwung durch die Flügeltür kam, sah er Sabine Back schon an ihrem Platz sitzen.

Die Frau saß munter vor ihrem Bildschirm und sah nur kurz auf.

„Schön, sie zu sehen", sagte sie.

Engels trug eine Khakihose und statt des üblichen Polohemds hatte er ein kurzärmliges weißes Oberhemd angezogen.

„Schön, sie zu sehen", sagte er und atmete erst einmal auf. „Mir fällt die Decke auf den Kopf", versuchte er sich zu erklären.

Den halbvollen Pappbecher stellte er vorsichtig auf die Schreibtischkante vor sich.

„Kann man den trinken?" fragte Back leise und zeigte auf den Kaffeebecher.

„Positiv."

„Was ist denn los gewesen?", fragte sie zweideutig, aber wartete nicht auf Antwort. „Wie geht`s dem Bein?"

„Ich bin fit. Es tut kaum noch weh."

„Ja, alles klar." Back unterdrückte nur mühsam ein Lächeln. Sie trug enge blaugraue Jeans und ein knallrotes, ärmelloses Seidenhemd mit Stehkragen. Auch der Lippenstift war korallenrot.

„Ehrlich."

„Was können sie sonst noch zu ihrer Entlastung vorbringen?" Sie atmete tief ein und wieder aus. Ihre Lippen kräuselten sich dabei.

„Ich glaube nicht, dass politische Aspekte in dem Fall eine Rolle spielen", brummte Engels ihr entgegen. „Und andauernd über Verschwörungstheorien zu spekulieren, interessiert mich auch nicht so brennend."

Sabine Back zuckte mit den Achseln und sagte: Im Innenministerium will man sowas nicht hören. Passen sie also auf wo sie hintreten."

„Derartige Befindlichkeiten haben mich noch nie gestört."

Engels Lächeln wurde breiter.

„Vorsicht, das wird jetzt ganz dünnes Eis."

Engels beugte sich vor und sah Sabine Back für einen Moment in die Augen. Nach einer kleinen Weile sagte sie: „Hallo", und dann war das Momentum vorbei.

„Natürlich habe nicht nur ich mitgekriegt, wie sie sich aus dem Staub gemacht haben."

„Das muss ich dann aushalten."

Engels kniff die Augen zusammen und griff nach dem Kaffeebecher. „Erwarten sie jetzt bloß keine weiteren Kommentare, Kollegin. Ich wollte niemand den Spaß verderben."

„Und jetzt?"

„Und nicht noch mehr Zeit verlieren."

Nach einem prüfenden Blick, zerknüllte er den leeren Pappbecher und warf ihn in den Papierkorb.

„Wenn ich doch etwas verpasst habe, lese ich die Pressemitteilung eben noch einmal, oder rufe bei Tänzer in der Redaktion an."

Backs straffte ihre Schultern und kam um den Schreibtisch herum. Engels wollte noch etwas sagen, aber Back blockte ihn mit der Hand, stieg über ein Stromkabel und ging auf die Tür zu. Sie war barfuß.

„Wir haben ein Meeting mit Waechter", sagte sie und schloss mit einer Hand den obersten Knopf ihrer eng geschnittenen Bluse. Unter dem dünnen Stoff war sicher kein Platz mehr für einen BH.

Für Engels, der ihr auf der Treppe hinterher sah, wurde der Moment zu einem echten Test, noch mehr, als er durch den Jeansstoff vor sich, die knappen Umrisse ihres Schlüpfers bemerkte. Aber er ließ alles unkommentiert über sich ergehen.

„Keller hat ein Faktenchecking angeordnet", sagte Back. „Er drängt mächtig darauf, dass die Abteilungen noch enger zusammenarbeiten."

„Ach, ja."

Back nickte. „Nehmen sie eine frische Tasse mit und bleiben sie hinter mir."

Das Besprechungszimmer lag eine Etage höher. Der Raum war groß und hell. Die Oberlichter wirkten wie Schießscharten, und boten außerdem einen tollen Ausblick auf den großen Parkplatz hinter dem Haus.

Stellwände mit unzähligen Hinweismeldungen standen herum, und es roch dezent nach Bohnerwachs und Kaffee.

Gut zwanzig Lederstühle standen aufgereiht an einer Wand, daneben ein helles Sideboard mit einem Kameraaufsatz. Das war alles.

Als Sabine Back um die Ecke bog standen bereits zwei Männer an dem Konferenztisch. Roland Waechter und neben ihm ein Unbekannter.

„Hallo, die Herren", sagte sie aufgeräumt.

Der Form halber klopfte Engels an den Türrahmen.

Na, wie steht`s denn so?"

„Mal so, mal so."

Mit einer Handbewegung forderte Waechter sie auf näher zu kommen.

„Das geht vorbei", sagte Engels.

„Jemand Kaffee?"

Beide verneinen.

Der Mann neben Waechter war ein nervöser Typ und ausgesprochen hager, aber nicht sehr groß. Das bunte Hemd an ihm war bis zur Brust aufgeknöpft, und seine Haare fielen ihm strähnig in die Stirn. Die dunklen Augen in seinem blassen Gesicht lagen tief in den Höhlen, irgendwie sah das krank aus.

„Haben sie sich wieder erholt?", fragte Engels und sah abwechselnd in beide Gesichter.

Nichts. Das war alles was zurückkam.

„Alles gut", knurrte Waechter irgendwann kampflustig.

„Jedenfalls sollen wir euch auf Stand bringen, und wenn der Oberstaatsanwalt meint…"

Er drehte den Kopf, dann wanderte sein Blick weiter auf den Mann neben sich. „Das ist Jens Pohl …äh…mein bester Zielfahnder", sagte er kurzangebunden, „der kann euch sicher alle Fragen beantworten." Waechters Gesicht wirkte auf einmal noch kantiger.

„Dann fangt mal an."

Vorsichtig warf er Back einen Blick zu. Nacheinander schüttelten sie sich dann alle die Hände.

Die Dielen knarrten laut und Engels sagte mehrmals: „Mm..."

Jens Pohl begrüßte Sabine Back zuerst. Bei Max Engels wurde er wieder ernst. Roland Waechter schickte ihnen eine Wolke Tabakdünste entgegen, und für einen Moment hielt Engels wirklich die Luft an, aber er sagte nichts. Er hatte nicht viel geschlafen, nur im Sessel gedöst, zusammen mit einer Flasche Single Malt.

„Sind sie soweit?"

Knorrig setzte Engels sich Waechter gegenüber, und lächelte verhalten, dunkle Augenringe im tiefen Grau.

„Wir sind ganz Ohr."

„Wie weit seid ihr mit euerm Gruselfund?"

„Dazu kommen wir später."

Sabine Back wechselte das Thema und zeigte auf die aufgeschlagene Zeitungsseite, die auf dem Tisch neben Waechter lag.

„Das Geldvolumen aus dem organisierten Drogenschmuggel wird auf zirka zwei Milliarden Euro geschätzt", las sie laut vor, aber es verfing nicht.

„Warum funktioniert die Geldwäsche eigentlich so problemlos?"

„Die Szene ist einfach nicht zu kontrollieren", sagte Pohl über den Tisch hinweg. „Wir haben viel zu wenig Personal."

Er verdrehte die Augen und schickte Engels einem vorsichtigen Blick entgegen. „Sogar eine genaue Analyse ist schwierig."

„Verstehe", erwiderte Engels. „Aber wie wollt ihr die Situation dann noch hinbiegen?"

Er hatte seine Stimmlage leicht verändert, und Jens Pohl drehte sein Gesicht zu Waechter, ehe er antwortete.

„Wir tun was wir können."

„Natürlich wollen wir denen ihre Systeme austrocknen", sagte Waechter, „gerade jetzt sind wir mal wieder dabei eine Route dichtzumachen."

„Scheiße." Engels dachte an die Konsequenzen. „Dazu kann man wohl nichts sagen."

Pohl sagte nichts. Er starrte nur geradeaus, als hätte man ihm eine Adrenalininfusion angelegt.

„Es nervt … immer wieder dieselben Kamellen durchzukauen."

„Zunächst zum Aktuellen", begann Pohl kurz darauf. „Rolf Koffler, unser Spezi wird mit zwei offenen Haftbefehlen gesucht… "

„Warum sollte der den Spitzel für euch machen…", unterbrach ihn Engels.

„Hat sich so ergeben."

„Käfighaltung… sagen sie`s doch."

„Hey."

„Hören sie auf mit den…Nebelkerzen zu spielen." Engels Stimme klang seltsam in dem großen Raum. „Das nervt nur. Wir sind doch von der Staatsanwaltschaft bereits gebrieft."

„Der Kerl hat uns reingelegt."

„Was soll denn der Stuss?"

„Nach unseren Erkenntnissen ist Koffler …"

„Sind die Vorhaltungen echt?"

„Ach lassen wir das."

Pohl atmete laut aus und rollte mit den Augen.

„Was ist eigentlich euer Problem?"

„Koffler steht im dringenden Tatverdacht an der Verteilung von mindestens zwei Lieferungen beteiligt gewesen zu sein."

„Hören sie doch auf."

„Sachte Kollegen."

Sabine Back fand das nicht witzig. Nacheinander sah sie die Männer streng an.

„Werfen sie mal einen Blick auf die Landkarte", fuhr Roland Waechter dazwischen und es klang wie eine Zurechtweisung. „Offene Grenzen bis runter an die türkische Grenze", schnaubte er. „Und die Schmuggler aus Nordafrika gelangen mit ihren Schiffen unkontrolliert bis Hamburg."

„Es gibt einfach keine flächendeckenden Kontrollen auf den Seewegen, und auf den Autobahnen gibt es doch eigentlich nur noch Stichpunkt-Kontrollen."

Max Engels schwieg einen Moment, dann sagte er: „Das glaube ich auch alles, aber wenn ihr das alles kennt, warum laufen eure Ermittlungen dann trotzdem regelmäßig ins Leere?"

Unbehaglich blickte Waechter ihn an und drehte sein Gesicht dann etwas zur Seite. Der Drogenfahnder hatte ebenfalls dicke Ringe unter den Augen und war zwar sichtlich übernächtigt, aber er wirkte trotzdem seltsam zuversichtlich.

„Gleich..."

Engels verschränkte beide Arme im Nacken.

„Erzählen sie weiter, jetzt ich bin neugierig."

„Der Drogenmarkt wird immer unruhiger, und darauf haben wir uns einzustellen." Roland Waechter schloss einen Moment die Augen und öffnete sie wieder. Alle Freundlichkeit war aus seinem Blick gewichen.

„Das viele Bargeld wird durch Scheinfirmen gewaschen", setzte er an. „Firmengeflechte und Verschleierung sind die Basics, verstehen sie das?"

„Mehr habt ihr nicht?"

Engels Stimme wurde schärfer.

„Die Gelder werden mit Hilfe von verschiedenen Banken unauffällig vor allem in Bau- und Grundstücksgesellschaften investiert."

Engels trommelte mit einem Finger auf die Tischplatte.

„Und wer drückt dabei die Knöpfe?"

„Das war die Kurzfassung für sie."

„Anwälte kümmern sich um die Projekte, was glauben sie denn", sagte Waechter. „Diese Leute erledigen die juristischen Formalitäten bei den Geschäften", erklärte er. „Die bieten bei Firmen-Neugründungen All-inklusive-Service bis zur Bereitstellung von Personal und Strohmännern."

„Okay."

Engels ging nicht auf die Ausführungen ein.

„Die Stadt funktioniert als Drehscheibe", erklärte der Rauschgiftfahnder aufgebracht. „Hier hat man alles zusammen." Waechter legte seine Handflächen aneinander und trommelte dann leicht mit den Fingerkuppen. „Die Rohware, die Verteiler, das Geld und die Korruption."

„Das Geld?"

„Soll ich es ihnen erklären?", fragte Pohl dazwischen Der junge Mann klopfte mehrmals, wie tadelnd, mit seinem Kugelschreiber auf den Tisch.

„Versuchen sie es."

„Von hier aus werden die Märkte im Westen beliefert."

Nach ein paar Sekunden klappte Jens Pohl seinen Laptop auf und fast lautlos jagten seine Finger über die Tasten. Er warf einen Blick auf den Bildschirm.

„Europa ist Weltmeister im Kokainverbrauch", leierte er los. Nervös fasste er sich mit dem rechten Zeigefinger mehrmals an die Nase.

„Obwohl Haschisch mengenmäßig noch immer vorn liegt", stieß er aufgeregt hervor. „Man schätzt, dass mehr hundertfünfzigtausend Familien allein in Marokko ihr gesamtes Einkommen aus dem Anbau von Hanf und der Produktion von Cannabis beziehen."

„Das weiß ich auch schon."

Pohl taxierte Engels und wartete ab. Vor Erregung schob er seinen Kopf weit über den Tisch, und Engels roch plötzlich das Rasierwasser des Mannes. Der süße Geruch nach frisch gesägtem Holz. Bestimmt außerordentlich teuer.

„Alles im Auftrag der Kartelle."

Pohl hatte sich wieder beruhigt. „Was glauben sie, womit die Afghanen ihre Kriege finanzieren?" Mit gespreizten Fingern fuhr er sich mehrere Male durch die Haare.

„Nehmen sie ihren Kopf weg!"

Das Getue von Pohl ging Engels gehörig auf die Nerven.

„Gibt es nicht eine Broschüre, die wir später lesen können?"

„Ich mache nur meine Arbeit", sagte Pohl hastig. Er bekam Flecken im Gesicht und starrte Engels erstaunt an. „Ich soll sie doch gründlich informieren, oder nicht?"

„Dann tun sie das auch."

„Was wollen sie denn sonst wissen?"

„Der Markt ist doch seit langem aufgeteilt", fragte Engels. „Was ist mit dem synthetischen Zeug?"

„Läuft", antwortete Pohl. „Mit dem Drogenmüll und mit Metamfetamin wird noch viel mehr Geld verdient als mit allem anderen", sagte er. „Aber damit bringen sie ihre Kundschaft eben auch schneller um."

„Kriegen wir noch ein Problem?", fragte Engels.

„Das haben wir doch schon."

Pohl nickte. „Chrystal Meth ist der schnelle Tod. Und die Marktanteile verändern sich rasant. Der Umsatz damit steigt immer höher. Wenn wir nicht aufpassen überrollt uns der Scheiß."

„Gibt es deshalb Ärger in der Szene?"

„Von neuen Anbietern hört man immer mal, aber Chrystal passt nun mal in kein langfristig angelegtes Geschäftsmodell."

Plötzlich war es ruhig, und eine Zeitlang war nur das Summen der Klimaanlage zu hören.

„Was wissen sie über Haschisch?" Die Frage von Roland Waechter kam wie aus dem Nichts. Der Mann versuchte die Atmosphäre zu entkrampfen. Mit seiner Hand wischte er über den Tisch, als suchte er nach Krümel.

„Ich weiß noch wie man es raucht."

Hastig blickte Engels dem Mann ins Gesicht.

Jens Pohl zog laut die Luft laut zwischen die Zähne, und Roland Waechter sah durch Max Engels einfach hindurch.

„Unsinn", Back lachte und sagte: „Wir werden das Spielchen nicht mitspielen."

Verblüfft starrten alle am Tisch sie an. Im selben Augenblick streckte Pohl ihr mit einer Hand sein Mobiltelefon entgegen. Unbeholfen berührte er dabei mit seinem Knie ihr Bein.

Aber Sabine Back nahm es nicht weg.

„Darf ich mal reinsehen?"

Etwas überrascht nahm sie das Telefon von dem Mann entgegen und blickte auf das Display, auf dem ein ruckelnder Film ablief.

„Was ist das?"

„Sehen sie sich`s mal an."

Pohl Blick hatte sich verändert.

Back sah auf das Display und in das das störrische Gesicht eines hellhäutigen Mannes, der dicht umringt von Containern hinter einem Stapler stand.

Derjenige, der die Kamera hielt – filmte mit einem Weitwinkel. Sie begriff, dass der Film in einer Chemieküche gedreht war, irgendwo in einem namenlosen Gewerbegebiet. Im vorderen Teil lagen jede Menge Säcke aufgestapelt und daneben standen Kanister. Dann wurde der Bildschirm dunkel.

„So fröhlich sind die jetzt nicht mehr", sagte Pohl und steckte das Handy wieder in die Tasche. „Inzwischen sind die beiden Schmuggler tot."

Langsam entspannte der Mann sich wieder.

Sabine Back lachte ihn an und legte ihre Beine übereinander. „Sie können mich ruhig ansprechen", sagte sie. „Ich beiß` nie ohne Vorwarnung."

„Die EU hat Deals mit einigen nordafrikanischen Regierungen abgeschlossen", sagte Hauptkommissar Waechter und zog das Gespräch wieder an sich. „Die Staaten dort haben darauf Millionen Hektar Hanfanpflanzungen vernichtet."

„Das ist doch wenigstens ein Anfang."

„Was meinen sie was das für die Bauern bedeutet, die vom Anbau gelebt haben? Im Rif-Gebirge gibt es nicht viele Alternativen, und die Leute haben jetzt nichts mehr zu essen. Was machen sie also?"

Waechter verschränkte beide Arme hinter seinem Kopf und lehnte sich lässig zurück. „Was glauben sie was in den Ländern dort los ist?

Da keiner der Anwesenden etwas sagte, gähnte er einmal laut und zeigte allen sein Raubtiergebiss.

„Denken sie bitte daran, dass dort die gesamte Infrastruktur immer noch intakt ist."

„Kochen die jetzt auch alle Kokain, oder was?"

„Wahrscheinlich."

Pohl machte eine Bemerkung, die Engels nicht verstand und Waechter lachte laut auf.

„Ganz Nordafrika und die Westsahara sind zu Transitländern für den Kokainhandel geworden", sagte er dann, „und hier, genau da, wo wir jetzt sitzen, ist die Tür zu den Kunden."

Engels blieb fast die Spucke weg.

Pohl ergänzte: „Das gesamte Kokain kommt von den vermeintlichen Kakao- und Kaffeeplantagen aus Mittel-

und Südamerika. Praktisch alles auf dem Weg zu den Märkten in Europa geht durch Afrika, und übers Mittelmeer."

„Was fängt der Zoll ab?"

„Vielleicht zwanzig Prozent in Gibraltar, aber sonst… "

Die Bürotür flog auf und Till Keller erschien im Türrahmen. Sein Gesicht war hochrot angelaufen.

„Herrschaften", bellte er los, „jetzt mal herhören."

Ohne ein weiteres Wort kam er an den Tisch. Nur der Linoleumfußboden quietschte. Keller starrte nur auf Roland Waechter. Dann hob er den Kopf und sah alle Anwesenden der Reihe nach an.

Kollektives Luftanhalten. Die Stimmung in dem Zimmer veränderte sich augenblicklich.

„Wir haben noch zwei Morde!"

„Verdammt … "

Unbeeindruckt hob Keller eine Hand und stoppte weitere Zwischenrufe.

„Wisst ihr eigentlich noch wo sich euer Lastzug befindet?"

„Wollen sie mich verarschen, oder was?"

Waechter verzog keine Miene.

„Dafür habe ich jetzt keine Zeit."

Der Tisch knarrte als sich Keller mit beiden Armen abstützte. „Ich mache keine Scherze."

Eine peinliche Stille trat ein.

„Der Lastwagen steht wahrscheinlich auf einem Rastplatz bei Koblenz", durchbrach Pohl das Schweigen. Er blinzelte aufgeregt. „Natürlich haben wir die genauen Koordinaten."

„Die habt ihr eben nicht."

Keller streckte seinen gewaltigen Schädel weit nach vorne. „Die Aktion ist voll in die Hose gegangen." Sein Gesicht war plötzlich voller harter Kanten.

„Bitte?"

Roland Waechter lehnte sich noch tiefer in seinen Sessel und starrte den Oberstaatsanwalt misstrauisch an. „Was soll das denn heißen?"

Keller schüttelte den Kopf.

„Schaut mal her", brummte er und schlug den einfachen blauen Aktenordner auf, den er vor sich hingelegt hatte. „Das ist mir vor einer Stunde auf den Schreibtisch geflattert."

Damit ließ er sich in einen Stuhl sacken. Es dauerte einen Augenblick bis Hauptkommissar Waechter zurückfragte: „Und …kommt jetzt bald die Auflösung, oder wird das ein Quiz?"

„Leider nein."

Der große Mann massierte mit zwei Fingern sein Kinn.

Für einen Moment schloss er die Augen. „Wir haben gestern eine Zugmaschine mit Auflieger, gefunden, euern Lastwagen, um genau zu sein, und …beschlagnahmt."

„Wo?", kam Waechters Stimme wieder.

„Auf einem Parkplatz In der Nähe von …Ingolstadt." Kellers Stimme war rau geworden. „Direkt neben einem stillgelegten Flugfeld, was sagt ihr dazu?"

„Das wird übel." Engels Stimme war tonlos. Er kannte die Anzeichen, wenn bei Keller die Gewitterwolken aufzogen.

„Das ist doch die Hauptroute nach Wien", entfuhr es Waechter. „Ach du Scheiße."

„Was sagen sie…?"

Sabine Back hatte aufgehört sich Notizen zu machen, und legte ihren Unterarm auf den Tisch.

„Also doch."

Pohl fragte: „Gibt es Übereinstimmungen zu dem Doppelmord ...im Industriehafen?"

Niemand antwortete.

Nach einer Weile beugte sich der Oberstaatsanwalt angriffslustig zu Jens Pohl hinüber. „Was glauben sie?"

„Moment, Chef."

„Es war keine Ladung mehr drauf", sagte Keller. „Der Container war leergeräumt."

Erstaunt sahen sich die beiden Rauschgiftfahnder an.

„Klinken wir uns wieder ein."

„Dann leg mal los."

Waechter stand so abrupt auf, dass der Schreibtischstuhl an die Wand hinter ihm rollte.

„Woher...?"

Widerwillig blieb er stehen. Er war sauer, beruhigte sich aber wieder. „Warum haben die den Laster eigentlich gestoppt?"

„Weil zwei Männer unter dem Lastwagen lagen", sagte Till Keller und schnaubte. „Die Zivilstreife ist fast über die gestolpert."

Damit ließ Keller einen Stapel Fotos und mehrere Kopien über den schmalen Tisch segeln.

„Beide Männer tot, Kopfschuss aus nächster Nähe. Hier sind die Aufnahmen der Spurensicherung."

Nacheinander schauten sich alle die Fotos an.

„Sieht hässlich aus, was, so fast ohne Kopf."

„Sind die ...Leichen ...bereits ...äh identifiziert worden?", fragte Pohl.

„Bisher ist das unmöglich, es gibt auch keinerlei Papiere von den Männern."

„Gibt`s sonst Hinweise?"

„Nur mit viel Mühe konnten die Kollegen überhaupt feststellen, woher das Fahrzeug stammt."

„Also gibt`s noch keine Spurenlage."

Keller starrte offenbar in die Ferne, auf die Frage ging er nicht ein.

„Der Lastwagen ist auf eine Mannheimer Speditionsfirma zugelassen", sagte er nach einem Blick auf seine Notizen. „Tofexx-Cargo …

„Das ist der Laden..."

Nur zögernd streckte Waechter seine linke Hand hoch.

„Ganz sicher?"

Auch die Frage ignorierte der Oberstaatsanwalt.

Back sagte immer noch kein Wort.

Hastig überflog Pohl den Einsatzbericht.

„Ist das gesichert?""

Abwartend starrte der Oberstaatsanwalt in die Gesichter. „Irgendwo klingelt es bestimmt gleich", sagte er schleppend. „Da bin ich mir sicher."

„Ich glaube es trotzdem nicht."

Irritiert fuchtelte Waechter mit einer Hand.

„Eine Ladung ist verschwunden, und … Ende der Durchsage."

„Unser Sender ist noch aktiv…"

Waechter war genervt.

„Sehen sie sich den Bericht doch an", grinste ihn Keller plötzlich an. „Euer vielgerühmter Sender ist auf dem Rhein gelandet. Sonst ist nix passiert."

Seine Stimme wurde rauer. „In Karlsruhe wurde das Auto von Profis gecheckt, die Wände des Containers wurden aufgebrochen und den Sender hat man einfach auf den erstbesten Rheindampfer geworfen der vorbeifuhr."

Alle acht Augen stierten dem Oberstaatsanwalt entgegen.

„Egal", zischte er, „die KTU hat inzwischen das GPS ausgewertet." Keller sah Hauptkommissar Waechter noch eine Weile fest an, aber diesmal wartete er nicht auf eine Reaktion.

„Manchmal ist es echt einfach."

Till Keller war ein meisterhafter Pokerspieler. Insgeheim liebte er es auf diese Art zu bluffen. Er bewegte nur sein Kinn.

„Was wissen wir über diese …äh…Tofexx… eigentlich?" Plötzlich schabte er an seiner Unterlippe.

„Eine internationale Spedition, mehr nicht", kam es fast sofort über den Tisch. Waechter hielt sein Notizbuch aufgeschlagen vor sich. „Die transportieren Kaffee und vor allem Obst von Südamerika nach Europa."

„Und … was noch?"

„Das ist alles was wir haben."

„Gibt`s die Firma schon lange?"

„Das weiß ich nicht, Chef."

„Bestimmt machen die auch Luftfracht?"

„Was soll das?"

Schweigend starrten ihn alle am Tisch an.

Keller suchte Augenkontakt bei Back.

„Vielleicht sollte der Zoll mal nachfassen", sagte sie, die am schnellsten geschaltet hatte.

„Wie groß ist eigentlich der Fuhrpark von denen", fragte Keller aufgekratzt in die Runde.

„Merken die Leute nicht, wenn eines ihrer Fahrzeuge verschwindet?"

„Keine Ahnung."

Engels lachte leise vor sich hin.

„Kommt Kollegen, lasst uns einfach nachsehen. Vielleicht finden wir auch noch ein Flugzeug bei denen auf dem Hof."

Roland Waechter wirkte plötzlich arg gehetzt. Alle Gelassenheit an ihm war verschwunden.

„Dazu brauchen wir eine konzertierte Aktion", sagte er.

„Wen schicken wir raus?"

„Meine Leute kotzen eh schon vor lauter Überstunden." Waechter schüttelte sich verärgert. „Ich habe viel zu wenig Fahnder im Einsatz."

„Ein Zweierteam kümmert sich schon darum", sagte der Oberstaatsanwalt. „Ich habe den Kollegen Oser geschickt."

„Hoffentlich ist der Junge vorsichtig", ätzte Waechter gehässig.

„Lass es gut sein."

Sabine Back wurde bissig. „Das haben wir doch drauf. Diese Leute regen sich doch nicht groß auf, wenn die Straßenbullen anrücken. Die wissen doch genau, dass es erst unangenehm wird, wenn die Jungs mit den großen Autos vorfahren."

„Der Junge bringt das", sagte Engels. „Da bin ich sicher."

„Warten wir`s ab!"

„Ist die Kriminaltechnik noch vor Ort", kam Pohl aufgeregt dazwischen.

Back lachte auf. „Ich weiß, Kemmer und seine Leute sind manchmal arge Spielverderber."

Engels bemerkte, dass Keller allmählich die Beherrschung verlor. Der Oberstaatsanwalt verzog sein Gesicht und hielt seine Hand hoch wie ein Stoppschild.

„Dieses Theater hört jetzt auf", sagte er schmallippig.

„Sonst noch etwas?"

„Wir haben wirklich keine sichere Spurenlage. Nicht einmal die Fingerabdrücke in dem Führerhaus lassen sich den beiden Toten zuordnen."

„Wer kümmert sich auf dem Platz da unten eigentlich um den Flugverkehr?"

„Eingestellt."

Das war alles.

Engels zuckte mit der Schulter. „Aha, gut zu wissen", sagt er.

„Dann machen wir`s wieder der Reihe nach. Das Geschäftsmodell hat mich schon immer interessiert."

Waechter schüttelte den Kopf. „Wer braucht so einen Scheiß?" Den zweiten Satzteil schluckte er einfach.

„Dann noch mal zum Mitschreiben", begann Engels wieder. „Da zerschießt einer das Netzwerk … vor unseren Augen."

„Wer soll das sein …?"

„Wenn sie wollen, können sie den Bericht noch mal lesen."

10

Gerade war das Hallenlicht angegangen, und sofort wurde es noch lauter. Die ersten Spieler kamen aufs Eis. Auch Sabine Back wurde immer aufgeregter. Die Zeit des Wartens war vorbei. Tommi Pekarinen würde gleich zu seinem ersten Pflichtspiel-Einsatz kommen. Der Star-Verteidiger aus der Talentschmiede von Ilves Tampere war endlich fit, und alle warteten gespannt auf seinen ersten Auftritt.

Auch sonst war alles etwas anders als gewohnt. Back stand nicht im Block, sondern saß artig mit einigen Kollegen in der VIP-Box. Der Wirtschaftsförderer der Stadt, auch ein leidenschaftlicher Adler-Fan hatte die Mordkommission komplett zum heutigen Spiel eingeladen.

Nur Engels hatte sich gedrückt, aber Back hatte Richard Abel mitgeschleppt, und der saß mit einem breiten Grinsen in der Stuhlreihe vor ihr.

Die Arena war voll.

Till Keller hatte die Rolle des Gastgebers übernommen, stand fast nur am Fingerfood-Büffet, oder saß dort auf einem der hohen Hocker.

Gleich war Anpfiff. Der Stadionsprecher ging vom Eis. Die Fans klatschten und sangen die gleichen Lieder wie immer.

Wir warten auf euch.

Tausendfach. Die Stimmung war prächtig. Dann kamen noch mehr Cracks aus dem Spielertunnel, und bauten sich zum Bergrüssungsspalier auf.

Back starrt auf die Eisfläche. Eröffnungsbully! Die Sirene ertönte, und die Spieler fingen an zu rennen und zu drücken. Die *Pinguine* schoben zurück und wehrten sich mit Gegenpressing und harten Tacklings. Dann war der Puck zum ersten Mal im Tor.

„Tooooooor!"

Sabine Back setzte sich wieder und suchte Blickkontakt zu Abel. Der amüsierte sich prächtig. Auf der anderen Seite rutscht eine junge Frau nervös auf ihrem Sitz herum. Sie schrie und schwenkte ihren Schal. Als sich die Blicke der Frauen begegneten, hob sie spontan ihr Glas.

„Bier."

Arthur Kemmer, und zwei seiner Techniktruppe strahlten ebenfalls um die Wette.

„Wir sind bei euch."

Dann war das erst Drittel vorbei. Applaus. Atempause.

Während der Stadionsprecher Witze erzählte, kam die SMS. Back warf einen nur Blick auf das Display. Ausgerechnet jetzt! Sie flüsterte in Abels Ohr.

„Ich muss los."

„Aah."

Abel nickte mehrmals, aber drehte sich nicht um. Sonst störte es niemand.

Zwei Minuten später hastete Sabine Back die Treppen hinunter und rannte über den Parkplatz zu ihrem Wagen.

✱✱

Dammstraße. Genau auf der Grenze zwischen schmutziger Gegend und eleganter Uferbebauung. Kurze Fahrwege in alle Richtungen.

Es war schon arg dämmrig, als Back ankam, aber noch gab es vereinzeltes Tageslicht.

„Sorry, aber früher ging`s beim besten Willen nicht", erklärte die junge Frau beim Einsteigen, sie war fast atemlos wie nach einem Sprint um die Häuser.

Sabine Back taxierte die junge Kollegin. Carolin Greiner, achtundzwanzig Jahre alt, ein unscheinbarer Typ, das braune Haar zum Pferdeschwanz gebunden.

„Kein Ding", sagte sie, aber ihr Gesicht blieb ausdruckslos. „Glauben sie ernsthaft, dass das Mädchen hier auftaucht.

„Wenn es um Drogen geht …"

Greiner zuckt mit den Schultern. „Es ist doch egal wo wir anfangen, es ist eh nur ein Versuch."

Die beiden Frauen in dem schweren BMW fielen auf. Einige Passanten blickten neugierig und auch reichlich irritiert durch die Windschutzscheibe. Dann wandten die Leute sich ab und suchten das Weite.

„Interessieren sie sich für Eishockey?", fragte Back.

„Nö", antwortete Greiner. „Der Sport ist mir zu hart."

Mit dem Taschentuch wischte sie sich das Gesicht ab. „Wie das Spiel heute gelaufen ist, weiß ich auch nicht", sagte sie träge.

„Dann eben nicht."

„Okay", sagte Greiner, „dann machen wir jetzt mal einen Spaziergang. Ich zeig ihnen was."

Sie stiegen aus und liefen in ein paar Meter geradeaus.

„Die Nächste rechts."

So bogen sie ein in eine ruhige Seitenstraße und kamen an einen freien Platz. Gepflegte Rasenflächen, Blumenbeete, mit frischen Holzbänken davor. Daneben Häuser mit Balkonen und bunten Blumenkästen. Sprossenfenster, soweit das Auge reicht. Rechts von der Straßenecke stand ein großer Sandsteinbau, der stammte vermutlich aus der Jahrhundertwende.

Greiner steuerte zielsicher auf die erste Holzbank zu.

„Nehmen sie Platz", sagte sie und dann starrten sie nebeneinander auf das Sandsteingebäude und auf die Baumreihe daneben.

„Geht gleich los."

„Ist das die Schule?"

Greiner nickte.

Natürlich war das Sport-Gymnasium für Back ein Begriff. Eine der besten Adressen der Stadt, wenn man sein Abitur machen wollte.

„Sehen sie den flachen Zaun neben dem Schulhof?"

Hinter dem Zaun standen niedrige Bäume und hohe Büsche dicht beieinander.

„Was ist damit?"

„Aufpassen", sagte Greiner, „das geht gleich ganz schnell."

Schweigend warteten sie noch mehrere Minuten.

„Jetzt."

Am Zaun tauchten plötzlich drei junge Männer auf. Wie Studenten sahen die aus, trugen dunkle Kapuzenpullis und knautschige Umhängetaschen. Im nächsten Moment näherten sich noch weitere Personen. Augenblicklich bildeten sich mehrere kleine Grüppchen, die sich miteinander besprachen. Lässig gingen alle dann am Zaun entlang weiter. Bogen um die Ecke und waren weg.

Nach zwei Minuten war alles vorbei. Keiner mehr da, auch die Typen mit den Taschen nicht.

„Was war das denn jetzt?", fragte Back.

„Das Übliche", sagte Greiner. „Haschisch, Koks, und seit einigen Monaten kommt immer mehr Crystal."

„Crystal Meth?"

„Richtig."

Die junge Frau lachte etwas freundlos in sich hinein.

„Damit sind sie immer wach, verstehen sie." Greiner verzog das Gesicht. „Das Zeug kommt hier zu Spottpreisen auf den Markt. "

„Warum tun wir nichts dagegen?", fragte Back.

„Wir haben nicht genug Leute."

„Verstehe."

„Wo kommt das Zeug her, das so billig verkauft wird?"

„Crystal kommt aus Giftküchen aus dem Osten. Da können sie kaufen, so viel sie wollen."

Back warf ihrer Kollegin einen skeptischen Blick zu.

„Es kommt einem nur so tierisch weit weg vor, aber es ist unsere Realität", sagte Greiner. „Der Vertrieb wird natürlich von Westeuropa aus gesteuert. Kontakte, Infrastruktur und die Geldwäschemöglichkeiten sind hier vor Ort."

Back hatte plötzlich einen Kloß im Hals.

Eine Frau stakste auf hochhakigen Schuhen vorbei, den Blick hielt sie starr auf den Boden gerichtet.

„Das war hier schon immer so", sagte Greiner schnippisch. „Hat eine lange Tradition."

„Für Sozialromantik bin ich nicht zuständig", sagte Back. „Aber ich würde Susanna Thaler gerne das Leben retten."

„Sicher", sagte Greiner. „Aber vorher möchte ich ihnen noch was zeigen,"

Sie gingen zurück Richtung Auto.

„Wie lange machen sie den Job schon?"

„Seit fast drei Jahren." Greiner schnallte sich an. „Vorher war ich bei der Fahndung in Rostock."

„Ach nee."

Back drückte auf den Starter und gab Gas.

Es klapperte und schepperte, als sie über die Schienen für die Güterzüge fuhren. Ein paar Meter hinter den Gleisanlagen fanden sie dann eine traurige Gruppe Menschen. Die kauerten neben einem Gebäude, das aussah wie ein verlassener Wartesaal mit eingeschlagenen Fensterscheiben.

„Und jetzt kommen sie mal mit."

Beide stiegen aus und gingen hin zu der seltsamen Gruppe. Schweigen empfing sie und so stiegen sie einfach über die ausgemergelten Körper hinweg.

„Bitteschön."

Back sah sich um und schluckte. „Schönen Dank auch", sagte sie, „aber Susanna …ist hier bestimmt nicht dabei."

„Seien sie froh", sagte Greiner. „Crystal Meth gehört zum Schlimmsten, was auf dem Markt ist", flüsterte sie „Am Anfang wirkt es wie Heroin, macht aber unglaublich High, und ist viel, viel billiger als Heroin, aber noch brutaler."

Back sah sie an und sagte: „Was passiert jetzt?"

„Das wird man sehen."

Sie gingen weiter. Hinter zwei Blechcontainern standen noch einige Mauerreste von den alten Toilettenanlagen. Im Gang lag ein Pärchen. Die sahen furchtbar aus. Bleich wie Tote. Die Gesichter waren verfallen. Die beiden Körper lagen einfach nur reglos da.

„Wir müssen einen Krankenwagen rufen", sagte Back und holt dabei tief Luft.

„Machen wir."

Carolin Greiner berührte Back am Arm. „Das ist sowieso alles was wir tun können."

Sabine Back blieb neben dem BMW stehen während Greiner die Notärzte anrief. „In einem Jahr sind die wahrscheinlich sowieso alle tot", sagte sie. Die junge Polizistin drehte sich nicht mehr um.

„Nach dem vermissten Mädchen höre ich mich weiter um, versprochen."

Ohne ein weiteres Wort ging sie davon. Back sah ihr hinterher. Als der Pferdeschwanz um die die Straßenecke verschwunden war, setzte sie sich auch wieder in Bewegung und fuhr los.

Sie passierte zwei Strichjungen, die vor einer Imbissbude abhingen. Frührentner mit Bierflaschen, die ein Motorradrad bestaunten.

Sie sah einer schwarzen Nutte in einem kurzen engen Lederrock hinterher, und bemerkte noch zwei grellgeschminkte Frauen, die neben ihr aufgetaucht waren.

„Hoffentlich kommen wir nicht zu spät."

**

Die Tür zum K1 war nur angelehnt. Max Engels blieb einen Moment auf dem Flur stehen und versuchte noch immer, den heftigen Schmerz in seiner Seite zu ignorieren. Nach einer kleinen Weile streckte er seinen Kopf durch den offenen Türspalt und klopfte mit der Faust noch leicht gegen den Türrahmen.

Tom Oser war allein und saß an seinem Schreibtisch, schaufelte mit einer Hand Peking Nudeln aus der Faltschachtel und sortierte nebenbei noch lose Blätter.

Als es klopfte, drehte er sich um und sagte:

„Schön sie zu sehen, Chef."

Er sah nicht glücklich aus, und seine Haare waren noch zerzauster als sonst.

„Ich bin nicht ihr Chef."

„Kommen sie trotzdem rein?"

Engels zog die Schiebetür hinter sich zu und fragte: „Warum haben sie mich angerufen?" Er warf einen mäßig interessierten Seitenblick auf die Papierstapel vor Oser

„Weil nix geht."

Oser stellte die Nudelschachtel vor sich ab.

„Totale Sackgasse." Er atmete tief ein und wieder aus, dann sagte er dumpf: „Die Kundenlisten aus Kaufmanns Tennisschule geben auch nichts her."

„Am Anfang ist das doch fast immer so."

Engels wollte den jungen Kollegen aufheitern. „Gewöhnen sie sich dran, Kollege. Das Gefühl bleibt."

„Uns läuft die Zeit davon."

Langsam hörte Oser auf zu kauen und hantierte plötzlich hektisch an seinem Computer, er suchte etwas.

„Vielleicht ist das ein Ansatz", sagte er knapp und schwenkte den Monitor in Engels Richtung.

„Sehen sie selbst."

„Was …"

„Europas heißester Immobilienmarkt"

Beide Männer starrten auf die Buchstaben auf dem Bildschirm.

Nach anderthalb Jahren des Ermittelns und Anhörens hatte eine Spezialeinheit der Mannheimer Kripo an mehreren Orten an der Südwest-Tangente zugeschlagen, hieß es in dem Artikel.

Oser scrollte den Text weiter runter und las halblaut vor.

Über vierzig Personen waren festgenommen worden. Franzosen, Spanier, Italiener, Marokkaner, Ukrainer, Holländer und Deutsche. Sieben von ihnen waren Rechtsanwälte, mehrere Unternehmer. Eine russische Exportfirma war auch beteiligt. Man hatte zweihundertzweiundzwanzig Wohnungen und Häuser beschlagnahmt, vierunddreißig Luxuswagen, zwei Flugzeuge, eine Luxusjacht sowie Kunstgegenstände und Schmuck. Jo.

„Das habe ich so kommen sehen."

Engels räusperte sich, ging um den Schreibtisch und ließ sich schwerfällig auf einen Stuhl plumpsen, der knarrte.

„Das ist kein schlechter Artikel…aber auch keine Spur."

Oser verstand nicht.

„Läuft echt super, was?"

„Tänzer wird so schnell keine Ruhe geben", murmelte Engels.

Irritiert sah Oser ihn an.

„Mit was soll ich anfangen?"

„Von vorne."

„Ich war in der Hafenstraße", legte Tom Oser los und unterstrich seine Worte noch mit einer schwungvollen Handbewegung. „Tofexx"… sie erinnern sich?"

„Was meinen sie?"

„Die sind pleite", sagte der junge Kommissar laut. „Der Laden wird abgewickelt."

„Woher wollen sie das wissen?"

Plötzlich hatte Oser große Augen. Er blickte auf seine Unterlagen und lachte etwas, ohne Humor: „Die Leute dort sind beim Einpacken. Nicht ein Container steht mehr auf dem Hof, und Personal gibt`s auch fast keines mehr."

„Aber den Chef, den haben sie erwischt?"

„Eben nicht, aber wir sind ja hartnäckig."

„Haben sie sonst noch was?"

Osers Augen leuchteten plötzlich auf. „Rolf Ludwig Bauer ist der Vorturner bei denen."

„*Der* Bauer …?"

„Genau den meine ich", grinste Oser über den Tisch. „Allerdings hat sich der Geldsack schon abgesetzt."

„Reden sie weiter."

„Die Sekretärin hat sie sich verplappert."

Oser zwinkerte einmal.

Engels sah ihm in die Augen und sagte: „Sie sind ja ein richtig cooler Kerl, Tom Oser."

„Elke Sonnenberg heißt die Frau, die wusste zwar nicht viel über ihren Chef, aber als ich ihr die Fotos der beiden Leichen gezeigt habe, die uns die Ingolstädter-Kollegen gemailt haben, hat`s bei der geklingelt. Sie hat die beiden Männer erkannt."

Ruckartig setzte sich Engels zurück.

„Beide Fahrer ..."

Oser nickte noch einmal.

„Na also…"

„Trotzdem gibt`s bis jetzt nur Fahrkarten. Wir stochern nur im Nebel", sagte er frustriert. Verärgert schob er seine Tastatur beiseite und warf mit der anderen Hand die leere Faltschachtel in den Papierkorb.

„Als Bulle muss man das aushalten können. Ich dachte sie könnten das."

„Wenn ich an das verschwundene Mädchen denke…"

„Gibt`s eine Akte zu …Bauer?"

Oser rollte mit seinem Schreibtischstuhl ein Stück zurück. „Nicht viel", sagte er. „Waren wohl mal wilde Zeiten gewesen, bei dem, aber davon ist nichts übriggeblieben.

Seit Jahren investiert er in Logistik und Immobilien. Ansonsten ist der Mann gut vernetzt."

Engels schickte ein, „Verdammt, gut gemacht", über den Tisch und Oser errötete tatsächlich.

„Langsam ausatmen…"

Abwehrend hob Oser beide Arme.

„Schreiben sie Bauer zur Fahndung aus.", entschied Engels. „Für den Haftrichter lass ich mir was einfallen."

„Ich glaube mir geht`s schon wesentlich besser."

„Hallo!"

„Beim Zoll habe ich auch rumgebohrt." Oser blätterte weiter in den Papieren. „Die Kollegen haben die Spedition zwar turnusmäßig überprüft, aber es gab nie irgendwelche Ungereimtheiten."

„Haben die Herrschaften was für uns?", fragte Engels.

„Wenig." Oser riss sich wieder aus seinem Gedankengang. „Aber der Kreis schließt sich."

Engels trommelte mit den Fingern auf den Schreibtisch. Plötzlich erhob sich und ging zum Fenster. Von dort sah er hinunter in den Hof.

„Hören sie mal zu."

„Was …?"

„Die beiden Einbrecher sind aber nicht durch die Kopfschüsse gestorben." Engels schob sein Kinn noch weiter nach vorne.

Oser fuhr herum.

„Sondern durch Atemlähmung aufgrund einer Überdosis Morphium." Engels sprach einfach weiter.

„Wieso wissen sie das so genau?"

„Ich habe es überprüfen lassen", sagte er dann noch, „und die Blutanalyse habe ich mir von Dr. Schmieder ausführlich erklären lassen."

„Eine Überdosis Morphium …und warum dann noch Blei in den Kopf?" Oser sah echt erstaunt aus, sein Mund stand leicht offen.

„Na?"

„Da wollte einer zwei Risiken ausschließen." Tom Oser zerdrückte einen Fluch zwischen den Lippen. „Die Einbrecher hatten sich doch sicher ein Gegengift gegen das Gas gespritzt, nicht wahr?"

„Davon können sie ausgehen", erwiderte Engels. „Bei der Blutuntersuchung wurden in den beiden Männern vom Hafen auch Spuren von einem Naloxonderivat gefunden."

„Wieviel Pillen muss man denn schlucken für die Fahrt in den Hafen?" Oser überlegte nur kurz. „Das Gegengift muss doch wesentlich länger gewirkt haben."

„Jedenfalls hat die Zeit ausgereicht um die beiden Mitwisser zu beseitigen."

Darauf schwiegen die Männer eine Weile. Das flaue Gefühl in Engels Magen ballte sich zu einer eisigen Faust zusammen.

„Die Gasattacke war also doch ein gezielter Mordanschlag, der Einbruch nur die Tarnung."

„Die Dosis der beiden Kerle hätte einen ausgewachsenen Bullen umgehauen."

Arthur Kemmer kam in das Zimmer geschlurft. Ohne ein weiteres Wort blieb er neben dem Schreibtisch von Oser stehen und starrte für einen Moment auf die Tischplatte. „Der Blocker hat nur eine oder zwei Stunden geschützt", lächelte er freudlos. „Grausam, aber plausibel."

„Ah, jetzt wird`s interessant."

Oser griff nach der Tischkante und zog sich wieder an den Tisch zurück.

Kemmer lächelte eisig und sagte: „Und es wird noch besser."

Oser runzelte die Stirn. Dann bewegte er plötzlich seinen Kopf, drehte ihn nach links, dann nach rechts, als werde er gezwungen, aus einem schönen Traum zu erwachen.

„Aha", sagte er gereizt. „Und nennen sie uns auch gleich noch das Motiv?"

„Das nicht", sagte Kemmer, „aber die Morde an den Männern in den beiden Tofexx-Lastwagen passen tatsächlich zusammen."

Er streckte den Arm aus und ließ einen dünnen Schnellhefter auf die Schreibtischplatte fallen.

„Es wurde in beiden Fällen dieselbe Waffe benutzt."

„Was …?"

Oser öffnete den Aktendeckel und begann aufgeregt zu blättern.

„Die Merkmale auf den Projektilen sind identisch", sagte Kemmer und ein Lächeln huschte über sein Gesicht."

„Außerdem wurden alle vier Opfer mit Spezialmunition erschossen." Mechanisch fuhr er sich mit zwei Fingern durch seinen Kinnbart.

„Sprenggeschosse mit Vollmantel."

Engels schlug mit der flachen Hand einmal gegen die Wand.

„Ach du Scheiße."

Der Techniker warf einen Blick auf den Computerausdruck, den er in seiner rechten Hand hielt.

„Kaliber 9 mm, aber keine Standardmunition."

Engels sah ihn an und holte scharf Luft.

„Was muss ich mir vorstellen?"

„Jedenfalls nichts Gutes."

Arthur Kemmer warf Engels einen vorsichtigen Blick zu. „Die Ballistiker probieren zwar noch einiges aus", sagte er, „aber man hat mir bereits angedeutet, dass mit der Waffe sogar ein Leichtgewicht präzises Schnellfeuer abgeben kann."

„Warum haben die den Killer so nahe herankommen lassen?" Oser saugte er an seiner Oberlippe. „Das verstehe ich nicht."

„Die haben sich gekannt, ganz einfach", sagte Engels von seinem Platz aus. Er zog an der Strippe der Jalousie, doch in der Mitte hingen ein paar Lamellen schief und klemmten. „Manche Fehler lassen sich eben nicht mehr korrigieren."

Oser zuckte mit der Schulter und warf die Mappe wütend zurück auf die Schreibtischplatte.

„Was gib`s sonst noch Erhellendes?"

„Das ist zwar noch nicht restlos gesichert", sagte Kemmer, „aber offensichtlich ist der Verschluss in der

Waffe nicht aus Metall, sondern aus einem Kunststoffgranulat."

„Der Schießprügel ist also leichter, meinen sie das?"

„Genau, aber ich meine nicht nur das Gewicht", antwortete Kemmer. „Die Waffe ist technisch verändert worden. Man hat eine spezielle Abzugstechnik angebracht, und damit kann man eben dann auch Spezialgeschosse verschießen."

„Was heißt das genau?"

„Mit so einem Geschoss erreicht man auch auf kurze Distanzen eine ungeheure Durchschlagskraft", erklärte der Techniker.

„Militärqualität?"

„Garantiert!"

„Hölle."

„Da brauchen sie nicht mal mehr genau zu treffen. In Neunundneunzig Prozent aller Fälle bringt der Schock sie bereits um."

„Also … ein Profikiller?"

Tom Oser stand plötzlich kerzengerade und legte die Hand neben die Tastatur.

„Darauf würde ich wetten."

Kemmer zog einen verschlissenen Stuhl heran und setzte sich.

„Mir ist so ein Teil jedenfalls noch nicht untergekommen."

Dann war er für ein paar Sekunden still.

„Die Munition können sie auch nicht im freien Handel beschaffen", begann er wieder."

„Ich versuch`s mal im Darknet."

„Aha."

Unbehaglich drehte Kemmer den Kopf.

Engels sah beide skeptisch an.

„Warten sie mal…!"

Aber Kemmer wartete nicht. Er war noch nicht fertig.

„Die Angelegenheit entwickelt sich eh in eine seltsame Richtung. Finden sie nicht?"

„Geht`s also doch um Rauschgift?"

Engels stieß ein bisschen Luft durch die Zähne.

Tom Oser lachte laut auf. Es war ein kurzes, trockenes Geräusch.

„Um was denn sonst?"

„Wer mischt hier wen auf?"

Alarmiert blickte Oser wieder hoch.

„Es gibt einige Konflikte."

Engels schüttelte den Kopf.

„Ich meine …wo kommt der Angreifer her?"

Aber Oser ließ sich nicht abschalten.

„Ich fürchte, wir müssen und beeilen und viel Glück haben. Sonst werden wir nur Zuschauer bleiben."

„Irgendwas an der Geschichte erinnert mich an eine Auseinandersetzung zwischen zwei arabischen Großfamilien", sagte Engels.

Er kam an den Tisch zurück und setzte sich langsam. „Im Ruhrgebiet gab es mal eine ähnliche Geschichte, da war ich beim Aufräumen dabei."

„Dann können wir höchstens noch den Müll rausbringen. Aber das war es dann auch."

„Ich habe nicht gesagt, dass es leicht wird."

Schärfe schlich sich in Engels Tonfall und straffte die Erschöpfung in seinen Augen Lügen. „Ich addiere lediglich die Fakten."

Der Stuhl unter ihm ächzte.

„Es gibt da noch eine Überlegung."

„Raus damit."

Oser ging zum Kühlschrank. „Noch jemand…?"

Kemmer nickte. Oser öffnete das Eisfach und nahm mehrere kleine Wasserflaschen heraus. Jeder bekam eine zugeworfen. Engels kühlte sich damit für einen Moment den Nacken. Dann tranken die Männer sich zu. Danach drehte Oser sich bis dicht vor der Fotowand, dort blieb er stehen.

„Todesangst ist eine tiefe Empfindung", sagte er und starrte auf die Aufnahmen der vier Opfer. „Hier sehe ich nichts davon."

Mit seinem Zeigefinger pochte er auf die streifigen Schwarzweiß-Fotos. „Es gibt auch keine Fingerabdrücke und DNA-Spuren haben wir auch keine gefunden." Nachdenklich schwenkte er um. „Und ich frage mich immer noch wie die Kerle auf Kaufmanns Grundstück gekommen sind. Woher hatten die den Zahlencode für das Tor?"

„Die hatten einen Generalschlüssel."

„Oder sie kannten die Lebensgewohnheiten der Familie."

„Auch richtig, haben sie sonst noch Vorschläge."

Aber Oser ließ sich nicht ködern. „Ich hätte erstmal auf die Sicherheitsfirma getippt", sagte er und kam langsam wieder an seinen Schreibtisch zurück. „Es passiert doch immer öfter, dass solche Codes verkauft werden."

„Viel zu einfach, Kollege."

Engels winkte ab.

„Die Mörder haben alle Spuren verwischt, und hinter sich noch sorgfältig aufgeräumt."

Tom Oser setzte sich wieder, griff nach einem der Aktendeckel, blätterte und sagte: „Die Erklärung liegt in dem Safe." Nach einer etwas betretenen Pause blickte er noch einmal zu Engels hinüber. „Da bin ich mir sicher."

„Langsam."

„Jetzt sollten wir das LKA einschalten."

Arthur Kemmer starte an den beiden Gesichtern vorbei. „Ich denke Ian Kaufmann hatte ein fieses Geheimnis", sagte er und kratzte sich mit dem Daumen unter seinem rechten Auge.

Mindestens eins…, dachte Engels, und das hat er mitgenommen in die Ewigkeit. Laut sagte er: „Erst rede ich mit Till Keller."

„Soll ich sie fahren."

„Und wer macht Stallwache?"

Oser seufzte laut und blieb sitzen.

11

Als der Anruf kam, saß Max Engels bereits seit Stunden im Halbdunkel. Es war ohrenbetäubend und Sabine Back zog alle Register.

„Die Spusi hat die Tatwaffe gefunden", legte sie direkt los. „Eine Militärpistole mit abgefeilter Seriennummer."

„Was meinen sie …?"

Engels war unkonzentriert. Die Schmerzen machten ihn fast wahnsinnig, aber seine Stimme klang schlaftrunken.

„Die Automatik lag nicht weit von dem Lastwagen entfernt in einem Abfallbehälter", sagte Back. Das Magazin war noch halbvoll."

„Ein alter Trick, die Tatwaffe am Tatort zu lassen."

Engels bewegt nur seinen Kieferknochen, aber er schaltete seinen Rechner ein. Die Programme starteten. Langsam erwachte der Bildschirm vor ihm. Farbige Balken zuckten auf.

„Sonst irgendwelche Spuren?"

„Hoffentlich …", sagte Back. „Obwohl ich mir das nicht vorstellen kann. Die Profikiller sind ja nicht blöde."

„Ist die Waffe registriert?"

„Nein, aber Kemmer ist sicher, dass die Knarre aus alten NVA Beständen stammt."

Engels hörte sie laut ausatmen und wartete.

„Der muss es ja wissen", sagte er.

„Sie sagen es."

„Geben sie mir ein paar Minuten."

„Lassen sie …", hörte er noch. Dann war die Verbindung unterbrochen.

Zwei Minuten später verließ Engels das Zimmer. In seinem Bein wühlte der dumpfer Schmerz, der bis in die Hüfte hinaufzog. Er kaufte sich eine Schachtel Schmerztabletten in der Apotheke, und einen halben Liter Cola an der BP-Tankstelle auf der anderen Straßenseite.

Als er in die Eingangshalle zurückkam, stand Back mit dem Rücken vor den Fahrstuhltüren und wartete auf ihn. Sie trug ihren marineblauen Hosenanzug, knallrote Pumps und ein weißes T-Shirt. Sie sah sehr schön aus.

Back sah ihn an und sie schüttelten sich die Hand. „Ist alles in Ordnung?"

„Ja."

Sie gingen den Eingangsbereich entlang, und dann durch eine Seitentür in ein Wäschelager und hinaus auf die Straße. Auf dem Seitenstreifen stand der BMW. Als sie heranwaren öffnete Engels die Tür und kletterte steifbeinig auf den Beifahrersitz.

„Los, fahren wir."

Ohne ein weiteres Wort, spülte als zwei Schmerztabletten mit Cola runter. Ein Lichtfleck fiel auf sein Gesicht, und auch ein wenig Schatten. Der Krieger am Start. Back gab zu viel Gas und der BMW ruckelte los.

Wütend starrte sie in den Rückspiegel.

„Warum sagen sie nicht, dass es ihnen schlecht geht?"

„Mir geht`s super."

Ihr Gesicht fing an zu glühen. Mit mehr Wucht als nötig rammte sie den Gang ins Getriebe, sah Engels schräg aus den Augenwinkeln an und schüttelte den Kopf.

„Die Schattenwelt läuft täglich vierundzwanzig Stunden auf Hochtouren… ", begann sie nach einer kleinen Weile wieder.

„Erklären sie mir jetzt was sie vorhaben?"

„Es ist nur ein Versuch."

Engels Gesicht wurde noch kantiger. Während seiner Dienstzeit hatte er oft solche Verhöre geführt. Deshalb fiel das auch in seinem zweiten Berufsleben in seine Zuständigkeit. Aber Back wollte ihn nicht nur wegen seiner speziellen Erfahrungen dabeihaben.

Sie versuchte ein Lächeln und sagte: „Bei Crystal Meth setzen wir an, und dann warten ab was uns noch entgegenfällt, ganz einfach."

Der Verkehr war dicht, es herrschte fast schon Stau. Engels kurbelte sein Fenster hoch und stellte die Klimaanlage höher. Das Thermometer am Armaturenbrett zeigte eine Außentemperatur von neunundzwanzig Grad.

Back wischte sich mit dem Handrücken übers Kinn.

„Die Hitze macht mir zu schaffen."

„Es bleibt aber so heiß."

Nach zwanzig Minuten hatten sie Stadtgebiet hinter sich gelassen, und fuhren durch ein neues Gewerbegebiet und hoch aufragende Wohnblocks. Die Straßen waren abwechselnd gut und katastrophal.

Am Herrenried wurde Back langsamer. Als sie auf dem Seitenstreifen eine Lücke gefunden hatte, schlug sie das Lenkrad scharf ein und bugsierte den BMW rückwärts auf den freien Platz. Zwei umgefallene Müllsäcke lagen auf dem Gehsteig hinter ihr.

„Ich steh auf dem alten Kasten."

Einen Moment lang musterte Engels den strahlenförmigen Sandsteinbau vor sich. Um die gewaltigen Gebäude zog sich eine meterhohe Mauer, die zudem noch von einem Elektrozaun und Stacheldraht gekrönt war.

„Wie man`s nimmt ..."

Sabine Back ließ den Satz unvollständig. Mit einer nervösen Geste sah sie Engels an, als müsste er sie verstehen.

„Meinen sie, der Bursche ... macht eine Aussage?"

„Jedenfalls glaubt es der Oberstaatsanwalt."

Back zuckte mit den Schultern, als wollte sie ihre Ansicht bestätigen.

„Dann versuche ich mich mal einzustimmen." Etwas unwirsch öffnete Engels die Autotür.

„Was wissen sie von dem Typ?"

„Alles was in seiner Akte steht", sagte Back. „Rolf Koffler ist ein Milieugewächs, und sein Strafregister ist länger als mein Heimweg."

Engels stieg aus und machte seine Jacke zu. Herausfordernd sah er die Frau neben sich an.

„Seine Ex-Freundin nennt ihn einen sehr labilen Charakter", sagte er abwartend. „Von seinen Machenschaften hat sie natürlich nichts mitbekommen."

„Woher haben sie das?"

„Ich habe so meine Quellen."

Back bewegte ihren Kopf etwas.

„Koffler kommt vom untersten Rand der Nahrungskette", begann sie wieder. „Alle, die mit ihm in Berührung kamen, hat er zu sich in den Dreck runtergezogen." Damit ging sie an Engels rasch vorbei und auf das Tor zu.

Max Engels nickt, aber eher so in sich rein.

„Hoffentlich ist die Verpflegung gut", sagte er als er Back wieder eingeholt hatte. „Manche Leute brauchen nämlich Jahre um durch die Straße hier zu kommen."

„Ist das so?"

Back ging nicht auf den Scherz ein. Sie blieb stehen und schielte an der Mauer hoch, dann klingelte sie und gleich darauf raschelte es in der Leitung.

„Haben sie die Vernehmungsprotokolle gelesen?"

Engels versuchte in ihr Gesicht zu sehen.

„Noch nicht", antwortete sie. „In unserem System war noch nichts eingepflegt.

„Mal sehen was Waechter von dem Jungen übriggelassen hat."

Sabine Back nickte leicht und hielt dabei geschickt ihren Ausweis in die Kamera, dann blieb es eine ganze Weile still. Es dauerte vierzehn Sekunden, bis sich das elektronische Tor öffnete.

„Vielen Dank, meine Herren", zwitscherte sie in die Sprechmuschel und ging hüftschwingend weiter.

Sie wussten beide, dass sie nicht nur aus den Zellenfenstern beobachtet wurden. Die wenigen Meter bis zu dem eigentlichen Gefängnisgebäude legten sie nebeneinander zurück. Dort zwängten sie sich durch die Eingangsschleuse und befanden sich in einem engen Empfangsraum vor der großen Torwache.

Vor ihnen ein Metalldetektor in Form, eines Torbogens. In dem Raum dahinter saßen drei uniformierte Justizbeamte und starrten ihnen gelangweilt entgegen.

Es gab kein Fenster, nur elektrisches Licht.

„Die Staatsanwaltschaft hat sie avisiert", sagte einer der Beamten. „Ihre Waffen können sie in die Spinde ablegen", fügte er gestelzt hinzu, „und sie müssen sich noch eintragen.

„Wir kennen das Procedere." Engels trat vor und übergab die Halbautomatik, dann setzte er seinen Namen auf ein Formular ohne es durchzulesen.

Sabine Back löste das Holster an ihrem Gürtel, und legte die SigSauer mit dem kurzen Lauf, einfach in ein Schließfach.

„Dass mir keiner die Waffe anrührt."

Niemand lachte.

Gleich darauf öffnete sich die breite Metalltür. Dahinter erstreckte sich ein langer, tunnelähnlicher Gang, der noch abstoßender wirkte als der Empfangstraum. Eine Klimaanlage klapperte. Einer der Justizbeamten streckte den Arm aus.

„Nicht stehenbleiben", klang es blechern aus dem Lautsprecher, „zügig weitergehen, geradeaus."

Die Stimme kicherte noch einmal hämisch. Dann war es still.

Engels übernahm die Führung und betrat den Gang als erster. Der Boden war glatt. Als sie um die Ecke bogen standen sie vor einer weiteren Gittertür. Noch einmal ertönte ein heller Ton, und die Tür vor ihnen sprang auf.

Der Besucherraum war wie eine großer offener Bereich, kahl und trostlos. An der Decke leuchteten schwache Neonröhren. Der Fußboden hatte dieselbe Farbe wie der im Korridor, aber die Wände waren heller. Nicht ein Bild war aufgehängt. Aber eine Reihe leerer Stühle standen an der Längsseite. Und es roch penetrant nach Bohnerwachs.

Sabine Back starrte in den Saal und sah den Häftling zunächst gar nicht. Rolf Koffler kauerte im Halbdunkel an einem der niederen Tische.

„Wie lange soll ich denn noch warten, he."

Back zuckte etwas zusammen, als sie bemerkte wie lüstern der hagere Junge sie anstarrte.

„Rolf Koffler", sagte sie mechanisch und ging ein paar Schritte auf den Mann in der blauen Häftlingsuniform zu. „Wollen wir zusammen ein Foto machen?"

„Kein Problem, Gnädigste."

Koffler hatte rote Pickel in seinem Gesicht. Genervt starrte er der Frau entgegen.

„Haben wir ihren Zeitplan durcheinandergebracht?"

Sabine Back knipste ihr Lächeln einfach aus.

„Bis du echt, Blondie?"

Rolf Koffler verdrehte die Augen, aber blieb sitzen.

Er war unrasiert und er schwitzte stark. Auch seine Augen konnte der Mann nicht lange stillhalten. Unruhig huschten die umher. Ständig.

„Dann komm mal her… "

„Denk nicht mal daran", fuhr Back ihn an, fast zu heftig, „gewöhn dich besser an die Enthaltsamkeit, oder willst du hier als Miss *Landes* Karriere machen?" Leicht angewidert starrte sie dem Häftling ins Gesicht.

„Sorry", kicherte Koffler halbherzig. „Ich wollte nur freundlich sein."

„Behalt`s für dich, Okay." Backs Mund verzog sich zu einem Fletschen. „Ich bin Sabine Back von der Kripo und das ist mein Kollege Max Engels."

Koffler putzte sich die Nase und starrte vor sich hin. Es dauerte eine kleine Weile bis er lauernd fragte: „Eine Hand wäscht die andere, oder?"

„Nicht bei uns", griff Engels ein.

„So läuft das nicht."

Er kam auf Koffler zu und gab ihm die Hand. „Erzähl uns was Interessantes, dann werden wir sehen was sich machen lässt", fast gleichgültig klang das, „aber lass deine Hände auf dem Tisch."

Rolf Koffler wirkte wie ein scheuer Schuljunge. Er erhob sich langsam und arg widerwillig. Lustlos nahm er Engels Hand, sah dabei aber die ganze Zeit Sabine Back an.

„Was ist?"

„Ich will die Hände sehen."

„Was soll der Scheiß", zischte Koffler und drehte die Handflächen nach oben. „Sehen sie Chef, ich zittere nicht, alles okay."

„Wir wollen jetzt was hören." Engels ließ nicht locker. „Verstehest du was ich sage?"

„Duzen sie mich nicht andauernd", sagte Koffler aufgeregt.

„Meinetwegen." Engels lachte. „Du kannst mich aber auch Max nennen, wenn du dich traust."

Koffler schloss die Augen und schüttelte den Kopf. „Mich interessiert eh nur wann ich hier rauskomme."

„Das dauert noch. "

„Ihr wollt doch was von mir, oder?"

„Verdunklungsgefahr junger Mann."

Engels gab sich höflich, und er betrachtete Koffler genau.

„Der Haftbefehl wird gerade erweitert. "

Damit setzte er sich an den Tisch.

„Alles verstanden?"

„Habt ihr wenigstens was zu trinken dabei."

„Packen sie mal schön aus…wir sagen dann schon wenn es reicht." Engels rückte seinen Stuhl näher an Koffler heran.

„Das ich nicht lache."

„Wer bringt das Crystal hier auf den Markt? Und wo kommt das Zeug her?"

„Damit habe ich nichts zu tun", begann Koffler beleidigt zu nörgeln. „Das habe ich schon gesagt." Auf seiner Oberlippe hatte sich ein feuchter Film gebildet „Was soll das …?"

„Crystal…"

Back und Engels schwiegen.

„Denken sie nicht daran."

Max Engels beugte sich abrupt vor und packte Koffler am Armgelenk.

„Was soll das?"

„Was macht die Verletzung?", fragte Back.

Koffler machte sich frei, zog die Ärmel über die Hände und die Knie unters Kinn. Um sein rechtes Bein war ein dicker Verband gewickelt.

„Ich habe Glück gehabt", sagte er. „Es ist ein glatter Durchschuss und zum Glück nur eine Fleischwunde."

„Bestimmt ein gutes Omen", murmelte Engels.

„Es tut trotzdem höllisch weh", blaffte Koffler. „Die haben mich gelinkt, die Scheißkerle", legte er dann los. „Ich habe Waechter alles erzählt was er von mir wissen wollte. Aber trotzdem werde ich nicht verlegt."

Aufgebracht zog er Luft zwischen die Zähne. „Wissen sie was das für mich bedeutet, hier drin? Sie müssen mich in einen anderen Knast verlegen. Hier überlebe ich nicht lange."

„Erstmal müssen sie mit uns reden."

„Ich muss gar nichts."

„Dann sollten sie besser mit ihrem Anwalt sprechen." Back war plötzlich sehr distanziert. „Der beschützt sie bestimmt."

„Wollt ihr mich erpressen? Dann sag ich kein Wort mehr. "

„Wir machen nur unsere Arbeit …"

Mit einer Geste unterbrach Koffler sie wieder. „Sie müssen mich schnellstens hier rausholen."

Sein Blick flackerte.

„Ohne Garantieren sage ich gar nichts mehr."

„Was für Garantien sollen das denn sein?"

Koffler überlegte.

„Haben sie Zigaretten?", fragte er.

Engels gab ihm eine und rauchte auch selber mit.

Nach ein paar innigen Zügen war von Kofflers Zigarette nur noch Asche, Qualm und ein zerdrückter Filter übrig. Achtlos ließ er den Stummel in den Aschenbecher fallen.

„Okay, dann passen sie jetzt mal auf", sagte er nach einer kleinen Pause.

„Es geht nicht um das Straßengeschäft, verstehet ihr?" Mit der Zunge fuhr er sich über die Lippen. „Eine neue Struktur wird aufgebaut. Riesig, sage ich euch, und es gibt auch neue Vertriebswege nach Westen."

„Wer steckt dahinter?", fragte Engels. „Sag schon."

Koffler war grau geworden im Gesicht.

„Das kriegt ihr nicht gestoppt."

Er lehnte sich zurück in seinem Stuhl und verschränkte beide Arme vor der Brust. „Da wird klotzig Kasse gemacht."

„Das reicht nicht."

„Chrystal …ist eben viel billiger als jeder andere Stoff, und jetzt ist Ende der Durchsage."

„Also darum geht's."

Back schüttelte den Kopf.

„Dann eben auf die harte Tour."

„Ich sag nichts mehr."

„Und die Platzhirsche lassen sich so einfach so aus dem Markt drängen?" Max Engels starrte Koffler in die Augen, aber zögerte einen Moment, bevor er sich erhob.

„Wenn sie nicht mehr zu bieten haben, sollten wir das hier wohl besser abbrechen?", sagte er schleppend.

„Mir reicht`s auch."

Auch Sabine Back stand auf und wandte sich schon in Richtung Ausgang. „Behalten sie ihren Scheiß."

„Warten sie", sagte Rolf Koffler, noch bevor sie sich vier Schritte entfernt hatten.

Angespannt blickte er von Back zu Engels und wieder zurück.

„Sie verstehen das nicht", sagte er.

„Wollen sie jetzt endlich anfangen?"

„Okay."

Koffler nickte langsam, er saß da, als sammle er seine Kräfte, und dann erzählte er ihnen in groben Zügen seine Geschichte.

„Das wissen wir doch längst", sagte Back verständnisvoll, während sie Notizbuch und Stift aus ihrer Tasche holte. „Das steht doch alles in ihrer Akte, haben sie das schon verdrängt?"

Rolf Koffler grinste.

„Damals waren sie noch nicht straffähig", sagte Sabine Back und lächelte dünn. „Das hat sich inzwischen ja geändert, und den Unterschied zwischen Fürsorge und Knast werden sie merken."

Koffler wand sich unbehaglich und wirkte auf einmal gehemmt.

„Ersparen sie uns den Schmus."

Engels veränderte seine Sitzposition. „Wir wissen doch alle drei was für sie auf dem Spiel steht."

„Von irgendetwas musste ich … leben."

„An vernünftiger Arbeit haben sie wohl kein Interesse mehr?"

Wieder lachte Koffler grell auf.

„In dem Land brauchen sie nur Geld", sagte er ernst. „Alles andere hat … Jörg für mich geregelt. Der hat auch die Entschuldigungen unterschrieben."

„Onkel Jörg …" Engels zwinkerte Koffler zu. „Sind sie stolz darauf? Haben ihre Eltern sich denn nicht interessiert?"

„Mich hat niemand vermisst."

Mit einer nervösen Geste sah er Engels an, als müsse der ihn verstehen.

„Wer hat ihnen die Kontakte beschafft?"

„Jörg kannte schon immer die richtigen Leute."

„Nehmen sie selbst Drogen?"

„Ich stehe eher auf Bier."

„Von wem kriegen sie ihr Zeug?"

Koffler legte den Kopf schräg und grinste. „Was soll das jetzt?" Mit dem Zeigefinger wischte er die Schweißperlen von der Oberlippe.

„Früher habe ich mal Beschaffungsfahrten gemacht", sagte er. „Das steht so in meiner Akte, und das ist schon alles."

Back blinzelte.

„Eine Karriere als Drogen-Logistiker."

Plötzlich beugte sich Engels vor, packte mit der Rechten in das Shirt von Koffler und zog den Jungen hart zu sich heran.

„Erklären sie uns den Job doch mal genauer?", sagte er mit veränderter Stimme und stieß ihn wieder zurück.

„Blackout!"

Koffler zuckte mit den Achseln. „Was soll ich machen." Schlagartig wurden seine Augen dunkler. Es sah aus, als wollte er gleich losheulen.

Back wusste wie Drogenmulis agierten, aber sie wollte dem Dealer seinen Auftritt lassen. Rolf Koffler sollte sich sicher fühlen.

„Hast du auch deinen Instinkt verloren?"

„Hm."

„Es ist ganz einfach."

Wieder ging Engels grob dazwischen. „Wenn der Prozess vorbei ist, hast du dein Leben … verpasst."

„Kannst du vielleicht hellsehen oder was?"

Koffler wurde trotzig. „Irgendwer muss mich verpfiffen haben", sagte er langsam und so leise, dass nur Engels und Back seine Worte verstehen konnten.

„Was war los?

„Da habe ich wohl jemand unterschätzt." Koffler lachte auf, ein hartes, raues Lachen.

„Ist das nicht gefährlich?"

„Die Leute werden schön die Schnauze halten. Die haben nur Stroh im Kopf. Von denen quatscht keiner."

„Bist du dir sicher?"

„An mir war niemand dran, falls du das meinst. Die Sache mit Wachter zählt nicht. Da hatte ich alles im Griff."

„Die Rechnung kommt, verlass dich darauf." Engels zeigte mit dem Finger nach unten. „Bewährung ist keine mehr drin, für dich, garantiert. Du bleibst eine Weile im Knast. Aber wie hart das für dich wird, dass ahnst du noch nicht mal."

Voller Empörung schnaubte Koffler auf.

„Keine Ahnung was sie meinen, Mann."

„Für wen willst du deinen Kopf hinhalten?"

„Nicht mit mir!"

Koffler hob den Kopf und sah sich um. „Ich bin doch nicht bescheuert." Seine ungekämmten Haare standen plötzlich ab, wie Antennen.

„Geben sie sich ruhig etwas mehr Mühe."

Rolf Koffler setzte sich auf und versteifte. Verbissen presste er seine Lippen aufeinander.

„Was wird sich ändern?" Engels holte lauf Luft. „Reden sie mit uns", sagte er. „Welche Giftküche drängt in den Markt?"

Mit der flachen Hand schlug er auf den Tisch. „Mann, was soll das Herumeiern jetzt noch?"

„Ich hänge niemand hin. Ich …nicht!"

„Wer sind deine Hintermänner? Namen! Wir brauchen ein paar Namen."

Alle drei dachten das Gleiche, und sie wussten es.

„Keine Ahnung …", schrie Koffler zurück. Seine Augen waren weit aufgerissen.

„Dann bin ich erledigt…"

„Was soll das Gefasel?"

„Schon gut", unterbrach Back. „Kronzeugenregelung…Vielleicht gibt es eine Chance für sie."

„Ich habe immer nur …Willem oder Clarence zu Gesicht bekommen", behauptete Koffler urplötzlich.

„Sind das die neuen Chefs?"

„Danach habe ich nicht gefragt, kapiert ihr das endlich?"

„Wo finden wir die Herrschaften?"

„Weiß ich nicht, aber wir sind öfter nach Frankfurt gefahren."

„Wer war noch dabei?"

„Keine Ahnung…"

„Ich glaube, sie haben immer noch nicht richtig verstanden?"

„Ist mir doch egal."

Plötzlich überlegte Koffler angestrengt, und stieß mehrmals heftig seinen Atem aus.

„Willem heißt …Wood, glaube ich", …sagte er mit einem ärgerlichen Zischen. „Clarence …sonst…weiß ich nicht. Sowieso…halt."

„Wie sollen wir das Gequatsche bloß einordnen?"

Koffler stutzte. „Mehr weiß ich nicht", krächzte er dann wieder los. „Glaubt ihr vielleicht, die stellen sich bei mir vor?

„Weiter…"

„Die Bullen…äh …ihre Kollegen kennen mich doch", sagte er aufgeregt. „Die wissen wie es auf der Straße läuft. Keine Ahnung was die Fragerei jetzt noch soll. Ich kann euch nicht weiterhelfen, weil ich nichts weiß, verdammt noch mal."

„Ich habe ja gleich gesagt, dass der nicht so schnell von Kapee ist", sagte Back zu Engels. Ihr tat das Kreuz weh, und sie setzt sich an der Stuhllehne zurecht.

Koffler zuckte zusammen.

„Fürs Protokoll, ihr Schnelldenker", sagte er trotzig und verschränkte die Arme vor der Brust. „Ich kriege einen Anruf, wir vereinbaren einen Treffpunkt, und fertig. Mehr sage ich nicht."

Sabine Back sah ihn fest an.

„Erzählen sie uns doch mal wie es ihnen hier gefällt."

Koffler wurde aschfahl im Gesicht.

„Was soll ich?"

„Oder gibt es doch eine spannendere Geschichte."

„Nein, natürlich nicht."

„Sie sind doch nur ein kleiner Handlanger", unterbrach Engels ihn scharf. „Austauschbar. Denken sie mal darüber nach."

Koffler schluckte einmal schwer, und legte die Antennen wieder an.

„Das lassen sich deine Bosse doch niemals gefallen", Engels wurde wieder vertraulich. „Also nochmal", sagte er rau. „Wer liefert das Crystal?"

„Ich weiß nur von Laura."

Kofflers Stimme war fast tonlos.

„Laura... und weiter, wie heißt die Frau mit vollem Namen?"

„Weiß ich nicht", schniefte Koffler. „Bei mir hat sie sich nur als Laura vorgestellt. Die arbeitet immer allein."

„Hilf dir, Rolf, bevor es zu spät ist?"

Koffler stöhnte auf.

„Laura halt. Die managt auch die Finanzen allein. Wir treffen uns immer auf Autobahnparkplätzen."

„Wie muss man sich das vorstellen?"

„Alles in Papiertüten", sagte Koffler.

„Können sie die Frau beschreiben?"

„Nein", erwiderte Rolf Koffler. „Laura fährt einen Motorroller, das ist alles was ich sagen kann, sie trägt ständig einen Schutzhelm."

„Mal eine Verständnisfrage zwischendurch", sagte Engels. „Wenn sie ihre Runde hinter sich hatten, wie schnell sind sie das Geld dann losgeworden?"

„Habe ich doch gerade gesagt, Mann."

„Ich will nur sichergehen, dass ich alles richtig verstanden habe."

„*T... O... F... E... X... X.* " Sabine Back betonte jeden Buschstaben. „*Tofexx-Cargo.* Was fällt ihnen denn dazu ein?"

„Darüber weiß ich gar nichts." Koffler wurde immer kleiner auf seinem Stuhl. Seine Augen saugten sich auf Backs Gesicht fest. Nach einem kurzen Blick von rechts nach links, sagte er:

„Irgendwie habe ich den Namen schon mal mitgekriegt, aber ich weiß nicht mehr wo." Wieder fuhr er sich mit der Zunge über die Lippen.

„Dann sollten sie nachdenken und beten, dass es ihnen wieder einfällt."

„Verflucht, so redet kein Weibsbild mit mir..."

„Was soll das?"

Engels rutschte ein Stück näher.

„Spar dir die Geschichten. Die Kontaktadressen interessieren uns, vor allem anderen aber wollen wir die Handynummer von dieser Laura wissen, verdammt. Haben sie mich jetzt verstanden?"

„Alles klar."

„Also noch einmal. Wie komm der Stoff in die Stadt?"

Darauf stieß Koffler ein falsches Lachen aus.

„Ich sage kein verdammtes Wort mehr. Ich bin doch nicht lebensmüde."

„Nicht mehr lange."

„Scheiß doch drauf", sagte Rolf Koffler. „Meine Mutter und meine Schwester."

„Wir können auch denen helfen, glauben sie mir, aber nur, wenn sie mit uns zusammenarbeiten:"

Koffler hatte Schweißperlen auf der Stirn.

„Schon gut", unterbrach Back. „Vielleicht … "

Hektisch schüttelte er den Kopf. „Alle wissen wo die wohnen."

Er sah Back einmal an, und in seinen Blick lag nur noch nackte Angst.

„Was meinen sie damit?"

Koffler schüttelte den Kopf.

Sabine Back versuchte seinen Blick festzuhalten.

„Wer hat ihnen hier drin gedroht?"

„Ich will … nicht auch   … eine … Kugel in den Kopf kriegen…", murmelte Koffler.

Eine bleierne Stille senkte sich über den Raum. Die Klimaanlage klapperte und stöhnte. Koffler kratzte sich heftig die Hand. Engels sah auf die Uhr.

„Was wissen sie über den Raubmord bei Ian Kaufmann?"

„Ich?... Das glaub` ich ja jetzt nicht!"

Koffler regte sich immer mehr auf. Er zog beide Augenbrauen hoch.

„Was wollen sie mir da anhängen. Natürlich habe ich über den Gasüberfall gelesen. Aber nur die Schlagzeilen, sonst habe ich nichts mitgekriegt."

„Red keinen Unsinn", polterte Engels. „Natürlich geht es um *den* Einbruch", er hob beide Arme und wartete auf Kofflers Reaktion. Die kam nicht.

„Raubmord", sagte er einfach. „Die ganze Familie ist tot."

„Damit habe ich nichts zu tun."

„Irrtum", griff Back ein. „Du warst doch auf der Insel. Hast du das schon vergessen?"

„Was ist? Woher ... "

„Was glaubst du?"

Engels schaltete sich wieder ein.

„Einige Leute haben dich an der Schleuse und dann auch in der Nähe von Kaufmanns Grundstück gesehen, was glaubst du denn?"

Koffler stutzte.

„Wir haben Zeugen", sagte Back. „Die Leute haben dich eindeutig identifiziert."

„Ich bin kein Mörder", fauchte Koffler über den Tisch. „Das Job Center hat mich zu dem Holzbauern beordert. Sonst hätte ich keine Stütze mehr gekriegt, versteht ihr? Das ist alles."

„Warum gibst du nicht einfach zu, dass du die Familie ausspioniert hast?"

Koffler schüttelte den Kopf. „Vier Monate habe ich für die Ökos da draußen malocht. Sonst war da nix."

„Was soll das?"

„Ich habe die Schnauze voll. Der Kerl ist doch stinkreich, warum hat er nicht besser auf sich aufgepasst."

„Du kennst doch die Szene. Kannst du dir vorstellen wer …äh… solche Jobs erledigt?"

„Nee…" Koffler schüttelte heftig den Kopf. „Wie denn…? ", brauste er dann noch einmal auf. „Mit Straßenbanden habe ich nichts zu schaffen."

„Atmen sie tief durch, und beruhigen sie sich wieder."

Engels wartete einen Moment.

„Zigarette?", fragte er dann. Seine Stimme klang jetzt wieder sanft und höflich. „Der Drogenhandel interessiert uns nur am Rande."

Koffler atmete tief ein und wieder aus.

„Mit den Morden habe ich doch nichts zu tun", heulte er beinahe. Er hatte kreisrunde Augen und seine rechte Hand zitterte.

„Der Einbruch bei Ian Kaufmann war der Anfang."

Engels Stimme hatte plötzlich einen Unterton. „Wir haben keine Zeit mehr, also mach`s nicht so spannend, Menschenskind."

Rolf Koffler starrte ihn nur an, offensichtlich verstand er nicht richtig. Dann holte er tief Luft und sagte: „Ehrlich, ich kann euch nicht helfen."

„Red keinen Scheiß!"

„Was soll ich euch sagen?"

„Wer ist der Chef der Veranstaltung …und wer erledigt die Aufträge?"

Rolf Koffler war beinahe sprachlos.

„Vielleicht ist bei dem Bruch einiges schiefgelaufen", sagte er zögernd. „Aber davon weiß ich nichts."

„Wer baut die neue Linie auf?"

„Wieso fragt ihr das ausgerechnet mich."

„Wir brauchen Namen."

Engels hatte genug. „Wenn sich herausstellt, dass sie uns etwas verschweigen", begann er.

„Dann macht er dich verantwortlich, Jungchen", sagte Sabine Back rau. „Das ist kein Spaß."

Es raschelte hinter ihnen. Der Aufseher kam näher.

Koffler sackte in sich zusammen.

„Der Anschlag war kurz bevor man dich hoppgenommen hat?"

„Die Zeit ist um Herrschaften", sagte der Uniformierte lauter als nötig und damit war das Gespräch beendet.

„Jetzt ist Schluss! Abmarsch zurück in die Zelle."

Da beugte sich Koffler zu Sabine Back hinüber und flüsterte ihr *helfen sie mir!* ins Ohr.

„Auf die gute alte Hydra ist immer noch verlass", sagte Engels als sie draußen wieder vor dem Tor standen.

„Wo sollen wir ansetzten?

„Lassen sie sich was einfallen, Back", knirschte Engels. „Sie haben doch gemerkt, wie der Typ tickt."

„Ich weiß, der hat gewaltigen Schiss."

„Erhöhen sie die Spannung um ein paar Grad, dann wird`s noch schlimmer, glauben sie mir."

Sie verließen den Vorplatz und liefen zu den Parkplätzen auf der anderen Straßenseite. Backs Schritte wurden immer schneller.

„Veranlassen sie, dass Koffler aus der Untersuchungshaft entlassen wird", sagte Engels. „Aber lassen sie ihn rund um die Uhr observieren. Er wird versuchen mit seinen Leuten in Verbindung zu kommen, und ich bin sicher, dass er dabei Fehler macht."

„Wollen sie den Jungen opfern?" Back blieb stehen und drehte sich angriffslustig um.

„Nicht unbedingt."

„Wenn der Typ so schnell freikommt, glauben seine Hintermänner doch bestimmt, dass er einen Deal mit uns gemacht hat. Die legen den doch dann sofort um."

„Dann werden sie dabei sein, und ... vielleicht können sie ihn auch retten." Max Engels zwang sich zu einem schwachen Lächeln. „Halten sie ein Auge auf ihn, aber es geht nur auf die harte Tour. Anders kommen wir nicht ran an die Strippenzieher."

„Ich weiß nicht…"

„Ist mein Vorschlag", sagte Engels. „Den wollten sie doch hören, oder?"

Sie hatten den BMW erreicht und Sabine Back entriegelte die Türen.

„Ich würde es so machen."

Back kaute ihren Kaugummi und betrachtete Engels Profil über das Autodach hinweg.

Der ließ sich viel Zeit beim Einsteigen.

„Und jetzt fahren sie mich an den Platz, an dem die Kollegen den letzten Stoff abgefangen haben. Dort müssen wir uns mal genauer umsehen."

„Meinen sie jetzt gleich?"

„Genau:"

„Dann fahren wir dahin."

Back schaltete Back den Motor ein und ließ die Klimaanlage anlaufen.

„Denken sie immer noch an das Mädchen?"

„Mehr als den anderen Scheiß."

Während Back den Gang einlegte warf Engels ihr einen Blick zu. Danach starrte er auf den Teppich im Fußraum.

„Jeder Streifenbeamte hat ein Foto von Susanna bei sich", sagte er nach einer Weile.

Back fuhr weiter und ordnete sich auf der rechten Spur ein. Ein Lastwagen schob sich von rechts in die Straße.

„Was glauben sie, was der geladen hat?"

Engels grinste einmal kurz.

„Für mich ist die Geschichte auch nicht rund."

Sabine Back überholte einen Kleinbus und fuhr weiter auf die Umgehungsstraße.

„Wie passt einer wie Kaufmann hier rein?"

„Als Sportidol … überhaupt nicht", erwiderte Engels und seine Stimme raschelte dabei wie Sandpapier.

„Glauben sie, der hat … für die Drogenmafia Geld gewaschen?"

„Mit irgendwas musste er seine Verluste wohl ausgleichen."

„Glauben sie wirklich …?"

„Seine Geschäftspläne waren jedenfalls nicht immer solide, habe ich gehört."

„Einer hat doch immer was zu meckern?"

Back schüttelte ihren blonden Kopf, als sie an der ersten Ampel anhalten mussten.

„Einige Herrschaften haben bei Kaufmann viel Geld riskiert, und … anscheinend auch viel verloren." Engels atmete ein paarmal tief aus.

„Geschwafel."

„An der Basis hört man so einiges."

Mit einer Hand schlug Back wütend auf das Lenkrad. „Ein Motiv sehe ich da trotzdem nicht."

„Rechnen sie mal."

„Mit dem Umfeld der Familie sind wir auch noch nicht durch."

Die Industriestraße war eine sehr lange Asphaltpiste und zog sich bis zum Kanal hin. Früher kannte sich Engels sehr gut aus in der Gegend.

„Hier verändert sich alles, was?"

„Es wird auch höchste Zeit."

Back hatte beide Backen aufgeblasen.

Engels schaute aus dem Fenster, wo auf seiner Seite gerade ein riesiges Fabrikgebäude vorbeiglitt. Früher wohnten hier noch mehr Menschen. Aber auch in diesem Stadtteil zwischen Gewerbebauten und entlang der alten Lagerhallen, begannen sich langsam auch schicke Büroviertel breit zu machen.

Back setzte den Blinker und bog nach links ab, und ab jetzt ging es durch noch engere Straßen. Die Hausfassaden rückten immer weiter zusammen und die Wohnmaschinen wurden scheinbar auch höher.

Auf einem freien Grundstück ragte ein Rohbauskelett wuchtig in die Höhe. Stahlgitter türmten sich daneben. Der aufkommende Wind drückte die grüne Werbeplane heftig in das Baugerüst. Max Engels wunderte sich, dass die Baustelle nicht besser gesichert war. Mehrere Elemente des Bauzauns waren verschoben und boten bequemen Durchgang.

„Wer will denn freiwillig hier wohnen?"

„Überlegen sie mal, Max." Backs Stimme klang immer noch ruhig. „Das sind die preiswerten Miethäuser der Stadt."

„Trotzdem!"

„Wo sind sie denn aufgewachsen?", schnappte sie aggressiv zu.

„In der Nähe vom Alsenweg."

„Die Ecke kenne ich. Keine sehr schöne Gegend."

„Stimmt."

Back fädelte das Auto durch den Verkehr und fuhr an den flachen Hallen entlang bis an den Kreisel. Dort bremste sie ab und hupte einen Zementlaster an, der mitten im Kreisverkehr stehen geblieben war. Als der nicht reagierte, fuhr sie über den Bordstein und überholte den Lastwagen.

Erst an der alten Getreidemühle nahm sie wieder den Fuß vom Gas. Mit einem Schlenker bog sie auf den asphaltierten Parkplatz, aber hielt nicht an.

„Was hört man von der Informantenseite?", fing Max Engels plötzlich an.

„Wenig."

„Die Drogenfahndung hat doch noch Zuträger, oder?"

„Schon, aber das ist ... jetzt enorm schwierig", antwortete Back. „Das LKA versucht seit langem eigene Ermittler in die Szene einzuschleusen."

„Informieren die euch über die Einsätze?"

Back zuckte mit der Schulter. „Niemand im Präsidium weiß etwas Konkretes. Die Stuttgarter halten die Akten der V-Leute total unter Verschluss. Das ist viel zu heikel."

„Verstehe, aber ich will wirklich gerne wissen, wer die Agenten koordiniert?"

Sabine Back starrte nur durch die Windschutzscheibe und gab keine Antwort.

Engels zog sein Handy aus der Tasche und drückte rasch eine Nummernkombination.

„Und der geht wieder nicht dran", fauchte er. „Wenn man ihn braucht, ist er nicht aufzutreiben, furchtbar."

Verärgert brach den Versuch ab, veränderte die Sitzposition und schob das flache Gerät wieder in die Tasche zurück. „Keller macht sich`s einfach", brummte er noch.

Ohne langsamer zu werden überquerten sie die starkbefahrene Kreuzung. Dann musste Back aber doch abstoppen und langsamer werden. Am Zebrastreifen hielt sie schließlich an. Mit einem heftigen Ruck öffnete Engels die Wagentür.

„Warten sie", platzte Back heraus. „Wir können hier nicht stehen bleiben."

Sie legte den Gang ein und fuhr weiter.

„Ich hänge an diesem Auto. Es ist besser, wenn wir um die Ecke parken."

Back parkte hinter dem Wendeplatz direkt unter der Brücke, stellte den Motor ab und zog die Handbremse an.

„Also dann."

Damit öffnete Engels die Beifahrertür und stemmte sich auf die Straße. Hitze empfing ihn. Die Luft staute sich flimmernd, kein Windzug regte sich. Es roch nach verfaultem Gemüse, Öl und Abgasen.

Back machte den Motor aus, schnallte sich ab und stieg ebenfalls aus. Nebeneinander gingen sie die lange Straße in Richtung der Lagerhalle zurück.

Auf der anderen Straßenseite stand ein einzelner Metallcontainer. Zwei Männer lehnten bequem an der Seitenwand und starrten zu den ungleichen Paar herüber. Es war wie immer. Sabine Back zog alle Blicke sofort auf sich.

Auf dem Bürgersteig kamen ihnen Teenager mit Kaffeebechern in der Hand entgegen. Laute Stimmen, teure Klamotten, und goldene Ohrringe. Sabine Back blieb als erste stehen.

Ist Okay.

Amüsiert sahen sie der schrillen Horde hinterher.

Direkt neben dem breiten Betonpfeiler stand ein pechschwarzer *Hammer*. Die Scheiben an dem Geländewagen waren so abgedunkelt, dass man nicht in den Innenraum hineinsehen konnte. Mit einem Seitenblick streifte Engels das auffällige Gefährt, aber er sagte nichts dazu.

Rechts daneben tauchte eine Zufahrt mit geschlossener Schranke auf. Der Parkplatz dahinter war durch einen hohen Maschendrahtzaun gesichert, hintendran stand ein niederer Klinkerbau, offenbar das alte Pförtnerhaus.

Am äußersten Ende des Areals standen ungefähr vierzig Personenwagen. Menschen waren keine zu sehen.

Plötzlich kam eine Gruppe von Männern über den Schotterweg auf den Parkplatz. Engels zählte zehn Männer in blauen Arbeitsanzügen.

Fast alle dunkelhaarig. Einige von ihnen trugen Bärte im Gesicht. Derb ging es zu, aber die Männer scherzten miteinander. Immer wieder brauste unbeschwertes Gelächter auf und schallte über den Platz.

„Ist bei denen Schichtwechsel, oder was?"

Verkehrslärm wehte hinüber. Klapperndes Metall und dazwischen immer wieder laute Stimmen. Hitzig und kehlig, und dazu fremdartig.

„Ganz im Gegenteil", erklärte Sabine Back mit einem breiten Grinsen. „Das ist der Arbeiterstrich."

Nebeneinander liefen sie weiter bis zu der großen Lagerhalle. Vor dem Haupteingang blieben sie stehen und betrachteten die schmucklose Fassade. Ein Teil der Markierungs- und Absperrbänder hing immer noch an dem Gebäude, aber Engels achtete nicht darauf. Das verblichene Schild mit dem *TOFEXX-Cargo* Schriftzug hing windschief über dem Tor.

Das Rolltor war vor einer Ewigkeit mal blau gewesen, jetzt war die Farbe ausgebleicht und an vielen Stellen abgeplatzt.

„Hier sehen wir uns mal um", sagte Engels und bückte sich. „Wenn wir Glück haben…".

Fast ohne ein Geräusch schnappte das Schloss auf. Engels verstaute den Dietrich wieder in seiner Jackentasche, und drückte das Rolltor mit beiden Armen hoch. Dahinter befand sich eine Schiebetür. Geschickt schob er die zur Seite.

„Bitte sehr", sagte er knapp und scheuchte Back mit einer Handbewegung in die Halle.

Drinnen war alles stockdunkel. Nackte Wände ließen die Schritte laut hallen Sabine Back trat vor und Max Engels zog die Tür hinter ihnen wieder zu. Für einen Moment blieben sie unbeweglich stehen und horchten in die Dunkelheit. Back öffnete das Holster an ihrer Hüfte.

Es roch intensiv nach Kaffeebohnen, Obst und Sägespänen. Eine Sekunde später war drüben an der Wand ein Klicken zu hören, und mehrere Lampen sprangen fast gleichzeitig an. Starke Halogenscheinwerfer. Die Lampen leuchteten die Halle fast taghell aus, wie in einer Baustelle.

Die Lagerhalle war geräumiger, als es von draußen den Anschein hatte. Die Wände waren weiß gestrichen, mit Ausnahme eines grauen Rechtecks aus Betonblöcken an der hinteren Längswand. Staub und Spinnenweben schwebten durch die Luft. Einzelne Bretter und Holzplatten lehnten an den Wänden, hinten stand eine rostige Holzbandsäge.

Werkzeuge lagen davor, wie achtlos hingeworfen. In der rechten Ecke lagerte ein meterhoher Haufen Sägespäne.

„Kommen sie mit."

Back huschte weiter. Gestapelte Kisten und unzähligen Paletten. Dazwischen Gabelstapler, wie üblich in Logistikhallen. Sie fand ihren Weg durch die Regalreihen trotzdem.

„Ist Tofexx der Eigentümer?"

„Die Halle ist angemietet."

Back drehte sich um.

„Hm …"

„Hat Oser ermittelt."

„Wofür steht eigentlich … Tofexx?", fragte Engels weiter.

„Keine Ahnung."

Wortlos ging Engels an Back vorbei zu dem grauen Rechteck an der gegenüberliegenden Wand.

„Es gab auch von der Seite einen Eingang", sagte er und zeigte auf das Wandstück. „Aber den hat man zugemauert."

Back blieb stehen. Mit ein paar Schritten kam Engels wieder zu ihr zurück.

„Warum ausgerechnet hier?"

„Sehen sie sich um", sagte sie. „So ein Areal können sie zu keiner Tageszeit überwachen."

Back machte eine ratlose Geste mit den Armen.

„Heben sie so ein Versteck aus, wachsen drei nach." Die Stimme von ihr klang seltsam metallen in dem großen Raum. „Niemand kriegt mit, was hier ankommt und umgeschlagen wird."

Engels schüttelte den Kopf.

„Eine riesen Geschichte läuft da tatsächlich vor unseren Augen ab."

„Kokain aus Medellín."

„Auch … "

„Können sie mir die Ermittlungsakte besorgen?"

„Ich habe schon nachgesehen", sagte Back mit einem Zwinkern. „Waechter hat seine Schularbeiten gemacht."

„Kein Lauschangriff?"

„Doch, aber es gibt keine Protokolle und überhaupt nur wenige handschriftliche Notizen."

„Und … Koffler ist das Bauernopfer."

„Was sie alles sehen. Aber der Typ war schließlich das Verbindungsglied zu den anderen Unterverteilern, und das … das lässt sich auch beweisen."

„Kleinkriminelle und Straßendealer, aber diese… T*ofexx* ist die Plattform, da wette ich drauf."

„Das können wir aber noch nicht beweisen."

„Was weiß man über den Laden?"

Back reagierte nicht gleich.

„Wissen sie wenigstens wer noch hinter dem feinen Herrn … Bauer … steht?", fragte Engels.

„Vergessen sie`s."

Engels grinste schelmisch. „Überraschen sie mich, Kollegin."

Back zog ihr Notizbuch und beugte sich vor.

„Rolf Ludwig Bauer ist zwar immer noch als Geschäftsführer eingetragen, aber er ist nur noch ein Strohmann", sagte sie. Der hat vor ein paar Jahren geschickt verkauft, jetzt hält ein Investmentfond aus Jersey die Anteile."

Engels nickte, und sah Back dann groß an.

„Ist das alles?"

„ALD –Trust, so heißt der Fond, und das ist der tatsächliche Eigentümer von TOFEXX-Cargo, Mannheim."

„Hm."

„Sonst gibt es keine Informationen. Auch im Internet findet man nichts über die Gruppe."

„Nirgends Kolumbianer."

„Edgar Finger heißt der Sprecher des Konsortiums", sagte Back wie auswendig gelernt.

„Die Kartelle sind mächtig."

„Ich weiß", sagte Engels vor sich hin. „Die sind auch international organisiert."

„Wir wissen nichts über die inneren Strukturen von denen", sagte Back. „Waechters Erfolg war schon ganz ordentlich, aber wenn in dem Markt ein einzelner Stein umfällt, … stehen dafür zwei neue auf."

„Die Dealer werden den Stoff einfach strecken, so läuft das."

„Dann steigen die Preise auf der Straße. In ein paar Wochen ist der Verlust ausgeglichen und es geht alles wie gewohnt weiter."

„Was würde eigentlich passieren, wenn ein neuer Lieferant auftaucht und das Syndikat von außen angreift?
„Das wäre nicht schlecht", sagte Back. „Wenn die sich gegenseitig über den Haufen schießen, da würde ich mich auch nicht einmischen."

Nachdenklich zuckte sie mit den Schultern.

„Wer macht sowas?"

„Bei den Südamerikanern weiß man wie brutal die gegen ihre Konkurrenten vorgehen.

„Man muss nicht alles, nur die entscheidenden Dinge, die muss man wissen."

„Wir müssen wissen wie die planen, sonst bewegt sich nichts."

„Wie …?"

„Leute wie Koffler kriegen es mit der Angst, zu tun, und die Figuren kennen keine Loyalität, wenn es eng für sie wird."

„Riechen sie das auch?"

„Was…?"

Engels hob en Kopf und nahm Witterung auf. Zwei Sekunden später schubste er Back in Richtung Ausgang.

„Gas! Machen sie, dass sie rauskommen."

Sabine Back drehte sich um und rannte los. Angestrengt hastete Engels ihr hinter her.

An der Tür öffnete sie einen Spalt und spähte hinaus auf die Straße. Dort wartete niemand auf sie.

„Weg …weiter weg!"

Als Engels den Kopf drehte, kam die Druckwelle. Er stöhnte auf. Hinter sich hörten sie einen ohrenbetäubenden Knall, und schwarzer Qualm hüllte sie ein. Plötzlich lag auch ein beißender Geruch in der Luft.

Engels stolperte, aber er fing sich wieder. Dann stürzte er doch, seine Muskeln verkrampften, und er spürte die gestampfte Erde unter sich.

„Alles noch dran?"

„Scheiße…", keuchte er.

Engels spürte jeden Knochen, aber er versuchte sich aufzurappeln.

Back kauerte halb über ihm. Ihre Wimpern flackerten und er spürte ihren Atem in seinem Gesicht, aber er verstand kein Wort.

Mit einer Hand zeigte sie auf ihr Ohr und verzog das Gesicht dabei. Engels sah die Bewegung der Lippen, aber er hörte nur dumpfen und langgezogenen dumpfen Kehllaut. Die Explosion hatte ihn regelrecht taub gemacht.

Back half ihm auf. In allen Größen lagen Putzbrocken, Metallsplitter und Glasscherben verstreut um sie herum. Engels sah sich nur einmal um.

„Sind sie verletzt?"

„Keine Ahnung."

Er verstand nur Wortfetzen. Dann stolperten sie los. Nebeneinander, fasten sich an den Händen und hasteten die Straße entlang.

„Galt uns das?"

„Das glaube ich nicht."

Engels packte Back fester und zog sie hinter sich her.

„Da meldet sich jemand zurück."

„Ernsthaft?"

„Das ist eher eine Warnung…, glaube ich."

Als sie an dem BMW ankamen, riss Back die Tür auf und sprang sofort hinein. Zwei Sekunden später japste auch Engels neben ihr nach Luft. So saßen sie eine Weile.

Dann lies Back lies den Motor anspringen und fuhr los. Sie beschleunigte, legte den nächsten Gang ein und röhrte die lange Gerade entlang.

Die starke Rauchentwicklung über dem Gebiet würde sämtliche Feuerwehren alarmieren, garantiert, und in den Nachbargebäuden gab es sicherlich auch noch etliche Ansprechpartner für die Brand-Ermittler.

Verletzte gab es keine. Auf der Straße waren überhaupt keine Personen zu sehen. Nur Engels Gesicht war rauchverschmiert. Das war alles.

Sabine Back hatte nicht mal eine Schramme abgekriegt.

„Rufen sie mich an, wenn sie irgendwas brauchen", sagte sie und fuhr wieder schneller als erlaubt.

Am Klinikum konnte Engels aussteigen. Back fuhr alleine weiter.

„Ich brauche nur etwas Wasser und Seife", hatte Engels ihr zugeflüstert, und war dann durch das schwere Eisentor verschwunden. Er durchquerte den großen Eingangsbereich und ging zu den Fahrstühlen. Ungesehen erreichte er sein Zimmer, ohne jemandem über den Weg zu laufen.

Er ließ sich auf die Bettkante sinken und streckte den Rücken. Nach einer Weile schleppte er sich ins Bad, setzte sich mühsam in die Badewanne und ließ lange kaltes Wasser über sich hinweglaufen. Endlich spürte er sich wieder.

Als er seine lädierte Seite abtastete, hielt er angespannt die Luft an. Und er ächzte mehrmals, auch als er sich umständlich trockenrieb.

Er nahm zwei Aspirin. Dann zog er sich um. Die Klamotten für die Reinigung ließ er einfach auf dem Boden liegen, als er das Zimmer verließ.

Engels fuhr in die Innenstadt, fand die Tiefgarageneinfahrt am Rosengarten, und quetsche sich auf einen Platz im Untergeschoß.

Es war wieder viel los. Die Einkaufsstadt war proppenvoll. Als er die Treppe vorm Wasserturm hochkam, blieb er für ein paar Momente stehen. Der *Ring* wimmelte nur so von Menschen und überall wurde gehupt.

Der Moment dauerte nicht lange. Dann hatte er sich entschieden und machte sich auf die Suche nach dem Büro von Lilli Kaufmann.

Er lief geradeaus bis zur Kirche, überholte mehrere Fußgänger und wurde selbst überholt. Ein Fahrradfahrer fuhr Zickzack zwischen den Passanten und wäre um ein Haar mit ihm kollidiert.

Engels hielt sich links und kam an einigen Allerweltsläden vorbei. Der Platz an dem er stehen blieb war mit ein paar Bäumen gesäumt. Denkmalschutz rechts und links. Dahinter standen Häuser mit Erkern und Zwiebeltürmchen.

Ein breiter Gebäudebogen auf der anderen Straßenseite führte in schmalere Gassen. Die restlichen Gemäuer dort wurden Teil eines gewaltigen neuen Büroturms.

Ach, was soll`s, dachte er und bog ab zur Hochgarage. Plötzlich schlug ihm der ohrenbetäubende Lärm eines riesigen Ventilators entgegen. Etwas ratlos blieb er stehen.

Der Anblick der Straße veränderte sich total. Sanierungsstau und vor allem eines fehlte hier ... Geld.

Einige der Häuser befanden sich in einem arg schlechten Zustand. Stromkabel hingen wie Lianen zwischen den Fenstern. Etliche Rohrleitungen waren von außen an den Fassaden hochgezogen worden.

Im Erdgeschoss vor ihm gab ein leeres Restaurant. Die großen Fensterscheiben waren alle mit Hängeschlössern gesichert.

Engels ging weiter und stieß auf eine Tür mit Gegensprechanlage, aber ohne Beschriftung. Um die Ecke fand er ein kleines Messingschild.

LK Consulting. Internationale Anlageberatung.

LK für Lilli Kaufmann. Aber wo war der Eingang?

Engels ging noch ein paar Meter weiter, vorbei an einem Maklerbüro, das geschlossen zu sein schien, und an einer Apotheke, die offen war. Endlich blieb er stehen und überlegte.

Was war das hier?

Was hatte Lilli Kaufmann mit diesem heruntergekommenen Haus zu tun? War es ein Spekulationsobjekt? Oder verhandelte sie hier die Verträge für ihren Mann?

Entschlossen stapfte er wieder zurück zu der unbeschrifteten Gegensprechanlage. Er drückte auf den Klingelknopf, fest und lange. Schließlich kam knisternd Leben in die Sache.

„Ja, bitte?", meldete sich eine ungeduldige Männerstimme.

Engels musste sich was einfallen lassen. „Koffler mein Name. Ich suche Frau Lilli Kaufmann. Kann ich hochkommen?"

Es rauschte in der Sprechanlage. Es dauerte noch ein paar Sekunden, dann summte es im Schloss. Engels drückte die Haustüre auf und betrat das stockdunkle Treppenhaus. Die Tür fiel hinter ihm zu, und er musste sich erst an die Dunkelheit gewöhnen. Dann fand er einen Lichtschalter und mit einem lauten Klicken schaltete sich die Treppenhausbeleuchtung ein.

Geradeaus führte eine schmale Steintreppe steil nach oben. Die Decke und die Wände waren früher bestimmt einmal weiß gewesen, jetzt bröckelte an vielen Stellen bereits der Putz ab. Durch die Schmutzschicht am Boden erkannte man kaum mehr die alten Fliesenmuster.

Es gab zwei Türen, eine rechts, eine links. Beide waren mit Hängeschlössern und Riegeln verrammelt. Engels ging zur Treppe und kletterte hinauf. Jedenfalls fühlte es sich für ihn so an. Weitere Bewohner schien es in dem Haus nicht zu geben. Die Türen ein Stockwerk höher waren ebenfalls verriegelt.

Das Büro von *LK Consulting* lag ganz oben, in der dritten Etage. An der linken Tür war ein ähnliches Messingschild wie unten auf der Straße. Engels konnte keine Klingel finden, und trommelte zweimal mit geballter Faust gegen das Türblatt.

Gleich darauf wurde die Tür mit solcher Wucht geöffnet, dass er unwillkürlich einen Schritt zurücktrat.

„Was ist?"

„Nicht so hastig."

Reaktionsschnell machte Engels einen Schritt zur Seite.

Der Mann vor ihm war viel breiter gebaut als er selbst. Massiger, und viel bulliger. Typ gealterter Hooligan mit Bartschatten. Sogar der Bürstenhaarschnitt an ihm war eine Kante. Der Mann trug eine beige Hose und ein gleichfarbiges Hemd unter einer ärmellosen Weste.

„Was wollen sie hier?"

Erstaunt sahen sich die beiden Männer an.

„Ich bin doch Kunde von …Lilli Kaufmann", sagte Engels gedehnt. Mal sehen was passiert, dachte er.

„Ich bin Michael Lauer", stellte sich der Mann im Türrahmen vor. In seinem Gesicht brannten zwei sehr helle Augen und er musterte den Besucher eingehend.

Engels gab ihm die Hand und lächelte.

„Mein Anliegen …ist eher …äh…etwas Persönliches."

„Ich bin der Assistent von … äh…Frau Kaufmann", sagte Lauer und seine Gesichtszüge entspannten sich etwas. „Sie sind Kunde von uns?" Klang es plötzlich viel weniger ungeduldig.

„Ja …natürlich."

„Außer mir ist niemand da."

Lauer starrte Engels ins Gesicht und blinzelte mehrmals. „Haben sie nicht mitgekriegt was…"

„Doch natürlich."

Engels nickte vielsagend. „Eine entsetzliche Geschichte ist das", sagte er. „Es ist mir echt unangenehm, aber ich brauche dringend Bargeld… deshalb möchte ich jetzt … äh…mein Depot auflösen."

„Schwierig", sagte Lauer nicht unfreundlich, und machte endlich die Tür frei.

Drinnen sah es aus wie in einem Büro. Drei große Zimmer auf der rechten Seite, geradeaus die Küche und links noch ein großer Raum. Alle Türen standen offen.

Lauer führte Engels in den Konferenzraum. Offensichtlich war außer ihm wirklich niemand anwesend. Es war vollkommen still und es roch nach kaltem Rauch.

Sie nahmen am Tisch Platz, dann legte Lauer die Stirn in tiefe Falten und verschränkte die Finger.

„Also", begann er geschäftig: „Wo brennt`s bei ihnen?"

„Es geht um meinen Bruder", sagte Engels. „Rolf ist wegen Drogenbesitz festgenommen worden. Haschisch."

„Wo?"

„Im Industriehafen."

Verschreckt zuckte Lauer zurück.

„Ich weiß nicht, ob wir…", sagte er und starrte erschrocken über den Tisch. „Ich halte hier nur die Stellung." Er beugte sich weiter vor und senkte dabei die Stimme. „Hinterlassen sie ihre Telefonnummer. Ich werde mit unserer Zentrale Rücksprache halten und mich dann bei ihnen melden. Aber das wird etwas dauern."

„Wie lange …?"

„Das kann ich nicht so ohne weiteres sagen."

Lauer lehnte sich zurück und blinzelte. „Wir sind keine Zauberer", sagt er. „Eine Kontoauflösung muss man vorbereiten. Der Nachfolger von …Kaufmann kommt erst nächsten Monat. Bis dahin bin ich alleine. Tut mir leid, aber…"

„Ich muss die Kaution auftreiben", unterbrach ihn Engels. „Deshalb brauche ich mein Geld zurück.

„Sorry", sagte Lauer bemüht. „Aber mir sind die Hände gebunden."

„Was soll das?"

Engels spielte den Enttäuschten. „Rolf grillt im Knast", fauchte er und sah dabei hinauf zur Zimmerdecke. „Wissen sie was bedeutet?"

„Ehrlich gesagt…"

„Wenn ich kein Bargeld auftreibe …wird es hart für den Kleinen. Das hält der nicht lange aus."

Lauer starrte ihn mit leerem Blick an, dann warf er sich in die Brust.

„Geben sie mir etwas Zeit. Dann sehen wir weiter."

„Unmöglich!"

Es entstand eine plötzliche Stille.

„Lilli hat immer betont, dass es keine Probleme verursacht, wenn man mal einen Kontrakt unterbricht."

„Glauben sie das wirklich?"

„Sie müssen sofort etwas unternehmen, verdammt", knirschte Engels. „Wenn sie mein Geld nicht beschaffen, muss ich mein Haus verkaufen."

„Immobilien gibt`s da vorne an der Ecke."

Lauer sah plötzlich aus, als würde er sich am liebsten die Zunge abbeißen. „Wir telefonieren", sagte er ohne aufzublicken.

„Ich bedauere."

Mit einem Krachen, das von den Wänden widerhallte, fiel die Tür ins Schloss. Das Licht war ausgegangen, und das Treppenhaus war genauso düster wie zuvor.

Erst auf der Straße blieb Engels wieder stehen. Er warf noch einen Blick auf das Haus, dann ging er weiter die enge Gasse entlang und bog um die Ecke. Warum war das Bürohaus so heruntergekommen, fragte er sich. Die Lage hier war doch begehrt, und die Immobilienpreise in der Stadt waren hoch.

Er schielte zum Schaufenster des Maklerbüros. Es schien schon eine Weile leer zu stehen. Hinter der Scheibe lagen jede Menge toter Insekten.

Engels trat näher ans Schaufenster um sich die farbigen Objekte der Quadratestadt genauer anzusehen. Die Auswahl war nicht besonders groß. Dort hing eine Handvoll verblichener Fotos von großen Häusern und einigen

Wohnungen, ohne weitere Details über die Objekte und natürlich auch ohne Adressen.

Max Engels wusste noch, dass teure Häuser manchmal von bis zu fünf Maklern gleichzeitig angeboten wurden. Keiner hatte das Exklusivrecht, deshalb schwärzten die Makler die Adressen, damit sich so wenige Konkurrenten wie möglich ihre Objekte unter den Nagel reißen konnten.

Er ließ den Blick über die Fotos wandern und konnte weder ein Haus noch eine Wohnung in der Stadt erkennen. Die Objekte sahen alle irgendwie neu aus.

Plötzlich zuckte er. Zuerst glaubte er, er hätte sich verguckt. Dann trat er noch einen Schritt näher an das Schaufenster und wischte den Staub vom Fensterglas.

Top Angebot Landhaus Villa.

Großzügiges Einfamilienhaus mit Gartengrundstück direkt am Neckar.

Das Bild der Villa hing in der oberen Reihe ganz rechts. Es war ausgebleicht, und die Ecken hatten sich nach oben gebogen, als hätte es schon lange unter der Sonne gelitten. Nirgends stand ein Hinweis auf die Lage des Hauses, auf Größe und Preis, aber Engels erkannte es wieder.

Der Blick auf die Terrasse, die Fenster, der Erker und der Zaun. Die Bäume, das Licht, und der Fluss im Hintergrund.

Ohne jeden Zweifel war es das Haus von Kaufmann auf der Maulbeerinsel.

Das Foto musste mehrere Jahre alt sein. Engels ging zur Eingangstür um nachzusehen, ob dort Öffnungszeiten angegeben waren. Doch das war nicht der Fall, dort hing lediglich ein Messingschild, das auf die Website verwies.

Real Estate

Visit us at www info@haeusermarktinvest.com

Engels starrte auf das Schild und las ein zweites Mal.

Warum hatte ein Makler in Mannheim keine Telefonnummer und keine Büroanschrift. Nur eine Website.

Er notierte sich die Adresse. Dann schaute er noch einmal nach, ob das Hausangebot eine Referenznummer hatte.

Nichts.

Es ist ja nicht verwunderlich, dass das Haus einmal zum Verkauf stand, dachte er. Kaufmann wollte wohl auch vorgehabt irgendwann Kasse zu machen. Aber warum hatten sie das Bild später nicht rausgenommen?

Als er sich umdrehte, schaltete er sein Handy wieder ein. Sieben Nachrichten waren auf der Mailbox. Entnervt seufzte er, denn er hatte keine Lust, die Mitteilungen abzuhören. Kurzerhand löschte er alle Mails bis auf die, von Jo Tänzer. Dann lief er weiter.

Aus allen Richtungen kamen ihm Fußgänger entgegen. Engels blieb stehen und suchte mit dem Blick in der Menschenmenge. Er fasste in die Jackentasche und hielt eine Visitenkarte zwischen den Fingern. Ein Blick auf die Adresszeile und er wusste wieder, dass Schafhaupts Maklerbüro gleich vor ihm sein musste.

Erstmal weitermachen, dachte er. Dann ging er nach rechts, bog bei dem Computerladen ab und sah, dass im *Immo-Point*, der Name stand in leuchtenden Großbuchstaben auf der Scheibe, noch Licht brannte.

Engels drückte die Türklinke herunter, abgeschlossen. Schließlich stellte er sich ans Schaufenster und legte die Hände an die Augen, um das Ladeninnere und nicht sein eigenes Spiegelbild zu sehen.

Das Büro war nicht besetzt, aber mehrere Bildschirme schimmerten.

Er klopfte an die Fensterscheibe.

Gerhard Schafhaupt steckte seinen Kopf durch die Türöffnung ganz hinten im Raum. Er schien etwas zu sagen, aber Engels verstand ihn nicht.

Schafhaupt verschwand wieder, war jedoch einen Moment später mit dem Schlüssel in der Hand an der Ladentür.

„Ach nee", begrüßte er Engels und hielt ihm die Tür auf.

„Doch."

„Sie haben schnell hergefunden."

Gerhard Schafhaupt schien echt überrascht. Er hatte Engels einige Sekunden prüfend angesehen. Dann hatte er ihm die Hand hingestreckt.

„Kommen sie rein."

Engels ließ sich die Hand schütteln, ging an Schafhaupt vorbei in den Laden und ließ sich auf einen der Besucherstühle sinken.

Gerhard Schafhaupt schloss die Tür wieder ab und setzte sich Engels gegenüber.

„Darf's jetzt doch ein Loft werden?", grinste er schelmisch. „Oder womit kann ich heute sonst noch dienen?"

Engels sah den Mann nur an.

„Was wollen sie von mir?"

„Erzählen sie mir etwas über das Geldwäschegeschäft."

Das Lächeln bei Schafhaupt verschwand. „Das ist doch illegal, antwortete er vorsichtig. „Trinken sie einen mit?"

Max Engels schüttelte den Kopf.

Gerhard Schafhaupt erhob sich dennoch. Er holte eine Flasche Hennessy und zwei Gläser.

„Bei dem Thema kann ich ihnen nicht weiterhelfen", bedauerte er, und schenkte den Cognac in beide Gläser. „Geldwäsche gehört zu den wenigen Dingen, mit denen ich noch nie zu tun hatte. Ich habe überhaupt keine Kontakte in der Branche. Zum Wohl!"

Schafhaupt trank mit geschlossenen Augen.

„Reden sie offen mit mir", sagte Max Engels augenzwinkernd und nippte an seinem Cognac. „Die Zeit drängt, mein Freund."

Gerhard Schafhaupt bewegt seinen Kopf hin und her, dehnt seine Halsmuskulatur, als wäre er ein Boxer.

„Schwarzgeld können sie bei jeder Bankfiliale deponieren", sagte er.

„Das Spiel findet vor aller Augen statt, und wie die Waschmaschine funktioniert ist kein großes Geheimnis."

„Ich kenne es nicht", sagte Engels. „Überraschen sie mich."

Gerhard Schafhaupt schenkte sich noch ein Glas ein, als wollte er Zeit gewinnen.

„Ich weiß, dass das Organisierte Verbrechen viel Bargeld unterbringen muss und auch Immobilien kauft ", sagte Engels.

Der Makler nickte eifrig.

„Die Gesetze werden immer schärfer", erklärte er. „Man kann auch nicht mehr einfach mit einem Sack voller Euroscheine herumhantieren. Man muss nachweisen woher das Geld kommt, verstehen sie?"

„Und deshalb kauft man Häuser?"

„Man baut welche", sagte Schafhaupt einfach, „oder man lässt bauen. Dabei kann man jede Menge Cash unterbringen, verstehen sie?"

„Verstehe! Je größer das Haus, desto mehr Bares lässt sich unterbringen, richtig?"

Wieder nickte Schafhaupt. „So ähnlich jedenfalls", sagte er, „und es funktioniert problemlos. Die Objekte sind schließlich irgendwann fertig und können regulär verkauft werden. Die Erlöse sind damit offiziell und legal, und die schwarze Kohle ist spurlos im System verschwunden."

„Da müssen aber viele Häuser gebaut werden", sagte Engels.

„Schauen sie sich um."

Gerhard Schafhaupt leerte sein zweites Glas.

„Wie funktionieren solche Systeme eigentlich? Für die Abwicklung braucht man doch sicherlich einige Kontakte."

„Mehrere Firmen", sagte Gerhard Schafhaupt geduldig. Er griff nach einem Block und legte ihn auf seien Schoß. Dann malte er verschiedene Kreis auf das erste Blatt.

„Das Schwarzgeld wird in die unterschiedlichen Firmen eingeschleust", erklärte er weiter, „und fließt zwischen den Banken hin und her, ähnlich wie der normale Zahlungsverkehr."

„Wird das denn nicht irgendwie kontrolliert?"

„Theoretisch schon, aber tatsächlich nur, wenn einer der Teilnehmer ausfällt oder aufschreit", erwiderte Schafhaupt. „Auf die Art werden Kredite ausgeglichen, Zinsen und Gebühren bezahlt, und eben auch allerhand andere Positionen."

„Auch Scheinrechnungen, oder?", fragte Engels.

„Das können Mieten sein, Beratungshonorare, Rechnungen für Leistungen und Waren aller Art, alles Mögliche eben."

Schafhaupt musterte den Hauptkommissar aufmerksam.

„Wie gesagt, die Banken werden nur oberflächlich kontrolliert."

Der Makler goss noch einmal nach, aber Engels hielt eine Hand über sein Glas.

„Sicher, dass sie keinen mehr möchten?"

Engels zeigte nur auf die Kreise.

„Wenn also Rechnungen vorliegen, ist es völlig in Ordnung, dass auch das Geld da ist, stimmt`s", fragte er dann weiter.

„Geld stinkt nicht", sagte Schafhaupt. „Schwarze Drogengelder verwandeln sich reibungslos in saubere Firmengelder, Simsalabim, alles kontrolliert und abgesegnet von Wirtschaftsprüfern und den Banken. Ist das nicht praktisch!"

„Sie kennen nicht zufällig einen dieser geheimnisvollen Macher, der auch noch mit mir sprechen würde?"

„Das hängt von ihren Fragen ab."

„Vielleicht höre ich auch nur zu."

Schafhaupt ließ sich das einen Moment lang durch den Kopf gehen und schluckte dann einmal geräuschvoll.

„In der Region gibt es sicher keinen, der sich soweit aus dem Fenster lehnt", verkündete er, „aber ich kenne einen …Luxemburger."

„Echt …?"

Gerhard Schafhaupt lächelte listig. „Soll ich ihn anrufen?"

„Natürlich."

Während Schafhaupt leicht schwankend aufstand und in das andere Zimmer schlurfte, ging Engels zur Toilette. Es gab kein Toilettenpapier, und im Waschbecken prangten dunkelgraue Schmutzränder. Gerhard Schafhaupt sparte an den Reinigungskosten.

Max Engels starrte in sein Spiegelbild und streckte sich. Vorsichtig belastete er sein rechtes Bein.

Dann hörte die Stimme von Schafhaupt lauter werden und ging wieder zurück in das Büro.

„Jean Konter logiert noch zwei Tage im Steigenberger", sagte Schafhaupt aufgeräumt und blieb vor Max Engels stehen. Sein Gesicht war kantig und zeigte dunkle Bartschatten. „Er empfängt sie dort morgen um 9 Uhr in der Hotellobby."

Engels schnalzte mit der Zunge und grinste.

„Konter will ein Geschäft mit ihnen machen."

„Danke für den Cognac."

„Sagen sie Bescheid, wenn sie meine Hilfe brauchen." Schafhaupt winkte matt und verschwand in Richtung Nebenzimmer.

Engels hatte Hunger. Im Klinikflur hatte er sich zwar ein Käsebrot aus einem der Automaten gezogen, aber das war eben schon ein paar Stunden her. Vor dem großen Hoteleingang bog er ab in die Fußgängerzone und setzte sich ins *Mövenpick*.

Es war wenig Betrieb und verhältnismäßig ruhig. Engels setzte sich an einen der Fenstertische. Er war erschöpft und schwitzte heftig. Als der Kellner endlich Notiz von ihm nahm, bestellte er ein Schinken-Sandwich und ein Bier.

Um ihn herum gab es nur vereinzelt Gäste und halblautes Gemurmel. Ein paar Jugendliche lachten drüben im Kassenbereich. Zwei gutgekleidete Frauen unterhielten sich vertraulich über ihren Muffins. Am Nachbartisch saß ein Mann im Anzug mit weißem Hemd und Schlips, neben sich einen zehnjährigen Jungen. Die beiden lachten miteinander.

Engels nippte an seinem Bierglas.

Die Eingangstür ging auf, und eine elegante Frau und ein etwa fünfjähriges Mädchen betraten das Restaurant. Die Frau ließ den Blick suchend durch den Raum schweifen, und ihr Gesicht leuchtete auf, als sie den Mann mit dem Jungen entdeckte. Sie schlängelte sich zwischen den Tischen hindurch, hielt das kleine Mädchen an der einen Hand und ihre Einkaufstüten von *Engelhorn* in der anderen. Sie trat an den Tisch, küsste den Mann auf den Mund und den Jungen auf die Wange, dann sagte sie etwas, und alle vier lachten.

Max Engels hätte beinahe mitgelacht. Aber der Kloß in seinem Hals machte ihm plötzlich zu schaffen. Er dachte an das billige Rauschgift, das kommen würde und wusste, dass er alles versuchen musste um die Giftschwemme aufzuhalten.

Sein Gesicht wurde grau.

Nach einer Pause zog er das BlackBerry aus seiner Jacke und rief die Liste mit den entgangenen Anrufen auf.

Sabine Back stand ganz oben, unter der Zentralnummer des Präsidiums.

Er sah auf die Uhr. Viertel nach acht. Engels schluckte und drückte auf „…anrufen".

Die Rufsignale halten, zwei, drei, vier…

„Ja, Back hier…"

Max Engels musste sich räuspern.

„Äh, hallo", sagte er. „Ich bin`s."

„Hallo. Hallo!", sagte sie. „Haben sie sich wieder eingekriegt?"

„Alles gut", antwortete Engels. „Und sie? Ich habe gesehen, dass sie angerufen haben."

„Ja! Genau. Warten sie mal kurz?"

Back verschwand für ein paar Sekunden vom Telefon, Engels hörte sie im Hintergrund Englisch sprechen.

„So", sagte sie. „Jetzt bin ich draußen."

„Was ist das für ein Lärm, bei ihnen?"

„Ich bin im Yellow-Tower", lachte sie leise.

„Wozu?"

„Ich will mich betrinken."

„Haben sie einen Grund?"

„Haben sie einen dagegen?"

Warum haben sie mich angerufen?"

„Falls es sich gleich anhört wie in Baden, dann ist das nur ein *Easy Jet* aus London, mit einer Horde Pauschaltouristen auf dem Weg nach Heidelberg…"

Der Rest ihrer Worte ging im entsetzlichen Gebrüll eines Flugzeugs unter, das zur Landung ansetzte.

„Das war der wohl gerade, was?" Engels musste lachen. „Ich weiß wo der Flughafen liegt."

„Ich sollte ihnen etwas von Oser zurufen", sagte Back und steckte sich eine Zigarette an.

„Was ist los?"

„Tofexx…"

„An denen ist Oser doch dran."

„Deshalb die Aufregung ", sagte Back. „aber der Kollege findet diesen Bauer nicht. Die Villa in der Oststadt steht leer, und die Lebensgefährtin von dem Mann ist außer sich."

„Großfahndung", sagte Engels automatisch. „Bauer wird unterwegs sein zum nächsten Flughafen."

„Läuft bereits…"

Etwas betreten machte Back eine Pause. „Der noble Herr Präsident ist mit einem seiner Container-Schiff abgehauen."

„Was ist… "

„Ja, die Spedition hat eigene Schiffe…" Back atmete laut aus. „Binnenmarkt und so. Oser hat die Kollegen von der *WaPo* schon alarmiert."

„Nordsee oder Schiphol."

„Suchen sie`s sich aus. Die fahren durch die Neckarspitze und dann den Rhein hoch."

„Andere Baustelle … und ich nehme den Hafen von Stuttgart."

Am anderen Ende blieb es einige Sekunden still.

„Was haben sie jetzt vor?"

„Nicht mehr viel", sagte Back halblaut. „Die Überstellung aus Heilbronn ist sicher morgen Abend abgeschlossen."

Ihre Stimme wurde fahriger. „So gegen sechs." Endlich hatte sie sich entschieden. „Danach können wir uns im *EAT* treffen, wenn sie mögen?"

Es dauerte eine Weile bis er sagte: „Ich bin zu alt für so eine Geschichte."

„Da habe Ich ganz andere Sachen gehört."

Backs Stimme schepperte. „Und ich akzeptiere jetzt keine Absage."

Stille in der Leitung. Engels wartete, aber plötzlich legten beide auf.

Engels schnitt eine Grimasse, aber nach einer Weile, stand er auf und ging zum Ausgang. Volldampf voraus.

Dabei stieß gegen er Tische und Stühle und merkte auch, wie sein Bein reagierte, aber er achtete nicht auf die Schmerzen und humpelte hinaus auf die Straße.

12

Frühmorgens durch die Uferstraßen. Ein paar Bäume wiegten sich am Ufer, die Zweige sahen ebenso grau aus wie das Wasser. In der Unterführung lagen zerbrochene Flaschen und es roch nach frischer Pisse und Bier.

Um halb Sechs stand Sabine Back in Shorts, Kapuzenpulli und Joggingschuhe am Rhein und schaute zu, wie die Sonne über das Wasser wanderte. In weiter Ferne war das Dröhnen der Stadt zu hören.

Luftholen. Back fuhr sich mit der Hand übers Haar und dann trank sie aus der kleinen Wasserflasche. Sie dachte an Ian Kaufmann, ihren Eishockeyhelden und wie sie in den Fall hineingestolpert war. Fünf Menschen abartig ermordet. Ein barbarisches Zeichen. Aber ein greifbares Motiv fehlte noch immer. Und Susanna blieb verschwunden, das Mädchen hatte sich wie in Luft aufgelöst.

War das auch ein Zeichen, ja, aber für wen?

Am Ufer, da draußen am ersten Weg treffen sich doch öfters mal Liebespaare, die kein Geld für ein Hotel ausgeben wollen. Das sollten sie mal abklopfen.

Die Worte der Kollegen spukten Back immer wieder durch den Kopf, während sie ihre Dehnübungen machte. Der Tod wäre vielleicht noch nicht einmal das Schlimmste für das Mädchen.

„Fühlt sich doch scheiße an, sowas", sagte sie laut vor sich hin. Mühsam schob sie den Gedanken weg.

Sie hatte bei Engels mal lapidar nachgefragt. Kein Ton hatte der gesagt. Er hatte sie nur wortlos angestarrt. Egal. Wind kam auf und brachte kühlere Luft mit sich. Back fror plötzlich in ihren kurzen Shorts. Für ein paar Minuten hielt sie das Gesicht in die Sonne, dann machte sie sich auf den Rückweg.

**

Jean Konter war um die vierzig, leicht ergraut, mit einem braungebrannten Gesicht und der Prototyp des taffen Karrieristen. Regungslos stand der Mann an der Rezeption und wartete. Sonst war in der Lobby noch nicht viel los.

„Danke für ihre Zeit", sagte Engels als er vor ihm auftauchte und ihm die die rechte Hand hinstreckte.

Jean Konter nickte leicht und nahm die Hand.

„Ich bin hier um zu arbeiten", sagte er mit einem weichen französischen Akzent. Er lächelte dabei.

„Okay."

Darauf machte Konter seine Jacke zu und führt Engels an den Aufzügen vorbei in die Cafe` Lounge des Hotels. Der riesige Raum war fast leer, und es war angenehm ruhig.

Die Front zur Straße war ein einziges Panorama aus Aluminium und viel Glas. Man konnte problemlos bis ins gegenüberliegende Gebäude schauen, in ein Fitnessstudio hinein mit mehreren futuristischen Geräten an den Fensterplätzen.

Konter hielt auf eine abgetrennte Nische zu. Ein Frühstückstisch war eingedeckt. Zierliche Flaschen mit Mineralwasser und verschiedene Säfte standen bereit.

„Nehmen sie Platz", sagte er freundlich und setzte sich selbst ans Kopfende des Tisches. „Sie sind also ein Bekannter von Gerd Schafhaupt. Wie lange kennen sie sich denn schon?"

„Wir gehen gelegentlich zusammen Mittagessen." Er machte es sich an der Längsseite bequem. „Gerd hilft mir mit Kontakten…"

Eine Servicekraft kam zwischen den Tischen entlang und stellte eine Edelstahlkanne mit frischem Kaffee auf den Tisch.

Es entstand eine leicht angespannte Pause. Nur die Sonne suchte sich einen Weg durch den oberen Teil des Fensters und tanzte unter der Decke. Amüsiert fing Konter fing an zu lächeln.

„Unser Freund sagte mir, sie seien an kreativen Anlagemöglichkeiten interessiert." Die Frage klang beiläufig.

„Wer ist das nicht", gab Engels zurück. „Gerd hat mir gegenüber angedeutet, dass sie dabei helfen können."

Auffordernd schwenkte Konter seine Brille.

„Es geht ihnen gut, oder?"

„Ich kann nicht klagen."

„Womit verdienen sie denn ihr Geld?"

„Meine Firma baut Wohn- und Bürohäuser. Ich kümmere mich um die Vermarktung der Immobilien."

„Das passt perfekt mein Freund", platzte Konter heraus. „Womit soll ich anfangen?"

„Was unterscheidet ihre… Angebote von denen meiner Hausbank?"

„Die Rendite", erwiderte der Anwalt und starrte Engels dabei unverwandt in die Augen. „Was hat ihnen der Gerd denn alles über mich erzählt?"

„Dass man ihnen vertrauen kann."

Für einen Moment schweigen die beiden Männer.

„Was wollen sie wissen?"

„Wie ich mir ein Geschäft mit ihnen vorstellen muss."

„Kaffee?"

Engels hielt seine Tasse hin, und der Rechtsanwalt goss ihm ein.

„Wir realisieren Investments." Konter und warf wieder einen raschen Blick auf Engels. „Steuervermeidung ist die spezielle Komponente dabei", sagte er sanft. „Unsere Kernkompetenz, verstehen sie?"

Konters Gesichtsmuskeln zuckten. Er hielt seine Tasse am Henkel fest und goss sich selbst ein. Dann lächelte er einmal, holte tief Luft und sprach weiter: „Die Investition erfolgt verschlüsselt, das Kapital wird ausschließlich über Nummernkonten transferiert und lässt sich deshalb nur schwer zurückverfolgen."

„Wie hoch kann ich einsteigen?"

„Es gibt kein Limit."

Jean Konter nahm einen Schluck aus seiner Tasse. „Aber natürlich gibt es unterschiedliche Modelle."

„Erklären sie mir doch den Ablauf?"

„Sie eröffnen ein Konto bei uns und zahlen ihr Kapital darauf ein."

„Das ist alles?"

„Ab dann übernehmen wir", sagte Konter im Plauderton.

„Gab es mal Probleme …?"

Der Anwalt sah überrascht auf, überlegte einen Augenblick und schüttelte langsam den Kopf.

„Bei uns … sicher nicht."

„Welche Sicherheiten bleiben mir."

Jean Konter lächelte. „Wir empfehlen unseren Mandanten häufig kleinere Firmen-Neugründungen vorzunehmen."

„Das reicht aus?"

„Sie können in vielen Ländern problemlos Eigentum bilden, glauben sie mir. Und natürlich sind wir in den Bereichen, und vor Ort ...behilflich."

„In welchen Ländern engagieren sie sich?"

„Das sagen wir ihnen schon rechtzeitig."

„Verstehe...und die Risiken dabei?"

Konter legte den Kopf schräg und wartete.

„Wo sehen sie welche?"

Nach zwei Sekunden winkte er kurz ab. „An den von uns ausgesuchten Investitionsstandorten gibt es keine nennenswerte Einkommensteuer, keine Unternehmenssteuer auf Gewinne und auch keine Quellensteuer.

„Ernsthaft..."

„Richtig."

„Gibt es eine Referenzliste ... "

Der Rechtsanwalt überlegte einen Moment. „Was für Namen suchen sie denn?"

„Ich bin sportbegeistert, wenn sie verstehen." Engels grinste wie ein Kleinkrimineller, der einen Komplizen gefunden hatte.

Konter verstand.

„Ian Kaufmann war unser populärster Repräsentant in der Region", sagte er langsam. „Natürlich kannten wir uns. Glauben sie mir, vor ein paar Monaten wären Lilli und Ian Kaufmann hier mit am Tisch gesessen."

„Eine fürchterliche Geschichte ..., was da passiert ist."

Konter nickte etwas angewidert. „Wir sind alle geschockt, und eigentlich bin ich immer noch fassungslos."

Engels sagte kein Wort.

„Aber für uns muss das Leben weitergehen", sagte Konter dann entschieden und sein Lächeln erstarb vollends. „Erwarten sie bloß nicht von mir, dass ich hier Vertraulichkeiten für sie ausgrabe."

„Schade."

Konter lehnte sich zurück und rührte in seiner Tasse. „Lilli Kaufmann war eine tüchtige Finanzmaklerin. Das ist alles."

„Welchen Mindesteinsatz erwarten sie?"

„Das eingezahlte Grundkapital muss sich mindestens auf eintausend englische Pfund belaufen."

„Wie hoch wird ihr Honorar?"

Jean Konter schob die Frage einfach zur Seite. „Das vereinbaren wir individuell. Maßgeblich ist hier vor allem die Risikobereitschaft des Anlegers, und kurz gesagt, die Gewinnerwartung."

„Es ist schon erstaunlich", erwiderte Engels, „wie einfach alles funktioniert, und dass die EU immer noch tatenlos zuschaut."

„Kein Finanzamt kann gegen ein Investment von uns einschreiten", kicherte Konter leise und legte dabei seine Handflächen leicht aneinander.

„Sie bewegen sich vollkommen im gesetzlichen Rahmen und sie brechen auch kein Gesetz."

„Wo ist der Schwachpunkt in dem System?"

„Sagen sie es mir", erwiderte Konter gereizt und zog die Augenbrauen hoch.

„Ich bin Rechtsanwalt und ich vertraue ihren Angaben", fuhr er fort. „Wenn sie mir sagen, ihre Einkommensquelle ist legal, dann ist es nicht meine Aufgabe, ihre Angaben in Frage zu stellen. Das sollten sie nicht vergessen." Jean Konter hatte auf einmal einen grausamen Zug um den Mund.

„Wir haben die Regeln nicht gemacht und wir befolgen die Gesetze, aber wir nutzen den legalen Rahmen aus."

Job ist Job.

„Selbstverständlich berät meine Kanzlei nur auf diesem Gebiet", sagte er mit einem harten Blick über den Tisch. „Das ist völlig legal. Von Kollegen, die sich aktiv an Geldwäsche beteiligen, und zwischen den Gesetzen Slalom fahren, distanziere ich mich ausdrücklich."

„War`s das schon?"

Damit war das Gespräch beendet, und Engels stand zwei Minuten später wieder auf der Straße.

Aalglatt der Typ.

Als er weiterlief, schaltete er auch sein Handy wieder ein.

„Sie haben …vier … neue Nachrichten", verkündete die elektronische Mailboxstimme. Die vierte war von Jo Tänzer. Nach ein paar Schritten winkte Engels heftig nach einem Taxi.

13

Tatsächlich ein Cheerleader-Mädchen! Tänzer hatte erstmal geliefert. Oder war es ein Signal. Engels war`s egal. Die Kontaktdaten kamen schneller als gedacht und er rief die Frau direkt an.

Schon nach dem ersten Klingeln nahm Monika Kessler ab, und sie klang als hätte sie auf den Anruf gewartet. Engels musste sie nicht überreden. Sie war sofort einverstanden mit dem Vorschlag sich zu Treffen und sie verabredeten sich in der Kneipe an der Kurpfalzbrücke.

„Das kenne ich", hatte Engels gesagt.

Früher waren dort mal junge Leute in T-Shirts rumgehangen.

Am alten Bahnhof kletterte er aus dem Taxi und machte die letzten paar Schritte zu Fuß. Er merkte wie hungrig er war und betrat das *Citybeach, wie das Lokal jetzt hieß,* durch einen schmalen Seiteneingang. Im Innenbereich standen Holztische und es gab eine Bar.

Ein junger Kellner in schwarzweißer Uniform nahm Engels in Empfang und führte ihn auf die Terrasse zu einem freien Tisch dicht am Neckar.

Der Citybeach war zu einem angesagter Yuppieschuppen geworden. Natürlich wartete Engels am Tisch, bestellte ein kleines Bier und betrachtete sich die Gäste.

Als die junge Frau auf ihren hohen Schuhen ankam, sah er sie neugierig an und traute seinen Augen fast nicht. Monika Kessler war Anfang zwanzig, langhaarig, und heftig geschminkt. Sie trug ein enges, ärmelloses Sommerkleid mit einem sehr tiefen Ausschnitt, und war schön braun.

Sämtliche Männeraugen starrten zu ihr herüber.

Ausladend kam sie auf Engels zu und zwinkerte ihn mit großen Augen an.

Max erhob sich und streckte die Hand aus.

„Ich bin Max Engels", stellte er sich vor.

„Ich weiß ..." Die junge Frau strahlte ihn an. „Jo hat sie mir genau beschrieben."

„Schön, dass sie etwas Zeit für mich haben", sagt Engels. „Es ist dringend."

Kessler setzte sie sich ihm genau gegenüber.

„Wie kann ich ihnen helfen?", lachte sie während sie das Handy in die braune Lederhandtasche steckte.

Der Kellner kam vorbei und Kessler bestellte sich einen kalifornischen Chardonnay.

Interessiert sah Engels die junge Frau an.

„Arbeiten sie beim *Neckarblick*?"

„Nein, zurzeit nicht." Monika Kessler kicherte laut.

„Entschuldigen sie...aber sie arbeiten doch für Jo Tänzer, richtig?"

„Nur manchmal", sagte Kessler. „Jo ist mein Mentor. Ich höre an der Kunstakademie, denn eigentlich bin ich Künstlerin, aber davon kann man nicht immer die Rechnungen bezahlen."

„Verstehe."

Sie zuckte mit den Schultern und wartete.

Engels zeigte auf die Speisekarte. Sie war Französisch und Englisch abgefasst, aber die Preise waren deutsch.

„Ich hoffe sie mögen Fingerfood."

„Den hier ... schon."

„Dann suchen sie doch bitte für uns beide aus. Ich lade sie natürlich ein."

Ich weiß schon was sie mögen", sagte Kessler kess über den Tisch. „Zuerst die Flusskrebse, die sind hier nämlich bombastisch."

Engels winkt den Kellner heran und Monika Kessler bestellte Meeresfrüchte und einige weitere Kleinigkeiten. Die Speisekarte beachtete sie überhaupt nicht.

„Hier gibt es Leckereien, die sie lange nicht vergessen werden."

Der Kellner brachte eine riesige Platte mit verschiedenen Tellern, die mit allerlei Köstlichkeiten aus dem Wasser und noch dazu mit Öl, Kräutern und Knoblauch gefüllt waren.

„Greifen sie zu", rief Monika Kessler entzückt, klatschte in die Hände und stürzte sich aufs Essen. „Schmeckt prima und ist total gesund."

Max Engels warf einen misstrauischen Blick auf seinen Teller. Nur ganz vorsichtig stocherte er zwischen den Meeresfrüchten herum. Notgedrungen hielt sich an den Lachs und die zierlichen Frühlingsrollen.

Sie aßen schweigend. Nachdem sie einmal angefangen hatte zu essen, konnte sich Monika Kessler, wie es schien, nicht mehr zurückhalten.

Sie stopfte Salate, Lachs, die Krebse, und alles andere Getier in sich hinein, bis ihr schier die Luft ausging.

„Hoppla", sagte sie plötzlich und unterbrach einmal. Der Kellner stellte gerade eine Flasche Weißwein und zwei Gläser auf den Tisch. Monika Kessler lachte den Mann vielleicht etwas zu verbindlich an, aber der Keller neckte sie und strahlte zurück.

„Wie alt sind sie?", unterbrach Engels.

„Im November werde ich zweiundzwanzig."

„Was studieren sie genau?"

„Im Moment setze ich aus", erwiderte Kessler ohne zu zögern.

„Die VIP-Betreuung ist mein Baby, und das lässt mir keine Zeit, müssen sie wissen", schnatterte sie unbefangen. „Neben der Tanzerei arbeite ich hauptsächlich bei den Adlern im Marketing, wissen sie. Das ist echt spannend und man fühlt sich irgendwie besonders."

Monika Kessler legte ihren Unterarm auf den Tisch. „Außerdem verdient man gut. Bei den Sponsorentreffen, und den Werbeveranstaltungen von denen, trifft man auch immer wieder auf Promis und die kann man manchmal auch kennenlernen."

„Meinen sie Männer wie Jo Tänzer?"

„Ja, den habe ich auf die Art auch mal kennengelernt."

„Sie wissen ja, warum ich mit ihnen sprechen will", sagte Engels. „Jo meint, sie könnten mir bestimmt einiges über die Szenetreffs in der Region erzählen…"

„Wenn Jo das meint… gerne."

Kesslers Stimme wurde dünner. Offensichtlich fühlte sie sich geschmeichelt. Mit einer Hand fuhr sie sich über die Stirn, nahm eine konzentrierte Haltung ein und fing an.

„Für sie als Fremden hat es vielleicht den Anschein, als ob es hier nur um Bars, Discos und Typen mit dicken Schlitten geht, aber diese Ecke hat noch andere Seiten."

Wie zur Bestätigung nippte sie einmal an ihrem Weinglas. „Die Metropolregion wird immer internationaler und Mannheim ist eben die Drehscheibe", fuhr sie fort. „Trinken sie keinen Wein?"

„Eigentlich ist es für mich noch zu früh", gab Engels zurück. Er nahm einen symbolischen Schluck und wartete wieder.

„Das Leben in der Stadt ist sehr teuer geworden." Die junge Frau lächelte Engels energisch an. „Alle Preise explodieren, da muss man sehen wo man bleibt."

„Aha."

Engels nickte.

„Aber das Leben dreht sich viel schneller", sagte sie weiter. „Man trifft viele interessante Leute, große Boote, protzige Autos, verstehen sie? Viel Geld und man kommt auch leicht an …nun ja, eben an alles was das Herz begehrt."

„Haben sie schon mal … Kokain probiert?"

Kessler wirkte nicht überrascht. „Ich habe gewusst, dass sie danach fragen." Sie nickte, jetzt sehr ernst geworden. „Und das bereue ich unglaublich."

Sie verdrehte die Augen. „Im Februar bin ich in eine Razzia hineingeraten, und wahrscheinlich war das meine Rettung."

Engels nickte ihr aufmunternd zu.

„Danach sind bei mir alle Alarmglocken angesprungen", sagte sie. „Zum Glück bin ich damals Roland Waechter in die Hände gefallen. Der hat mir geholfen und hat mich wieder auf den richtigen Weg gebracht. Kennen sie den Mann?"

„Nicht besonders gut." Engels griff nach seinem Glas und trank einen großen Schluck.

„Ich habe großes Glück gehabt."

„Können sie mir mehr von dieser Razzia erzählen?"

Sie überlegte kurz und sagte dann: „Wir waren auf einer Sponsorenparty unten am Hafen, im Jungbusch. In einer Bar. Gegen halb drei in der Nacht kam die Polizei mit Spürhunden und allem Pipapo, und alle wurden durchsucht, das war natürlich super unangenehm, aber gleichzeitig auch gut."

„Wurden sie verhaftet?"

„Nein, ich hatte gottseidank nur ein paar bunte Pillen bei mir gehabt."

„Wie kamen sie dazu?"

„Hat mir einer zugesteckt."

„Wie bitte?"

Kessler ging nicht darauf ein. „Es war eine Gefälligkeit", sagte sie und legte den Kopf leicht schräg. „Aber es hat auch Spaß gemacht."

„Kannten sie Ian Kaufmann?" fragte Engels.

„Klar." Monika Kessler kaute eifrig und blinzelte ein paar Mal euphorisch. „Aber nicht wie sie meinen."

Max Engels ließ seine Gabel sinken und lächelte leicht.

„Ist es nicht schrecklich, was mit der Familie passiert ist?"

Monika Kessler wirkte echt erschüttert. „Das konnte ja keiner ahnen.", sagte sie. „Stellen sie sich vor, ich war auf der Geburtstagsparty seiner Tochter, nur ein paar Tage bevor die alle gestorben sind."

„Sie gehen auch zu Kindergeburtstagen?" Engels Stimme klang skeptisch.

„Susanna, die älteste Tochter von Kaufmann hat gefeiert, was denken sie denn?"

Engels starrte sie an, wie sie sich angespannt nach vorn lehnte.

„Sie waren tatsächlich auf Susannas Party? Warum?"

„Das Mitwirken bei so einem Teenie-Event gehört manchmal auch zu meinen Aufgaben. Ich werde ordentlich dafür bezahlt."

„Ist das so, wo war denn die Feier?"

„In der derselben Location, wo auch die Razzia war. Über einer Disco im Gewerbegebiet. Wenn man vier Kisten Wodka kauft, kann man das Lokal buchen. Das ist seit einiger Zeit total angesagt."

„Und das hat Susanna gemacht, um ihren Geburtstag zu feiern?"

„Nein, natürlich hat das der Papa erledigt."

Kessler lachte.

„Kaufmann wollte, dass Susanna Freunde findet, deshalb hat er alle möglichen Leute eingeladen. Der Mann war immer so wahnsinnig großzügig. Freie Drinks, alles, bis zum Abwinken."

„Haben sie Susanna gut gekannt?"

Monika Kessler seufzte einmal schwer.

„Nein, aber das spielt auch keine Rolle. Kaufmann hatte uns für den Abend gebucht. Er wollte einen großen Rahmen für seine Tochter, verstehen sie?"

Engels zuckte mit der Schulter.

„Egal, aber die Kleine hatte wohl auch keine große Lust auf diese Feier."

„Wieso das?"

„Keine Ahnung. Sie saß nur in der Ecke und wollte mit niemandem reden."

„War Ian Kaufmann auch dabei?"

„Sicher."

Monika Kessler verzog den Mund.

„Ich weiß es deshalb so genau, weil der große Mann einmal fast ausgerastet ist."

„Was war passiert?"

„Ein paar Mädels haben in einer Ecke eine Linie gezogen und Ian Kaufmann hat sie erwischt. Er war total gegen Drogen und so und hat die Mädchen rausgeworfen…"

„Sie wissen doch, dass Susanne verschwunden ist, oder?"

„Tänzer hat es erzählt."

Kessler nickte und nahm sich noch einen Krebs.

„Voll unheimlich, echt."

„Wissen sie wo das Mädchen sein könnte?"

„Vielleicht ist sie abgehauen", sagte Kessler noch leiser. „Aber ich habe keine Ahnung."

„Wissen sie was von ihren Freundinnen?"

Wieder schüttelte Monika Kessler entschieden den Kopf.

„Nein, ich weiß nicht mal wer ihre Freundinnen sind."

„Sie haben Susanna sonst also nie auf den gängigen Partys gesehen?"

„Nur das eine Mal."

Monika Kessler leerte ihr Glas und goss sich nach.

„Und was machen sie jetzt?"

Kessler riss die Augen auf. „Sponsorensuche ist harte Arbeit, verstehen sie mich?"

„Haben sie an Lilli Kaufmann eigentlich …auch Investoren …vermittelt?"

„Wie kommen sie darauf?"

„Haben sie oder haben sie nicht?"

„Meine Güte, das ist aber ganz schön weit hergeholt."

Monika Kessler hatte immer noch große Augen. „Ich kenne natürlich etliche Bonzen hier in der Gegend. Irgendwas läuft dann schon."

Sie beugte sich so weit vor, dass Engels in ihren enormen Ausschnitt gucken musste."

„Gehen die Geschäfte gut?"

„Bei mir gibt es eine eiserne Regel", erklärte sie wieder fester. „Man darf niemals mit Interessenten rummachen. Dann verlieren sie den Respekt."

„Jep", gab Engels zurück.

„Das verstehe ich."

Er kippte den restlichen Wein hinunter, und bestellte ein Bier. Kessler grinste und nahm sich die Weißweinflasche vor. Nach einer kurzen Weile war die Platte mit den Meeresfrüchten auch leer.

Monika Kessler nahm kein Dessert. Max Engels bestellte die Rechnung und bezahlte mit seiner Kreditkarte. Anschließend gingen sie die Treppe hoch und über die Straße. Ein paar Leute standen an der Bushaltestelle herum.

Nach einem langen Augenblick trennten sie sich. Monika Kessler stieg in das erste Taxi, und Engels sah ihr lange hinterher. Dann ging er zurück auf die andere Straßenseite.

**

In der Mordkommission war längst keiner mehr. Engels ging ziellos durch alle Zimmer, bis er in dem Glaskasten an der hinteren Gebäudeecke ankam. Er sah nur auf schwarze Bildschirme und leere Schreibtische. Also machte er kehrt und verschwand wieder.

Ein paar Neonröhren spendeten ihr kümmerliches Licht, und wie zum Trotz rauschte irgendwo eine Toilettenspülung.

Es war viertel nach sieben als er die Kollegin an der Pforte grüßte und durch die Seitentür nach draußen stapfte.

Nebenan auf dem Parkplatz stand Sabine Back mit ihrem Wagen. Beide Scheinwerfer waren eingeschaltet, aber die Frau saß regungslos hinter dem Lenkrad, hatte ihr Notebook vor sich und starrte stur geradeaus. Sie war online!

Ohne aufzublicken winkte sie Engels heran.

„Ulla Thaler geistert über das Anwesen von Kaufmann", sagte sie durch das Seitenfenster als er neben ihr ankam.

„Was ist los?"

„Sie haben mich doch verstanden", sagte Back unaufgeregt. „Auch sonst ist da draußen jede Menge Betrieb."

„Geschenkt."

Engels winkte ab. „Schauplätze von Kapitalverbrechen locken immer Schaulustige an."

„Auch Psychopathen kehren zum Tatort zurück", gähnte Back.

„Interessant, wie sie das sagen."

„Das habe ich mal bei ihnen gehört", sagte Back und zuckte mit der Schulter. „Außerdem ist Ulla Thaler nicht allein unterwegs"

Ruckartig hob Back den Kopf. „Gaffer haben die Wache angerufen."

„Die Leute beruhigen sich auch wieder", erwiderte Engels. „Sensationslüsterne wachsen überall, wie Unkraut. Das wissen sie doch."

„Manche bringen sogar Blumen mit, meinen sie die?".

„Also sagen sie schon, wer mit der Thaler unterwegs ist?" Engels sah Back fragend an.

„Eine zweite Frau. Vermutlich handelt es sich um eine gewisse Jenny Lipp, mehr kann ich aber noch nicht sagen."

„Woher haben sie den Namen?"

„Routineerfassung nach Feststellung der Meldeadresse." Back versuchte nur geradeaus zu gucken.

„Immer fix, was?"

„Ich mache Yoga."

Back hob die Augenbrauen. „Ulla Thaler hat ihre Tochter als Vermisst gemeldet, haben sie das schon vergessen?"

„Soll Thaler doch rumgeistern mit wem sie will."

Engels war genervt. „Mich stört das nicht. Die Person, bei ihr, wird die Freundin sein, bei der sie derzeit wohnt."

Die Überprüfung läuft jedenfalls", sagte Back und drehte ihren Blick wieder zurück.

„Von mir aus." Engels richtete sich auf. „Thaler hat mir selbst von ihrer Freundin erzählt." Mit der Hand tastete er sich über die Seite. „Vielleicht will sie mit der ihr Erbe begutachten."

„Quatsch."

Back hatte sich entschieden. „Ist es möglich, dass sie nach ihrer Tochter sucht", fragte sie mit einem langen Blick.

„Wie kommen sie darauf?"

„Ich habe auch Post gekriegt", sagte Back. „Vielleicht sollten wir rausfahren und direkt fragen?"

„Einverstanden."

Engels ging um den Wagen herum und setzte sich auf den Beifahrersitz.

„Was ist mit ihnen?"

„Erstmal `nen Moment Ruhe."

Sabine Back startete den Motor.

„Bleiben sie eingeloggt und warten sie noch einen Moment", sagte sie und schob Engels das Notebook hinüber. Danach trat sie das Gaspedal einmal voll durch.

Engels nahm das Notebook auf den Schoss und starrte auf den Schirm. Dann rief er das Mailprogramm noch einmal auf. Er klickte auf eine der Nachrichten. Es waren nur zwei Sätze.

Ich habe eine seltsame Mail gekriegt. Ich glaube es war Susanna.

„Das war diesmal wohl Banny Schafhaupt", sagte Back.

„Wirklich?"

„Pferdemädchen, oder die Mitschüler."

Back sah stur geradeaus. „Wer sonst? Das Verschwinden des Mädchens hat sich doch längst rumgesprochen."

Engels blieb skeptisch. Er las die Nachricht zweimal und fragte sich, ob das ernst gemeint war. Vielleicht saß das Mädchen überhaupt nicht an dem Computer und jemand anders versuchte eine falsche Spur zu legen. Er klickte noch einmal und ein weiteres Feld baute sich auf.

„Hier ist der Absender: *LuckyDick@ymail.com* aufgeführt", gab er an.

„Wenn schon."

„Der Account ist doch bestimmt verschlüsselt."

„Fahren sie den Computer herunter."

Plötzlich wirkte Back aggressiv. Gereizt fuhr sie die Straße entlang, bog ein paar Mal ab, und passierte eine

Reihe von Kreuzungen. Auch über der Brücke war sie noch viel zu schnell.

„Sind unsere IT-Leute schon dran?"

„Natürlich sind die Kollegen informiert, aber ich habe keine Ahnung wie lange die noch brauchen."

Max Engels nickte. „Warum haben sie nicht früher Alarm gemacht?"

„Ich will den Standort wissen, und ich erwarte auf jeden Fall noch die echte IP Adresse."

Es war stockdunkel als sie auf die Insel rollten. Kein Verkehr. Fünfzig Meter vor Kaufmanns Haus hielt Sabine Back den BMW an und schaltete auch das Licht aus. Doch es empfing sie nichts als Stille. Das Grundstück war immer noch abgesperrt. Die Straße war leer. Keine Menschenseele war zu sehen. Man hörte nur das Zirpen der Grillen und aus der Ferne das Muhen einer Kuh.

Engels kippte fast aus Sitz als die Tür aufging. Er machte ein paar Schritte und betrachtete den kahlen Boden vor der Grundstückszufahrt. Im Matsch sah er Reifenspuren von anderen Fahrzeugen.

„Ich schleiche mich von der Seite ans Haus", sagte Back.

„Warten sie!"

Sie warteten. Die Minuten schlichen vorbei.

Etwas Wind zog auf und Engels konnte den Fluss riechen.

„Okay, ich gebe ihnen Deckung."

Er bewegte sich als erster wieder.

Plötzlich hielt er seine Waffe in der Hand.

„Los!"

Back, in ihrem eleganten Designer-Hosenanzug, rannte über das Grundstück, ein wenig gebückt, als würde das etwas nützen. Nur ihre Schritte auf dem nassen Boden waren zu hören.

Der Himmel hing tief über der Insel. Fast keine Sterne. Totenstille.

Engels wartet ab.

„Da ist niemand mehr", rief Back ihm nach einiger Zeit zu. „Wir sollten wieder gehen."

14

6:20

Frühstück … und er musste nicht in die Kantine. Wenigstens das hatte funktioniert. Engels war aus dem Bett geklettert, hatte sich gewaschen, angezogen und an den kleinen Beistelltisch gesetzt. Vor ihm stand bereits das Tablett mit dem heißen Kaffee und dem Toast.

Er setzte sich immer so hin, dass er beim Kauen aus dem Fenster sehen konnte, auch wenn er nicht genau wusste, warum. Die Sonne brach durch die Wolken, und die Strahlen beleuchteten jeden Grashalm da draußen zwischen den Wegen.

In seiner Jacke im Schrank klingelte das Handy. Obwohl er zwei Schmerztabletten genommen hatte, pochte die Narbe in der Hüfte wie wild. Engels kämpfte sich aus dem Stuhl hoch, stieß einmal mit dem Bein an und nahm endlich ab.

„Ja?"

„Fiedler", schlug ihm eine müde Männerstimme entgegen. „Kann ich sie sprechen? Es ist dringend. Ich stehe direkt vor ihrem Zimmer."

„Warten sie." Engels, knallte die halbvolle Kaffeetasse auf den Tisch und humpelte zur Tür."

Als er öffnete, stand tatsächlich ein spindeldürrer Typ, mit rasiertem Schädel im Flur draußen und starrte ihn an. Kein Scherz.

„Kennen wir uns?"

Der Mann holte tief Luft, blieb aber stehen. „Sie kennen mich nicht. Aber ich kenne sie."

„Lass mal stecken, Amigo."

Hauptkommissar Reinhard Fiedler las Engels auf der Plastikkarte, die der dürre Typ ihm entgegenstreckte. Dezernat für Wirtschaftsangelegenheiten stand daneben.

„Worum geht`s denn?"

Fiedler bewegte sich keinen Millimeter.

„Schön gemütlich haben sie`s hier", schmeichelte er stattdessen und schob sich Engels entgegen. „Ich habe ein paar Fragen, und sie haben doch wohl etwas Zeit einen Kollegen?", fragte er schnarrend, aber sein Tonfall verriet, dass es wichtig war.

„Haben sie die Schnauze voll von den Betrügern?"

„Eben nicht...ist immer noch spannend."

„Können wir das dann nicht am Telefon besprechen?", fragte Engels weiter und verlagerte sein Gewicht auf das gesunde Bein.

Fiedler schüttelte den Kopf. „Es geht um Rolf Koffler, den Häftling, den ihr vor ein paar Tagen im *Landes* befragt habt."

„Wegen dem Knaben kommen sie hierher?"

„Man hat mir gesagt, dass ich sie aufsuchen soll."

„Wer schickt sie?"

„Der Oberstaatsanwalt."

„Da vorne gibt`s Kaffee." Engels zeigte den Flur entlang auf einen Automaten, neben dem drei Plastikstühle standen. Bevor Fiedler etwas sagen konnte, zog Engels die Tür hinter sich zu.

„Was wollen sie von mir?"

„Ich muss wissen, was Koffler rausgelassen hat."

Engels lächelte schief. „Das verstehe ich, Kollege, dass dich das interessiert, aber …"

Fiedler blieb abrupt stehen. „Koffler ist tot. Er wurde heute Morgen in seiner Zelle aufgefunden."

„Scheiße", fluchte Engels. „Da verliert jemand keine Zeit, was? Was haben sie mit einem wie Koffler zu tun?"

„Nur eine Überprüfung…", sagte Fiedler glatt, „in einer…äh…älteren Geschichte."

„Und?"

„Nichts… hat sich ja leider erledigt."

„Wenden sie sich an Hauptkommissarin Back, wenn sie etwas über den Gesprächsverlauf wissen wollen."

„Das habe ich schon versucht", erwiderte Fiedler, „aber die Dame ist noch nicht erreichbar."

„Was ist eigentlich passiert?"

„Sterbehilfe?"

Reinhard Fiedler gab sich immer noch unbeeindruckt. „Im Moment wird die Leiche obduziert, aber der Arzt hat noch vor Ort festgestellt, dass die Todesursache wohl eine Überdosis Morphium war."

„So ein schneller Befund?"

Engels setzte sich auf einen der drei Stühle. „Drogen halte ich bei dem Typen für extrem unwahrscheinlich."

„So stark verengte Pupillen sind eigentlich ein eindeutiges Zeichen."

„Waren sie dabei als der Arzt ihn untersucht hat?"

„Ich komme gerade aus dem Knast."

„Wie ist Koffler denn an das Zeug gekommen."

„Das will ich auch wissen."

Engels nahm Fiedler nicht ab was er sagte. „Erst will ich ein paar Antworten. Dann dürfen sie nochmal."

„Frau Thaler hat Rolf Koffler gestern Nachmittag im Gefängnis aufgesucht."

„Warum? Die Frau sucht nach ihrer Tochter."

„Woher kennen die sich?"

„Keine Ahnung."

„Wie beruhigend."

„Auf der Besucherliste stehen noch zwei weitere Namen. Klaus und Jenny Lipp. Die Lipp war es auch die für die Besuchserlaubnis gesorgt hat."

Engels überlegte. „Was wollten die von Koffler?"

Fiedler sah ihn nur an.

„Woher soll ich das wissen? Vielleicht das Wetter."

„Irgendwelche Probleme?"

„Wenn das Wachpersonal Koffler nicht mit Morphium versorgt hat, muss es die Thaler oder einer von den Lipps getan haben", sagte Fiedler. „Die hatten die Möglichkeit dazu. Koffler hatte keinen Kontakt mit anderen Häftlingen."

„Habt ihr schon gefragt?"

„Wir warten nur noch die Obduktion ab."

„Was ist hier eigentlich los?" Engels grübelte.

„Was sagt ihnen der Name Lipp?"

„Lipp?" grummelte Engels missmutig, „nichts, oder ich habe es vergessen."

„Sagt ihnen der Name Alex Grosser vielleicht etwas?"

Engels Blick wurde hart.

„Klaus Lipp war mal die rechte Hand von Grosser, verstehen sie? Lipp war so eine Art Aufpasser für den und er hat Jahrelang das Inkasso für Grosser gemacht. Bei dem solltest du gut auf dich aufpassen, Kollege."

„Nur eine Chance", sagte Engels. „Aber jetzt habe ich keine Zeit mehr, um weiter zu plaudern."

Als Max Engels wieder in seinem Zimmer stand, war der Kaffee nur noch lauwarm. Er trank ihn trotzdem. Sein Handy klingelte. Sabine Back meldete sich und sagte ohne Einleitung: „Susannas Handy war gerade aktiv."

„Habt ihr den Standort lokalisiert?"

„Wir wissen, dass es in der Innenstadt war. Das Handy war nur zweimal, kurz hintereinander eingeschaltet."

Alte Hunde glauben nicht an Zufälle, dachte Engels. „Wenn ihr die Funkzelle habt", sagte er, „kann das doch nicht mehr so schwer sein.

„Verdammt…wir sind ja dran."

„Was?"

„Die Zeit war eben zu kurz bisher."

„Lassen sie sich was einfallen."

Engels wurde noch energischer. „Wer auf diese Art sein Handy checkt, will nicht telefonieren. Da wartet jemand auf eine E-Mail oder eine SMS."

„Das weiß ich auch."

„Die Nachricht ist bestimmt interessant", stieß Engels hervor. „Da würde ich gerne mitlesen."

Back überlegte einen Augenblick, bevor sie antwortete. „Ohne richterlichen Beschluss ist das illegal."

„Wahrscheinlich."

„Dann informiere ich jetzt den Oberstaatsanwalt. Vielleicht kann der helfen oder wenigstens Tempo machen."

„Tun sie das."

Back legte auf.

15

Max Engels hatte einen Termin beim Arzt vom Dienst. Er bekam zwei Spritzen gegen die Schmerzen und den Rat, sich viel, aber vorsichtig zu bewegen.

Angestrengt humpelte er danach durch das Treppenhaus und setzte sich in seinem Zimmer an den Schreibtisch.

„Was gibt`s neues ...?"

„Über Ulla Thaler liegt absolut nichts vor", sagte Tom Oser und verputzte gerade noch ein Stück Schokolade.

„Das weiß ich, aber was, ...haben wir überhaupt einen Anhaltspunkt?"

„Die Frau hat zwar ein Facebook-Konto, aber sonst gibt`s keine Auffälligkeiten bei ihr."

Oser schluckte und leckte sich die Lippen.

„Die Frau hat keine Freunde außer dem Kaufmann Clan", sagte er. „Familie ist ebenfalls Fehlanzeige. Nur ihre Tochter Susanna gibt`s noch. Ansonsten konnten wir, in der gesamten Region, bisher keine weiteren Familienmitglieder von ihr auftreiben."

Engels drehte sich langsam auf seinem Stuhl.

„Was ist mit der Freundin, bei der sie wohnt?"

„Keine Ahnung, ehrlich."

„Aber ich habe was ", scharrte Engels zurück. „Die Thaler hat mir sogar selbst gesagt, dass sie ab und an bei ihrer alten Freundin unterkommt", machte er weiter. „Nebenbei hat sie auch noch erwähnt, dass sie zusammen mit der Lipp ihre Ausbildung gemacht hat."

„Südwestchemie?"

„Ein Geist kehrt zurück", unkte Engels.

„Ich kümmere mich drum." Oser machte sich einen Vermerk. „Bei *der* Dame sieht`s nämlich noch seltsamer aus", sagte er. „Nicht eine Spur gibt`s von der Frau. Nicht einmal eine Postadresse existiert. Offiziell existiert die Lipp …überhaupt nicht. Auch keinen Account im Internet."

„Scheiße", entfuhr es Engels.

Oser machte eine Pause.

„Aber ich habe sie doch gefunden", sagte er dann triumphierend.

Engels pfiff anerkennend durch die Zähne.

„Wie haben sie das so schnell hingekriegt?"

„Alte Schule…"

Osers Stimme wurde sofort wieder leiser. „Als ich den Namen bei Google eingegeben habe", gluckste er, „gab es zunächst zwar auch keine Treffer. Aber der Kollege Fiedler, vom Wirtschaftsdezernat hat mich zufällig draufgebracht."

„Jetzt verstehe ich."

Engels hob die Hand.

„Was?"

„Der Kollege war vorhin bei mir."

„Ach." Oser blickte sich irritiert um.

„Kommen sie", unterbrach ihn Engels. „Machen sie`s nicht so spannend."

„Vor ein paar Jahren hatten die hier so einen Fall, da ging`s um eine krachende Firmenpleite. Lipp-Biotech. hieß der Laden. Biotechnik, verstehen sie?"

Schweigend hörte Engels ihm zu.

„Als der Name Lipp jetzt aufleuchtete, im Zusammenhang mit den Morden, meine ich, gingen bei Fiedler wieder alle Lampen an. Den wurmt das Fiasko halt immer noch."

„Verstehe."

„Er hat mir sofort das Aktenzeichen gemailt. Ein Bertus Lipp wurde damals wegen betrügerischem Bankrotts verurteilt."

„Wer ist das denn jetzt?"

Aber Tom Oser war nicht zu stoppen.

„Ich habe mir die alten Akten kommen lassen, und dann bin ich noch auf einer Website gelandet. *Real Estate Häusermarkt-Invest*. Das Unternehmen gehört auch den Lipps, verstehen sie jetzt?"

„Noch nicht ganz." Engels wurde etwas ruppiger. „Den Namen kenne ich aber." Nachdenklich blätterte er sein Notizbuch auf.

Tom Oser lauerte.

„Häusermarkt… ist das Lipp?"

Engels hob den Kopf.

„Richtig."

„Unmittelbar nach dem der Alte damals verurteilt war, hat sein Sohn, Klaus, die Immobilienfirma gegründet."

Oser schluckte mehrmals. „Bertus Lipp, ist zusammen mit seinem Sohn und einem gewissen Alexander Grosser Eigentümer der Gesellschaft und er ist auch Geschäftsführer des Ladens."

„Woher haben sie das alles?"

„Steht dort im Impressum."

„Nach einer Pleite … haben die sich eine neue Firma angeschafft?", fragte Engels. „Wie funktioniert das eigentlich …so ohne Geld…?"

Oser zeigte auf die zwei Ordner auf dem Beistelltisch.

„Aus den Unterlagen von Fiedler gehen sogar mehrere Geldgeber hervor."

„Langsam geht mir ein Licht auf", sagte Engels und setzte Oser über das Gespräch mit dem Kollegen Fiedler ins Bild.

Der zog die Brauen hoch, sagte aber noch nichts.

„Es gibt eine Luxemburger Bankverbindung", begann Oser nach einer Weile wieder und blätterte aufgeregt in einem der Ordner, „und einen Gläubiger. Einen der mehrere Millionen Euro eingebracht hat. Alles Darlehen, aber immerhin."

„Auch ein Geschäftsmodel."

„Das Geld ist tatsächlich geflossen", sagte Oser heiser. „Es kam von … Alexander Grosser und seiner Finanz AG."

„Das ist alles?"

„Keiner hat den Schuss gehört."

Oser grinste noch einmal. „Und jetzt weiß ich auch, warum die Region für Investoren …äh…so praktisch ist."

„Verschonen sie mich bloß mit dem Thema", wehrte Engels ab. „Das ist ein anderes Scheißspiel."

„Auf jeden Fall müssen wir dem nachgehen."

„Langsam."

„Hat eigentlich jemand den *Häusermarkt* überprüft?"

„Nicht dass ich wüsste."

„Die haben sogar in der Innenstadt Geschäftsräume", brummte Engels nachdenklich, „In unmittelbarer Nähe von Lilli Kaufmanns Büro."

„Woher …?"

„Ich war dort", sagte Engels scharf. „Man nennt es auch ermitteln."

Nach einer Pause informierte er den erstaunten Kollegen ausführlich über das Gespräch in Kaufmanns Beraterfirma.

Oser spannte sich. „Dann haben wir doch noch eine Verbindung." Wütend wischte er sich mit dem Handrücken über die Augen.

Engels sah ihn wieder nur an.

„Klaus … und Jenny Lipp. Verstehen sie?"

„Und?"

Oser lachte plötzlich hektisch.

„Es sind Geschwister", sagte er. „Ulla Thaler, Lilli und Ian Kaufmann und die Geschwister Lipp. Die waren damals alle schon in der Neckarstadt-Clique zusammen."

„War die Gruppe mal politisch aktiv?"

Oser schüttelte den Kopf. „Meinen sie …wegen dem Gasanschlag?"

„Hm."

„Hier ist unsere Faktenlage." Oser schob einen schmalen Schnellhefter über den Tisch. „Bei der Südwestchemie trafen die Lipp und die Thaler aufeinander."

Engels blätterte und überflog den knappen Text. „Wer hat wen dort inspiriert?"

„Was meinen sie?"

„Biochemische Analysen…", murmelte Engels vor sich hin. Wie in Wellen krachten die Kopfschmerzen dabei gegen seine Schädeldecke. „Die Lipp hat ebenfalls eine chemische Ausbildung."

„Wenn die Lipps früher ihr Geld mit Biotechnik verdient haben", Oser schielte zu Max Engels hinüber „verstehe ich zumindest, warum deren Tochter eine Ausbildung in der Branche gemacht hat."

„Das hat die Thaler mal erwähnt", brummte er schließlich, „als ich sie wegen ihrer Tochter gesprochen habe. Mit Gas und den notwendigen Bestandteilen kennen die sie sich beide aus."

„Ach so, aber das passt doch dann ebenfalls zusammen."

Sonst sagte Oser nichts.

„Haben sie ein Foto von Jenny Lipp?"

Jetzt schüttelte Oser den Kopf.

„Aber die Anfrage bei der *NRI* läuft."

„Wenn von denen was kommt ist es uralt. Lassen sie ein Phantombild anfertigen.

Engels hatte genug, aber Oser war noch nicht fertig.

„Wissen sie wem die Wohnung gehört, in der die Lipp wohnt?"

Engels holte tief Luft.

„Eigentlich nicht", knurrte er. Sein Gesicht verfärbte sich langsam. „Aber ich bin ganz Ohr."

„Laut Grundbuch ist die LK-Consulting Eigentümerin des Hauses, …Kaufmann."

„Also doch … "

Oser legte seine Hände flach auf den Tisch. „Lilli Kaufmann hat das Anwesen in der Bassermannstraße schon `05 gekauft. Und jetzt raten sie mal von wem?"

Er wartete nicht auf Antwort und sprach sofort weiter. „Verkäufer war die Real Estate Häusermarkt-Invest GmbH."

„Mir sind das auch zu viele Zufälle", gab Engels zu und sah Oser dabei an. Er hatte fast keinen Speichel mehr in der Mundhöhle.

„Haben sie mich eben nicht verstanden?"

Tom Oser stockte und sah Engels scharf in die Augen.

„Dann haben die Leute um Kaufmann die Mietverträge gemacht, und wissen auch genau wer sich in dem Haus aufhält."

Tom Oser hatte plötzlich wilde Flecken im Gesicht.

„Jetzt sind sie am Zug."

Für eine Sekunde war Engels wie sprachlos. Dann nickte er leicht.

„Wenn sie meinen."

16

Im Waschraum des Präsidiums ging Max Engels direkt ans Waschbecken, drehte das kalte Wasser auf und trank direkt aus dem Hahn.

Mit zwei Händen schaufelte er sich das Wasser über sein Gesicht. Am liebsten hätte er gekotzt.

Er drehte den Hahn zu, riss ein Stück von der Papierrolle ab und rieb sich damit das Gesicht trocken.

Ulla Thaler würde doch nicht ihre eigene Tochter opfern? Engels versuchte sich vorzustellen, wie die Frau das Gas ins Innere des Hauses leitete und über die Leichen stieg…und ließ den Gedanken wieder fallen. Unmöglich. Oder die Thaler war komplett verrückt geworden.

Wütend schüttelte er den Kopf, nein, nicht verrückt, aber besessen. Aber wo war das Motiv für den Gasanschlag? Wo lag ein Fehler? Und was hatte er bisher noch alles übersehen?

Eine Minute später humpelte er wieder über den Flur.

„Ich hätte da was!"

Mit ausholenden Schritten kam Till Keller aus einer der Aufzugskabinen.

„Was?"

„Deine Anfrage zu …Jennifer Lipp."

Ohne ein weiteres Wort drückte Keller ihm einen Aktendeckel in die Hand. „Hoffentlich hilft`s."

„Das ging aber schnell."

„Kleiner Dienstweg… "

Keller kratzte sich heftig den rechten Handrücken.

„Das ist mir egal", erwiderte Engels. „Ich nehme jede Unterstützung, die ich kriegen kann."

Ohne ein weiteres Wort begann er das erste Formblatt zu lesen.

„Vor 8 Monaten ist Vater Lipp gestorben", sagte Keller, „aber es existieren noch die Mutter und der Bruder von ihr."

Unaufgefordert nahm Engels einen Stuhl von der Wand und setzte sich.

„Ist das alles?"

„Sie ist drüben in Sandhofen geboren."

Engels las halblaut vor. „November 1969, dort ist sie auch aufgewachsen und zur Schule gegangen. Nach dem Abitur hat sie angefangen Chemie zu studieren …"

Keller stand neben ihm und las mit.

„Nach dem Abschluss, es steht hier nicht wie er war, hat sie eine Laborausbildung bei der Südwestchemie drangehängt."

„Dann verliert sich ihre Spur..."

Aber `94 taucht sie wieder auf...", vervollständigte Keller den Satz. „In Kolumbien war das. In Medellin!"

„Was ist mit dem Bruder?"

Keller schüttelte den Kopf.

„Von Klaus Lipp gibt`s keine Akte."

„Warum ist der Kollege Fiedler eigentlich so brennend an Rolf Koffler interessiert?

„Eine alte Geschichte", antwortete Keller, „nicht relevant für uns, aber wenn es dich interessiert, erzähl ich es dir."

„Mach schon."

„Wir hatten gerade angefangen und das Betrugsverfahren gegen Bertus Lipp eröffnet", sagte Keller.

„Koffler war die Verbindung zu Alex Grosser und, wie Fiedler damals glaubte … ins Milieu."

Engels kam ganz dicht heran und starrte Till Keller in die Augen. „War er das?"

„Eben nicht! Lipp hat die Wohnung von Kofflers Mutter finanziert, das war alles was Fiedler nachweisen konnte."

„Guter Mann."

**

Engels saß wieder in seinem Hertz-Mietwagen, das letzte Zugeständnis der Fahrbereitschaft, als das Mobiltelefon neben ihm anfing heftig zu summen.

„Ja", meldete er sich.

„Äh, …", schlug ihm Kellers Stimme entgegen, „ich bin`s nochmal."

„Smal-talk geht immer noch nicht."

„Störe ich dich etwa?"

„Was soll denn der Scheiß, Till?"

Engels setzte den Blinker und bog ab.

Der Verkehr war eine Katastrophe. Viele Busse karrten umher. Am Ring wimmelte es nur so von Menschen. Vor allem Schulkinder waren unterwegs. Am Zebrastreifen hielt Engels an.

Die Verbindung wurde immer schwächer. Keller saß wohl auch im Auto, denn es hallte und holperte.

„Der Fiedler läuft schon wieder heiß. Der Name Lipp ist bei dem noch immer ein offener Posten."

„Das habe ich gemerkt."

„Ich habe Fiedler veranlasst, dass er euch die alten Akten raussucht. Das wollte ich dir noch zurufen."

„Oser sitzt schon dran."

Keller machte weiter.

„Im *Landes* ist der Dealer gestorben, den Waechter vor ein paar Tagen eingesackt hat?"

„Das weiß ich schon auch. Back wollte den Kerl umdrehen und als Zeugen aufbauen."

„Jetzt …krempelt ihr den Saftladen … äh …eben komplett um."

Engels verstand nur noch Bruchstücke. Er schluckte.

„Das war dann wohl … Pech."

„Das kann man so sagen", gab er höflich zurück. „Entschuldige, aber lass uns später telefonieren."

Aus dem Mikro kam nur noch ein Knistern und Knacken.

„Alles klar."

Damit legte Engels auf. Mit seinem Finger wischte er über das Display und wählte Osers Mobil-Nummer. Es dauerte eine Weile, bis die Netzverbindung zustande kam. Aber Tom Oser ging nicht ran.

Engels sah einen langen Moment aus dem Fenster und lauschte den Rufsignalen.

„Verflucht…"

An der Kreuzung sprang die Ampel gerade auf Rot und er musste anhalten. Nicht lange, aber nach einem Blick in den Rückspiegel hatte er sich entschieden.

Da kein Fahrzeug hinter ihm auftauchte, legte er den Rückwärtsgang ein, wendete schnittig und fuhr zurück ins Präsidium.

17

Als sie am Luisenpark schon fast vorbei waren, bogen sie endlich ab. Tom Oser sah nur geradeaus und schnaufte. Ruhige Wohnstraßen und teure Hausfassaden. Sein Gesichtsausdruck war von der Seite nicht zu deuten. Einmal pfiff er durch die Zähne. Das Zischen bei ihm klang allerdings wie ein unterdrückter Fluch.

„Reicht das Hilfeersuchen der Amerikaner für die Aktion aus?", fragte er, schaltete aber gleichzeitig das Blaulicht aus.

„Das nehmen wir mal an."

Engels winkte gereizt ab. „Ansonsten gilt dann eben… Gefahr in Verzug."

„Sonst haben wir keine Handhabe."

Tom Oser warf einen Blick auf seine Uhr. Dann starrte er Engels an, als warte er auf eine Pointe.

Als sie nicht kam, sagte er: „Ich habe es verstanden. Wir sind ja die Guten."

Vor dem niederen Eckhaus hielt er an. Sie stiegen aus und zu Fuß erreichten sie kurz darauf, das Mehrfamilienhaus mit der Nummer Acht. Hier hatte sich Engels vor ein paar Tagen auch mit Ulla Thaler getroffen.

Die Hauseingangstür öffnete sich und Sabine Back kam ihnen entgegen. Die Frau trug Slipper, eine enge schwarzen Hose und ein ebensolches T-Shirt.

„Das hätte ich mir denken können."

Ihre Augen funkelten.

„Keine Angst", sagte sie. „Ich beiße nur bei Vollmond."

Engels ging direkt auf sie zu.

„Das ist jetzt nicht der Moment", sagte er und deutete mit dem Zeigefinger auf das Haus. „Aber …sie hatten recht mit ihrer Vermutung."

Backs Gesichtsausdruck blieb unverändert.

„Auch bei meiner Arbeit bin ich …extrem hartnäckig", nickte sie plötzlich, „grundsätzlich, aber ich habe mich ehrlich gefragt, ob sie heute kommen."

Sie zögerte kurz. Dann streckte sie Engels ihre Hand entgegen.

Er nahm die Hand und sah Back dabei prüfend an.

„Was ist jetzt?"

„Diese Jenny Lipp ist tatsächlich kein unbeschriebenes Blatt."

„Und wir sind zu spät."

Sabine Back zog ihre Hand zurück und wischte jedes weitere Wort einfach zur Seite. „Die Wohnung ist verrammelt, und Lipp ist heute Morgen nicht zur Arbeit gefahren.

„Woher wissen sie das?"

„Eine Nachbarin hat`s mir gesteckt, und die gute Frau hat mir auch gleich erzählt wo die Lipp arbeitet und wann sie gewöhnlich losfährt."

„Südwestchemie …", grinste Engels. „Es geht doch nichts über eine gutinformierte Nachbarschaft.

Back holte Luft.

„Woher…?"

„Ich bin auch gründlich", sagte Engels und kniff ein Auge zusammen. „Haben sie die Tür aufgebrochen?"

„Wir waren schon drin und ich habe die Spusi angefordert".

Sabine Back schnitt eine Grimasse. Sie drehte sich auf dem Absatz um und ging zurück ins Haus. Engels hinter ihr her. Nebeneinander stiegen sie die Treppen hoch. Irgendwo rauschte eine Toilettenspülung. Vor der Wohnungstüre blieben sie stehen. Das Türblatt war angelehnt. Es entstand eine kleine Pause, bis Engels sachte die Tür aufstieß und einfach hineinging.

Im Flur blieb er stehen und lauschte. Es blieb ruhig, aber er spürte den Luftzug, der sich einen Weg ins Treppenhaus suchte. Die Fenster waren abgedunkelt. Die Jalousien halb zugezogen. Dicker Velourteppichboden in allen Räumen. Engels bewegte sich, aber unter seinen Schuhen bildeten sich sofort tiefe Abdrücke. Von jedem Zimmer ging es direkt auf einen kleinen Balkon hinaus.

„Die Küche ist fast nicht genutzt worden", sagte Back. In dem Herd liegt noch die Gebrauchsanweisung."

Engels nickte und sagte: „Lipp ist Laborleiterin bei der Südwestchemie. Dort sollten wir mal nachfassen."

„Ich habe bereits mit dem Personalbüro telefoniert." Back flüsterte plötzlich und hielt sich dicht neben ihm.

„Jenny Lipp ist zwar erst seit Juli dort wieder beschäftigt, aber man kennt ihren Namen sehr gut."

Engels suchte Augenkontakt bei Oser. „Wir brauchen dringend ein Foto von der Frau."

„Dann mache ich gleich noch mal Druck."

Engels wandte sich wieder an Back. „Haben sie was gefunden?"

„Das hier… "

Back zeigte auf die Dokumentenmappe unter ihrem Arm. „Ein paar Zeugnisse, Tickets, Telefonkarten und verschiedene Pässe. „Das Zeug lag offen in dem einen Schlafzimmer."

Das zeigte Wirkung.

Schnell sah Engels die Papiere durch.

„Die Ausweise sehen alle echt aus."

Back nickte.

„Mexiko, und von den Staaten ist auch einer dabei", sagte sie.

„Vielleicht gibt`s noch mehr von dem Zeug."

„Sehen sie sich nur mal die Augen an."

Mit dem Finger zeigte Engels auf ein Passfoto.

„Unscheinbar…"

„Kemmer muss mit seinen Leuten jedes Zimmer unter die Lupe nehmen. Engels sah er auf. „Most Wanted…"

„Und bei uns ist die Frau überall durchgerutscht."

„Bis jetzt jedenfalls…"

„Wie kommt das Mädchen nach Medellin?"

Back zog ein vergilbtes Dossier aus einer Hülle und begann zu blättern.

„Mit einem Austauschstipendium…"

Sie wartete einen Moment, und plötzlich klang ihre Stimme belegt.

„Egal, …jedenfalls war sie bis 1997 dort und an der alten Universität eingeschrieben."

„Das hört sich nicht besonders gut an."

Back nickte fahrig.

„Gibt`s eine BND-Akte aus der Zeit?"

„Treffer."

„Die KTU soll sich auch das genauer ansehen."

„Mit dem Visaantrag wurden damals auch Fingerabdrücke hinterlegt."

Sabine Back bewegte ihren Kopf, die Andeutung eines Nickens.

„Es gibt DNA-Spuren von ihr ... und an allen fünf Leichen von uns."

„Also doch."

Back hob zwei Finger.

„Auf dem Grundstück von Kaufmann war sie jedenfalls", sagte sie belegter Stimme „Das steht fest." Danach holte tief Luft und stieß sie wieder aus.

„Und in den beiden Lastwagen war sie auch", lachte sie dann einmal hart auf. Es war ein kurzes, trockenes Geräusch. „Kemmer und seine Leute nehmen sich gerade noch mal die Lastwagen vor."

Engels hob den Daumen.

„Wenn Lipp für die Morde verantwortlich ist, warum liquidiert sie ihre Kumpane?"

„Sie räumt auf."

„Was meinen sie?"

„Und sie greift das Syndikat an."

„Was macht das für einen Sinn?"

Gerunzelte Stirn, bohrender Blick.

„Keine Ahnung, aber ... das werden wir herausfinden."

Sabine Back verdrehte die Augen.

„Und warum jetzt der Leichtsinn im Vollzug?"

„Sie musste wohl sehr schnell vorgehen."

„Das macht unvorsichtig ... "

Beide drehten sich fast gleichzeitig zur Seite.

„Oder der Besuch im Knast diente tatsächlich der Resozialisierung der Häftlinge."

Sabine Back kniff ein Auge zusammen.

„Unsinn, oder sagt sowas tatsächlich jemand?"

„Der Gefängnispsychologe."

Back lächelte. „Eine Menge Frauen suchen Kontakt zu Knackis. Das ist nichts Ungewöhnliches in unserer Zeit."

„Das werde ich mir merken. Gibt`s sonst noch was?"

„Gute Frage."

Ein nachdenklicher Zug glitt über Sabine Backs Gesicht.

„Ich warte hier jedenfalls noch bis Kemmer auftaucht", entschied sie dann. „Aber ich habe die beiden Frauen zur Fahndung ausgeschrieben. Wenn sie am Tisch vor mir sitzen, werde ich genauer nachfragen."

Dann begann das erste Abklappern der Nachbarwohnungen. Sie klingelten an jeder Tür und einzelne Bewohner öffneten auch misstrauisch. Die Beamten zeigten ihre Ausweise, entschuldigten sich für die Störung und erzählten ihr Märchen.

18

Die Spusi krempelte die Wohnung vollständig um, und hatte durchschlagenden Erfolg. In den Hohlräumen hinter den Fußleisten fanden sich Plastikbeutel voller Banknoten, Munition und sogar Waffenöl.

Eine Reinigungskette aus Metall …und etliche Fingerabdrücke von Jenny Lipp. Die Beweislast war erdrückend, und reichte für die Anklage aus. Oberstaatsanwalt Keller atmete tief durch.

Back und Engels aber nicht!

Jenny Lipp war als Täterin überführt. Aber wer hatte die Morde beauftragt, und die Lipp losgeschickt. Außerdem gab es keinen Hinweis auf Susanna. Nicht ein Indiz!

Als Sabine Back wieder in ihrem Kommandostand saß, klingelte ihr Handy. Die Nummer war ihr unbekannt.

„Hallo", sagte sie in den Hörer.

„Hier ist Banny!"

Banny Schafhaupt, Susannas Freundin. Die Stimme des Mädchens klang blechern.

„Ich habe ihre Nachricht gekriegt", sagte sie.

„Was wollen sie von mir?"

„Susanna ist noch immer nicht aufgetaucht", sagte Back. „Du hast doch mitgekriegt was hier passiert ist?"

„Hab ich."

„Kannst du uns helfen?"

„Ja, deshalb habe ich ihnen doch geschrieben. Haben sie meine Nachricht nicht verstanden?"

„PK am Landgericht in einer Dreiviertelstunde", rief Susanne Gredler, die Abteilungssekretärin. Mit einem Haufen Blätter in der Hand kam sie in das Zimmer und warf Back einen Computerausdruck auf den Schreibtisch.

„Was?"

„Alex Grosser ist freigesprochen worden."

„Hallo?", kam es aus dem Telefonhörer.

Back hob eine Hand und wischte Gredler weg.

„Wie?"

„Susanna hat sich doch bei mir gemeldet."

„Können wir uns treffen?", fragte Back. „Es ist wichtig. Bring deinen Laptop mit, oder einen Ausdruck von Susannas Mail. Ich muss wissen, wo die steckt."

„Ich habe wenig Zeit."

„Wo bist du am Nachmittag?"

„Egal, aber *Cafe-Hahn* geht." Banny zögerte. „Das *Hahn* ist in das Nächste bei unserer Schule. Sol ich ihnen den Weg beschreiben?"

„Nicht nötig. Ich fahre mit Navi."

Back nickte, machte sich eine Notiz auf ihren Kalender und drückte auf den roten Knopf.

Susanne Gredler war vor regungslos vor dem Schreibtisch stehengeblieben.

„Also doch", murmelte Sabine Back und warf einen Blick auf die Pressenotiz.

„Wer ist jetzt der Bösewicht?"

Back schielte zu ihr hinüber, um zu sehen, ob sie sie zum Narren hielt, aber die Frau wirkte todernst.

„Alex Grosser ist wohl das Opfer, und der Anwalt ist der Held."

„Der Bösewicht ist ein galanter, braungebrannter Kerl mit ehrlichen blauen Augen?"

„Der Bösewicht war eine blasse Frau, die vor ein paar Jahren in einem Wald in der Nähe von Ludwigshafen von der Polizei erschossen wurde", sagte Back. „Sie hieß Irene."

Die Sekretärin sagte nichts mehr.

Back warf einen Blick auf die Uhr und überlegte, wie viel Zeit die Pressekonferenz in Anspruch nehmen würde. Sollte es zu lange dauern, würde sie einfach gehen. Das Treffen mit Banny Schafhaupt war wichtiger, egal was Keller dazu sagen würde.

**

Der Warteraum in der Pressestelle war voller Menschen. Die Hälfte der Anwesenden waren Presseleute, die sowohl Till Keller sehen, aber auf jeden Fall einen Blick auf Alex Grosser erhaschen wollten.

Der Rest waren Kollegen aus allen Bereichen der Justizbehörden, die vor allem erschienen waren um Flagge zu zeigen.

Back drängelte sich durch den Raum und fand einen freien Sessel gleich neben den Toiletten. Auf der Armlehne lagen Teile des heutigen *Neckarblicks*. Mit einem Seufzer ließ sie sich nieder und schlug die Zeitung auf. Ohne zu lesen, blätterte sie bis Seite vier, wo sie hängenblieb.

Immer weniger Drogenopfer!

Der Artikel war mit der Nahaufnahme eines Fixerlöffels illustriert.

Sieh an, dachte Back und legte die Zeitung wieder weg.

Unbehaglich schaute sie starr geradeaus. Dann nahm sie den Lokalteil noch einmal zur Hand, betrachtete das merkwürdige Bild und dachte an den Vortrag der Rauschgiftfahnder. Irgendwas lief an ihr vorbei, so viel war klar.

Als die Türen aufgingen bildete sich sofort ein Stau. Sie hörte wie Frank Westhöver zur Ruhe mahnte.

Grosser war noch nicht erschienen, und das Unbehagen in Sabine Backs Bauch wollte sich auch noch nicht legen.

Kurz darauf ging eine Seitentür auf und Alex Grosser betrat den kleinen Saal. Er trug eine dunkle Hose, ein weißes Hemd und wirkte frisch geduscht.

Das vereinzelte Klicken der Fotoapparate verdichtete sich zu einem Maschinengewehrfeuer, Kamerascheinwerfer flammten auf und tauchten den Raum in ein blaues Licht.

Grosser ging vorbei und würdigte niemanden auch nur mit einem Blick. Er sank auf einen Stuhl neben seinem Rechtsanwalt und sah nur geradeaus.

Sabine Back betrachtete aufmerksam das Gesicht des Mannes und versuchte irgendeine Regung auszumachen. Erleichterung, Freude, Trauer oder Verbitterung, aber sie entdeckte nichts dergleichen.

Das schwammige Gesicht von Grosser blieb völlig ausdruckslos, und sein Blick fixierte einen ominösen Punkt über den Köpfen der Zuschauer.

„Heute ist ein Freudentag für uns", begann der Anwalt.

„Alex Grosser ist ein freier Mann. Wieder ein freier Mann, muss man hier deutlich sagen."

Westhöver machte eine kurze Pause und fuhr fort.

„Das Revisionsgericht hat am heutigen Tag das Fehlurteil des Amtsgerichts aufgehoben und meinen Mandanten freigesprochen."

Das Blitzlichtgewitter der Fotografen ließ nach. Die Reporter setzten sich.

„Über drei Jahre war Alexander Grosser eingesperrt", fuhr der Anwalt fort. „Ein Opfer der Justiz." Westhöver kontrollierte den Sitz seiner schwarzblau gestreiften Krawatte und befeuchte mit der Zunge seine Oberlippe.

„Wie ich bereits vor dem Amtsgericht angemerkt habe, wurde er in beiden Instanzen aufgrund äußerst schwacher Beweise verurteilt. Die Beteiligten haben es sich in diesem Fall viel zu leichtgemacht."

Es herrschte vollkommene Stille im Saal. Man hätte eine Stecknadel fallen hören.

Alex Grosser eignete sich schlecht für die Opferrolle. Er hatte keine süße Familie, die ihn mit selbstgemalten Kinderbildern und Kuchen empfing, keine schöne Frau, die seine Hand hielt und mit Tränen in den Augen dankbar in die Kameras guckte.

Grosser sah aus, wie er war: Ein überfütterter skrupelloser Finanzier, der zur falschen Zeit am falschen Ort gewesen war. Es war äußerst schwierig viel Mitgefühl für den rothaarigen Mann zu empfinden.

„Nachdem das Innenministerium unser Ersuchen abgelehnt hat, werden wir in den nächsten Tagen Klage gegen das Land Baden-Württemberg einreichen", sagte Frank Westhöver. „Alex Grosser fordert eine angemessene Haftentschädigung und natürlich Schmerzensgeld."

Damit war die Bombe geplatzt. Gemurmel machte sich breit.

Frank Westhöver grinste nur. Er wusste, dass er die Schlagzeilen der nächsten Zeit alle für sich hatte.

„Alex Grosser! Wie fühlt es sich an, wieder auf freiem Fuß zu sein", rief einer der Reporter.

Wieder beugte sich Frank Westhöver zum Mikrofon.

„Mein Mandant wird heute keine Fragen beantworten", sagt er beinahe feierlich.

„Wenn er wirklich Schmerzensgeld haben will, sollte er es wenigstens fertigbringen ein paar Tränen über die verlorenen Jahre zu vergießen", hörte Back eine Stimme aus der Menge hinter sich sagen.

Aber Grosser reagierte nicht. Er erhob sich von seinem Stuhl hinter dem Tisch, groß und schwer. Eine junge Frau tauchte an der Seite auf, öffnete die schmale Tür und blieb dort stehen. Frank Westhöver schlüpfte als Erster hinaus, und auch Grosser wandte sich der Tür zu.

Back schaute auf und beggnete dem Blick von dem Mann, eine Sekunde bevor der aus dem Saal verschwand. Plötzlich baute sich Tom Oser breitbeinig neben ihr auf.

„Nehmen sie mich mit?"

Back fuhr ihn wütend an.

„Was meinen sie?"

„Ist es frech, oder ambitioniert wen ein Rechtsanwalt so frech auftrumpft?"

Plotzlich bekam sie harte Augen.

„Wollen sie vielleicht mit Grosser tauschen?"

„Nö, nicht mal für den Kurs."

Oser war auf Zack. „Aber drei Jahre unschuldig eingebuchtet zu sein", sagte er, „ist eben auch kein Zuckerschlecken."

„Keiner hat gesagt, dass er unschuldig ist", erwiderte Back. „Das Gericht hat lediglich festgestellt, dass die ursprünglichen Beweise nicht für eine Verurteilung ausreichen. Das ist ein verdammter Unterschied."

Oser verstummte wieder.

„Ich fahre noch nicht ins Präsidium", sagte Back und versuchte, ein wenig netter zu klingen. „Nimm dir doch bitte ein Taxi, Kollege."

Tom Oser schien es ihr nicht übelzunehmen.

**

Gut drei Stunden später stand Back in der Fußgängerzone von Überlingen. Sie hatte Glück gehabt, keine Staus erlebt, und sie war fast ausschließlich auf der linken Spur gefahren.

Wie immer sehr schnell. Auch die Bundesstraße, die nahe am Seeufer entlangführt, hatte sie rigoros hinter sich gelassen.

In der ersten Seitenstraße stellte sie den BMW ab und tauchte ein in den Strom der Touristen, der durch die Innenstadt schwappte.

Sabine Back hatte allerdings keinen Blick für die Schiffe, die in dem kleinen Hafen ankerten. Man hörte nur das Klappern ihrer Absätze, ein immer lauter werdendes Stakkato.

Das Schüler-Cafe fand sie am Ende einer Ladenpassage. Hinter der Glastür strahlten sie knallgelbe Wände an. Banny war noch nicht da.

Back sah auf ihre Armbanduhr und zwängte sich auf einen hohen Barhocker. Sie stützte ihren Ellbogen auf die Theke und bestellte bei der Kellnerin mit dem Silberspieß in der Nase einen Kaffee Latte für sich und sah sich dann noch einmal interessiert um.

Das Lokal erinnerte an eine Wartehalle, aber es roch wunderbar nach vielen interessanten Gewürzen. Eine Kaffeemaschine zischte, und in der Küche absolvierte eine Spülmaschine ihr Programm. Geschirr klirrte, und aus den Lautsprechern tropfte tatsächlich auch noch leise Musik.

Die Mittagszeit war lange vorbei, aber das Lokal füllte sich immer wieder. Viele junge Leute tauchten auf. Im Nebenzimmer stand ein Billard. Zwei junge Männer spielten.

An einigen Tischen klapperten die Würfel. Sabine Back blieb nicht viel Zeit um sich zu wundern.

Dann schweiften ihre Gedanken ab zu Lukas Grün, warum, konnte sie nicht sagen. Doch dann brach es auf. Grün hatte sie mit den gleichen leblosen, kalten Augen angesehen, wie Grosser heute Vormittag.

Auch Grün war so ein Mensch gewesen, fiel ihr wieder ein. Undurchsichtig, voller Widersprüche und ein Schwein von einem Mann. Trotzdem hatte man ihn als Baden-Württembergs angesehensten Polizisten gefeiert.

Jahrelang konnte der Mann sein Umfeld täuschen. Bis er völlig den Boden unter sich verlor, und Anne Sorg in dem Hotelbett ermordete.

Back schaute noch einmal auf die Uhr.

Wenn Banny nun nicht auftauchte?

Mit der rechten Hand trommelte sie auf die Blechabdeckung.

„Bei dem ist Entkommen unmöglich", hatte ein kleiner Informant einmal über Grün ausgesagt. „Keine Chance."

„Warum?"

„Die haben überall ihre Leute. Es gibt keinen Ort an dem man sich vor denen verkriechen kann."

„Wer sind die?", hatte Back damals gefragt. „Drogenmafia?"

„Vielleicht."

Back bemerkte den Schatten, sah auf und schaute in das Gesicht eines schwarzhaarigen Mädchens, das neben sie herangetreten war. Es trug einen Rucksack über ihren Kapuzenpulli.

„Banny?"

Das Mädchen nickte und reichte ihr die Hand. Dann setzte sie sich auf den Hocker gegenüber, während sie sich aus den Trageschlaufen ihres Rucksacks quälte.

„Ich weiß, dass es albern war, die Mail kommentarlos weiterzuleiten", sagte sie und setzte eine Unschuldsmiene auf.

Back blinzelte.

„So was filtern wir raus", sagte sie rau, „aber ich finde es toll, dass du uns doch helfen willst."

„Mein Vater will, dass ich mich aus allem raushalte", platzte sie heraus, deshalb hat es so lange gedauert." Für einen Augenblick konnte sie ihre Verzweiflung nicht mehr unterdrücken.

„Wie habt ihr denn untereinander Kontakt gehalten?"

„Über unsere Internet-Gruppe", sagte Banny. „Aber das muss vertraulich bleiben."

„Meinst du etwa die Eishockeygroupies?"

„Nein!"

Back starrte sie an, betrachtete die blasse Haut des Mädchens und bemerkte die vielen Sommersprossen. „Rede nicht drum herum. Setz dich hin, okay."

Banny fläzte sich neben sie.

Hast du deinen Rechner dabei?"

Banny Schafhaupt nickte und zog einen Laptop aus ihrem Rucksack.

„Ich bin ein bisschen in Eile", sagte sie. „Ich muss noch ein Referat vorbereiten."

Sie klappte den Laptop auf loggte sich ein, klickte ein paarmal herum und schob Sabine Back schließlich den Rechner hin.

„Ich habe mir echt Sorgen gemacht um Susa."

„Wow."

Das Bild eines riesigen Frachtschiffs füllte den Bildschirm. *Lucky Dick*, war am Bug in weißen Druckbuchstaben aufgemalt.

„Interessierst du dich für solche Schiffe?"

„Klar", antwortete Banny. „Technik fasziniert mich ganz besonders, und auf der *Lucky Dick* bin ich schon gefahren.

„Wie das?"

„Der Besitzer ist ein guter Freund von Susannas Vater, verstehen sie?"

Back stutzte, aber nur einen Moment.

„Schick mir das Bild doch bitte auf mein Handy."

„Wozu?"

„Ich weiß noch nicht, aber ich will es einem Freund zeigen."

Banny nickte und gab die Nummer ein. Der Bildschirm wurde kurz darauf dunkel, dann öffnete sich eine neue Seite.

Oben lief ein Banner, das für eine wissenschaftliche Zeitschrift warb, unmittelbar darunter, ganz rechts, sah sie die Login-Adresse: *Lucky Dick@ymail*.com Die dunkelblaue Markierung auf der linken Seite zeigte „gesendet" an.

Im Postausgangsfach waren zwei Mitteilungen gespeichert, die Betreffzeile war jeweils leer. Sie waren an Bannys Yahoo-Adresse geschickt worden.

Back klickte auf die erste Mail. Leer.

Dann öffnete sie die zweite. Die war von gestern.

Hi Banny, du darfst niemandem von der Mail erzählen. Auf dem Hof hier gibt es kein Netz, deshalb konnte ich nicht schreiben. Jetzt bin ich gerade in einem Internetcafé. Ich bin bei Fabienne, und ich habe ein eigenes Pferd bekommen. Ist Lars mit einer anderen zusammen? Sag ihm nicht, dass ich mich bei dir gemeldet habe. Du kannst mir antworten, aber ich weiss nicht, wann ich wieder ran kann. Wir fahren ganz selten mal nach Ranrupt.

suskuss

Back las die Nachricht zweimal.

„Ist das echt?", fragte sie leise. „Schreibt Susanna immer in der Art?"

Banny hatte einen Tee bekommen. Sie nippte an dem Glas und nickte. „Sie unterschreibt immer nur mit Kleinbuchstaben."

„Kennst du die Leute, die sie da erwähnt? Fabienne und Lars?"

„Fabienne ist Susannas beste Freundin. Sagt sie wenigstens. Als ob wir hier nicht zählen würden. Und Lars ist Susannas Freund, oder na ja, also, sie waren eigentlich nicht zusammen. Susanna war nur total verknallt in ihn. Lars hat an jedem Finger eine…"

„Wer ist diese Fabienne?", fragte Back. „Wieso ist sie Susannas beste Freundin?"

„Ihre Ferienfreundin. Als sie klein war, ist Susanna in den Ferien immer auf dem Hof gewesen. Sie sind gleich alt."

„Wo ist der Hof?"

„Im Elsaß."

Banny zuckte die Achseln und schob die Teetasse beiseite.

„Das passt, natürlich spricht Susanna etwas Französisch."

Jetzt sah Banny sie verwundert an.

„Die sprechen dort doch deutsch miteinander."

„Was sagst du?"

„Fabienne ist zur Hälfte Deutsche. Ihr Papa kommt aus Deutschland. Lipp heißt sie mit Nachnamen."

Die Geräusche ringsum verstummten, die Musik und der Krach der Kaffeemaschine, das Klirren des Geschirrs.

„Lipp?", fragte Back. „Ist der Name … wirklich Lipp? Weißt du auch den Vornamen ihres Vaters, oder wo der herkommt?"

Banny packte ihren Laptop in den Rucksack und zuckte mit den Achseln.

„Keine Ahnung. Ich glaube nicht, dass der auf dem Hof immer dabei ist."

„Könnte es sein, dass der in Deutschland lebt?"

„Lipp ist doch eine Allerweltsname."

Das Mädchen setzte den Rucksack auf.

„Kann ich sie um einen Gefallen bitten?", fragte sie.

„Natürlich."

„Verraten sie mich nicht bei meinen Eltern. Versprechen sie mir das."

„Ich werde es versuchen."

Banny drehte sich um und verschwand durch die Eingangstür. Back gab ihr zwei Minuten Vorsprung.

Susanna war also am Leben, und saß irgendwo auf einem Pferdehof im Elsaß, wo noch ein Mädchen wohnte im selben Alter wie sie, und Lipp mit Nachnamen hieß.

Nachdenklich lief Back zu ihrem Auto. Die Parkzeit war abgelaufen. Der Strafzettel über 15 Euro hing unter dem Wischerblatt. Verärgert warf sie das Strafmandat auf den Beifahrersitz, zerdrückte einen Fluch zwischen den Lippen und ließ den Motor an.

Der Verkehr war dicht, aber Sabine Back fuhr sofort los. Langsam schlängelte sie sich Richtung Autobahn und bog ab auf den Zubringer nach Karlsruhe. Sie hob ihr Handy an und wählte Engels Nummer. Aber das Funknetz war immer noch voller Löcher.

19

Etwas später und ungefähr zwei Kilometer Luftlinie vom Bahnhof entfernt. Große Lagebesprechung. Till Keller hatte sein letztes Aufgebot zusammengetrommelt. Kollegen aus allen Abteilungen waren erschienen. Auch von der Sitte. Kathrin Cox und Helmut Konrad standen mit um den Tisch herum. Nur Sabine Back fehlte noch. Die Meinen waren ernst und entschlossen.

„Kräfte bündeln, oder?"

„Unbedingt."

„Dr. Keller…", unterbrach ihn Waechter, „wir haben keine Zeit…was diese Sache angeht, habe ich doch den Hut auf…"

„Folgendes Bild…", der Oberstaatsanwalt wischte den Einwand einfach zur Seite. Er setzte sich wieder und alle Anwesenden hörten ihm zu. „Der Kahn liegt im Containerhafen."

„Okay", murmelte jemand.

„Wer sagt das?"

„Anonymer Hinweis", sagte der Kollege von der Wasserschutzpolizei.

„Funktionen eure Informanten wieder?

„Wir haben alles auf dem Schirm."

„Alles klar."

„Uhrenvergleich."

Engels stand auf. In dem Moment meldete sich sein Telefon. Back war dran.

„Wo sind sie?"

„Gleich am Heilbronner Dreieck", antwortete sie. „Aber ich hänge mal wieder in einem beschissenen Stau fest."
„Beeilen sie sich. Es geht gleich los."
„Ich melde mich."
Die Einsatzkräfte erhoben sich und sprachen in Kleingruppen miteinander.
„Die Teams haben ihre Informationen. Treffen Sie Ihre finalen Vorkehrungen und machen Sie sich bereit auszurücken."

Zwei Minuten später fuhr Engels aus der Tiefgarage. Zum Glück schaltete die Ampel vorne auf Grün und er fuhr weiter in Richtung Neckarstadt.

Endlich hatten sie das Handy von Susanna geortet. Wozu noch warten, dachte Engels und gab Gas. Außerdem hatten sie noch einen Treffer. Oser hatte die Personalakte der Lipp überprüft und die hinterlegten Handynummern abgeglichen.

Den Rest erledigte die Technik. Anhand des Bewegungsprofils der Handyverbindungen konnte zweifelsfrei belegt werden, dass sie, immer zur Tatzeit, an den drei Standorten eingeloggt gewesen war.

Ein Vierten Punkt lag im Containerhafen. *Lucky Dick* …das Containerschiff der Tofexx! Auch Lipps Mobilnummer war dort eingeloggt. Inzwischen hatte Engels die Auswertung bereits auf seinem *BlackBerry*.

Er trat das Gaspedal voll durch. Viel Kopfsteinpflaster. Dann die Schokoladenfabrik. Plötzlich war alles riesig und von überall tauchten Güterzüge auf.

Zwischen den Gleisen huschten Männer mit gelben Warnwesten herum. Engels beobachtete es aus den Augenwinkeln und gurkte weiter. Über ihm schepperte die Straßenbahn. Dann geradeaus. Rheinkai. Betonpiste bis zum Containerterminal.

Große Wellblechhallen, Krananlagen und lange Kaimauern. Auch den alten Wellblechkiosk gab es noch. Engels erinnerte sich gut an die Zeiten, als er auf dem großen Parkplatz daneben viel von seiner Zeit totgeschlagen hatte.

Der Verkehr wurde dichter. Noch mehr Container. Die lange Gerade. Verladekräne. Am großen Umschlagplatz standen die Lastwagen in langen Schlangen und warteten auf Abfertigung. Stahlträger schwebten durch die Luft. Mosaike aus Stahl.

Zehn Sekunden später rief Back erneut an. „Der Stau hat sich aufgelöst. Ich bin gleich bei ihnen."

„Ich bin im Containerhafen."

Engels wartete nicht, aber er wurde langsamer. Hinter der Brücke bog er ab. Mehrere Containerschiffe lagen direkt vor ihm im Wasser und schaukelten leicht. Fünfzig Meter vorm ersten Hafenbecken hielt er an und meldete sich bei der Leitstelle.

„Wie heißt der Dampfer noch mal?"

„Immer noch *Lucky-Dick* ", kam es knatternd aus dem Lautsprecher. „Genauere Angaben habe ich allerdings noch nicht …"

„Haben sie das Register überprüft?"

„Wir sind noch dabei… "

„Danke."

Engels schloss kurz die Augen, öffnete die Wagentür und stieg vorsichtig aus. Auf dem Weg roch es nach Bier, und Glasscherben lagen herum.

„Beeilt euch."

Das war`s. *Lucky-Dick*!

Auf der Mauer hinter ihm waren mehrere Kameras aufmontiert, zwei von ihnen bestrichen das vordere Schiff. Engels blinzelte hinauf, hörte ein Surren und sah, dass die Überwachungskamera ihn ins Visier nahm.

Er lief bis zur Kaimauer und noch etwas weiter. Dann musste er stehenbleiben. Beinahe regungslos starrte er in das schnell fließende Wasser hinunter. Das sind mindestens fünf Meter, überlegte er und blickte sich vorsichtig um.

Die *Lucky-Dick* war ein mächtiges Frachtschiff. Bestimmt hundertfünfzig Meter lang und die Aufbauten im vorderen Bereich waren mindestens drei Stockwerke hoch, mit Erkern und umlaufenden Balustraden im ersten und zweiten Stock. Im oberen Stockwerk brannten noch mehrere Lichter.

Engels wollte weitergehen, aber eine Metalltür versperrte ihm den Zugang zu der Treppe. Das Rechteck aus Stahl war im Boden befestigt, grau und abgeschlossen. Eine schwere Tür. Er bemerkte die Sprechanlage in der Halterung und drückte auf den Knopf des Geräts. Es piepte, zehn Sekunden vergingen, doch nichts geschah.

Er wollte gerade noch einmal klingeln, als es im Lautsprecher knisterte.

„Ja?"

Engels ließ sich Zeit mit seiner Antwort.

„Ich möchte mit Herrn Lipp sprechen."

Es rauschte und knisterte im Lautsprecher, sie waren also noch dran.

„Ich weiß, dass der Mann auf dem Schiff ist", schob Engels nach.

Der Lautsprecher knackte und verstummte. Abgesehen vom Rauschen des Windes war es ganz still.

Gerade als er zum Wagen zurückgehen wollte, ertönte ein dumpfes Geräusch und die Tür sprang auf. Eine weitere Kamera wurde sichtbar. Engels wartete einen Moment, hielt die Luft an und ging entschlossen durch die Tür, das sich sofort wieder zu schließen begann, und dann die Steinstufen hinunter bis zum Anlegersteg.

„Dann kommen sie mal her…"

Vor ihm tauchte ein einzelner Mann auf. Drahtig mit langen dünnen Armen.

„Hey."

Vorsichtig ging Engels über den Metallsteg, schob sich an dem Mann vorbei und betrat das Deck.

„Was wollen sie vom Skipper?"

„Das sage ich ihm schon selbst."

Der Blick mit dem der Mann Engels ansah, verriet, dass er gewohnt war Befehle zu erteilen.

„Hier geht`s lang", sagte er. „Aber ich will ihre Hände sehen."

Vorsichtig drehte Engels sich zur Seite und lief rechts an den Aufbauten vorbei. Unter seinen Füßen spürte er die Stahlplatten. Nur nicht ausrutschen.

Der Mann blieb dicht hinter ihm.

„Unser Aufpasser hat sie im Blick", lachte er. „Die hat sogar ein Zielfernrohr."

Engels nickte und ging weiter.

Kein Spaß. Engels wusste das. Hinter dem Steuerhaus drehte er sich um und sah hoch zur Brücke. Eine schwarzgekleidete Person mit Kappe stand reglos hinter dem breiten Fenster. Aus der Entfernung konnte Engels nicht erkennen, ob es eine Frau oder ein Mann war.

Sonst sah er niemand. Alles war still.

„Vorsichtig weitergehen."

Engels wandte sich wieder ab und kletterte umständlich die Treppe hinunter. Unter Deck war alles ruhig und sie gingen den Flur entlang und dann nach rechts.

Er öffnete die erste Tür und fand dahinter eine Zweibettkabine. Überall lagen Kleidungsstücke herum, aber die Betten waren leer.

„Gehen sie weiter…"

Er öffnete die zweite Tür und erblickte ein modernes Wohnstudio, ein breites Sofa und darauf lag ein Mann in Jeans und Polohemd. Eine Frau in weißen Shorts und weitem T-Shirt lag neben ihm. Ulla Thaler. Erschrocken fuhren die Beiden auseinander.

Erstaunt starrte das Paar Engels entgegen. Der bekam einen leichten Knuff in den Rücken und stolperte fast in den Raum.

„Was soll das?"

„Der Mann will sie sprechen, Boss."

Die Beiden auf dem Sofa flüsterten miteinander. Dann erhob sich der Typ. Ein war um die vierzig, mindestens eins achtzig groß. Hatte dunkelblonde wellige Haare, und trug einen Ohrstecker mit einem Diamanten drin.

„Was wollen sie von mir…?"

„Ich hätte gerne ein paar Antworten", sagte Engels.

„Das ist der Polizist, der nach Susanna sucht." Ulla Thaler schüttelte grimmig den Kopf und drehte sich abrupt zur Seite.

„Ich glaub`s einfach nicht." Der Mann kam auf Engels zu. Er war ziemlich kräftig gebaut.

„Gleich…"

„Und Jenny Lipp", sagte Engels, „wenn es keine Umstände macht, die suche ich nämlich auch."

„Ich bin Klaus Lipp", sagte der Mann etwas gedehnt. Er verzog keine Miene und musterte Engels lange.

„Ich will das Mädchen sehen."

„Kein Problem", sagte Lipp. „Susanna ist hier an Bord. Die Kleine ist putzmunter."

„Gut…aber ich will sie sprechen."

„Wie sie sehen, ist ihre Mutter ebenfalls bei bester Gesundheit." Lipp grinste. „Also was soll der Wirbel?"

„Wenn sie meinen, dass ihre Antwort reicht, sind sie auf dem Holzweg."

„Jetzt aber langsam, guter Mann." Lipp brauste auf. „Wenn ich sie damit beruhigen kann, lass ich Susanna natürlich rufen." Jetzt wirkte er doch etwas nervös. „Dann können sie sich auch persönlich überzeugen."

„Sehr gut."

„Aber wir gehen jetzt besser nach Nebenan."

Lipp streckte die Hand aus.

Der Hagere, der hinter Engels stehengeblieben war, drehte sich sofort um und ging vor.

„Und jetzt?"

Wieder hefteten sich Lipps kleine kreisrunde Augen auf Engels Gesicht.

„Was wollen sie von mir?"

„Es gibt einen Haftbefehl für sie."
„Darum kümmert sich mein Anwalt."
„Packen sie ein paar Sachen zusammen."
„Nicht so schnell."
Klaus Lipp fuhr sich mit einer Hand übers Gesicht.
Ohne zu blinzeln fuhr er fort: „Bevor ich ihnen etwas erzähle ...möchte ich von ihnen etwas wissen."
„Was denn?"
„Wo ist Alex?"
Engels starrte den Mann an.
„Alex?", echote er. „Meinen sie Alex Grosser, den Financier?"
Lipp nickte kurz.
„Die schlechten Nachrichten haben sich wohl schon rumgesprochen." Engels unterbrach sich. „Soviel ich weiß wurde er aus dem Gefängnis entlassen."
„Wenn er draußen ist, kann er sich dann absolut frei bewegen?"
Max Engels nickte.
Der Mann hinter Engels öffnete eine zweite Tür und sprach leise nach draußen. Dann verschwand er ohne ein weiteres Wort und machte die Tür hinter sich zu.
„Kennen sie Grosser?"
„Nicht persönlich", sagte Engels, „...und jetzt bin ich dran."
Lipp reagierte nicht. Engels nahm es als Zustimmung.
„Wo ist ihre Schwester?"
„Warum wollen sie das wissen?"
„Ich möchte sie finden."
„Das kann ich verstehen, mein Freund, aber von derartigen Ideen möchte ich ihnen dringend abraten."

„Was soll das?"

„Großer Gott." Lipp starrte Engels eindringlich an. „Wenn sie Jenny ins Gesicht sehen, werden sie daran sterben."

Damit ging er zum Fenster und blickte nach draußen. Der Himmel hatte sich verdunkelt, schwarze Wolken waren herangezogen.

Auch Engels sah hinüber auf die Kaianlagen. Das angekündigte Gewitter kam tatsächlich. Blitze jagten über den Himmel. Es donnerte und knallte.

Er versuchte zu telefonieren. Kein Netz. Es knallte wieder. Kein Donnerschlag diesmal, sondern etwas anderes, ein kürzeres, schärferes Geräusch am Steg und vorne am Schiff. Alle Lichter gingen aus. Auch der Strom war ausgefallen.

Engels beugte sich vor und versucht etwas zu erkennen.

Ein Lastwagen stand neben der Kaimauer. Die Tür zu der Treppe stand halb offen. Das Metall schien an den Kanten geborsten zu sein, es rauchte.

Jemand hatte das Torschloss aufgesprengt. Schwarze Gestalten huschten die Treppe hinunter und weiter über den Anleger. Zwei, nein drei. Die Gestalten kamen auf das Schiff, ein Licht flammte auf und dann krachte es noch einmal.

Es knallte in Sekundentakt, mehrere Salven diesmal, und das Feuer wurde vom Schiff aus erwidert. Engels hörte einen Schrei und sah einen der Vermummten fallen.

Einer der Eindringlinge richtete sich auf. Ein Rotschopf, vielleicht Mitte fünfzig. Wütend starrte er zur Brücke hoch. Die beiden anderen Eindringlinge bewegten sich hastig über den Steg, und schossen jetzt ohne Unterbrechung.

Einer der Männer hatte das Steuerhaus erreicht. Er zögerte einen Moment. Dann ging er ruhig weiter und verschwand durch die Metalltür. Nach einer kurzen Weile kam er zurück. Er hatte einen Mann der Besatzung bei sich, zerrte ihn an den Haaren in die Mitte der Kaianlage und ließ ihn dort fallen. Der junge Mann war verletzt und wand sich auf der Erde.

Der Rothaarige bückte sich, hielt dem Jungen seinen Gewehrlauf an den Kopf und drückte ab.

Erschrocken fuhr Klau Lipp zusammen. Er hatte hektische Flecken im Gesicht.

„Das ist Grosser mit seinen Leuten", sagte er. „Der will uns auch plattmachen." Rasch öffnete er eine Seitentür und verschwand dahinter.

Engels drehte sich um. Er musste raus aus der Kajüte und versuchen die Angreifer zu stoppen. Vielleicht schaffte er es bis zum Anleger. Dann konnte er weitersehen. Im selben Augenblick hörte er noch mehr Schüsse von draußen.

„Warten sie…"

Er folgte Lipp. An der Treppe schüttelte er ungläubig den Kopf. Von Klaus Lipp war nichts mehr zu sehen. Nur seine Stimme war zu hören: „Wenn sie eine Waffe dabeihaben, benutzen sie die."

Alex Grosser war also der große Mann, dachte Engels und hatte plötzlich ein klares Bild im Kopf. Alles passte perfekt zueinander.

Lilli und Ian Kaufmann hatten in die Geschäfte von Grosser reingepfuscht. Die beiden wollten die Organisation übernehmen und in ihrem Sinn verändern, und Mannheim zum neuen Drehkreuz für Chrystal Meth machen. Das wäre ein immenses Geschäft für die geworden, auf Jahre hinaus. Gewaschen hätten sie das Geld direkt in der Stadt, über Lillis Immobiliengeschäfte zusammen mit Klaus Lipp. Deshalb waren sie jetzt tot.

Alex Grosser hatte ein Exempel statuiert und aus dem Gefängnis heraus seine Macht demonstriert. Er hatte Jenny Lipp beauftragt. Der *Todesengel* hatte den Gasanschlag auf Familie Kaufmann geplant und eiskalt ausgeführt. Die weiteren Morde dienten ihr dann vor allem um die Spuren zu verwischen. Das Motiv zu verschleiern und auch um falsche Fährten zu legen.

„Bleiben sie stehen …"

Vorsichtig bewegte sich Engels die Treppe hinunter.

Unten gab es viel verbrauchte Luft und unzählige andere Gerüche. Das war alles. Wenig Licht. Riesige schwarze Löcher. Offensichtlich waren die Lagerräume leer.

Er versuchte sich zu orientieren. Wo waren bloß die Treppen verdammt nochmal. Ab und zu blieb er stehen um zu lauschen. Nichts!

Mehrmals glaubte er Schritte zu hören, und entschied sich dann doch weiter zu laufen. Nach einer Weile erreichte einen zweiten Treppenschacht. Dann ging alles ziemlich schnell.

Es krachte dumpf.

Runter! Runter! Alle! Runter!

Automatische Waffen. Mehrere Salven. Hintereinander. Im nächsten Moment hörte er ein lautes Klatschen, als ob jemand ins Wasser fiel. Engels zog seine Halbautomatik und begann mühsam nach oben zu steigen.

Der zweite Stock. Eine Werkzeugkiste auf dem Treppenabsatz, der Inhalt ringsum verstreut. Ein Flur führe in ein riesiges Loft ohne Zwischenwände. Irgendwie roch es verbrannt.

Engels Augen waren nur noch schmale Schlitze. Gebückt schob er sich an ein halbrundes Fenster und starrte durch die Scheibe. Überall Blaulicht. Am Kai standen die Autos hintereinander.

„Endlich…"

Sirenen von nah und fern waren zu hören. Von seinem Platz aus beobachtete Engels die Lichter der Scheinwerfer.

Plötzlich zuckte er zusammen.

Leuchtspurmunition fegte in roten Streifen über das Deck. Von der Wasserseite hatte ein Schnellboot angedockt. Taucher kletterten über die Bordwand. Vom Ladesteg aus bewegte sich ein Knäul schwarzgekleidete SEK-Männer auf die Aufbauten zu.

Plötzlich knirschten Schritte über ihm. Sabine Back tauchte auf. Urplötzlich stand sie an der Ecke des oberen Treppenschachts und blaffte ihn an: „Warum antworten sie denn nicht?"

Engels winkte mit seiner Waffe hoch und sah sie an.

Wortlos streckte Back den linken Zeigefinger in die Luft und ging weiter.

Hinter ihr tauchten noch zwei Beamte auf. Beide trugen Schutzwesten und hielten ihre Waffen im Anschlag. Gebückt gingen die Männer an ihr vorbei, und weiter den Flur entlang. Engels kam die Treppe hoch und sah hinter ihnen her. Eine Tür wurde aufgerissen.

Dann verschwanden sie in dem Nebenraum. Einen Moment später kam Back aus dem Raum wieder herausgestolpert. Voller Abscheu hielt sie ihre Hand vors Gesicht. Engels machte einen Schritt zur Seite und ging an ihr vorbei.

Vier Leichen lagen vor ihm. Fast wäre er über sie gestolpert. Alle Vier lagen mit dem Gesicht nach unten, die Hände waren mit weißen Kabelbindern auf den Rücken gefesselt.

Engels beugte sich vor und sah in die Gesichter. Jeder von ihnen hatte ein riesiges Loch im Kopf.

„Das ist Klaus Lipp. Die Frau ist Ulla Thaler. Die beiden anderen gehörten wohl zur Besatzung."

Das war Grosser", sagte Tom Oser, der hinter ihm durch die Tür kam. Neben seinem Kollegen blieb er stehen.

„Woher wussten sie…?"

„Geraten."

Engels stand noch eine Weile neben Back.

„Doch, dass meine ich wirklich", sagte er angespannt. „Im Moment genügt es, wenn die Spusi und die Rechtsmediziner sich hier drinnen austoben."

Sabine Back nickte mehrmals und schluckte einmal hart.

„Dem großen Boss werden wir nichts nachweisen können", sagte sie.

„Das versteht sich von selbst, oder?"

„Noch spielt die Kapelle."

„Alle die gegen ihn aussagen konnten sind tot."

„Sein Anwalt wird uns auslachen."

„Das erklärt natürlich wie die Kerle an euch vorbeigekommen sind?"

„Keiner von uns hat was mitgekriegt…"

„Alle Ausfallstraßen werden kontrolliert." Oser kam dazwischen. Er hielt sein Handy in der Hand und fuchtelte damit herum. „Die Kollegen stehen auf den Rheinbrücken und kontrollieren auch die Fußgänger. Was möglich ist wird gemacht."

„Es ist …ach Scheiße!"

Backs Stimme wurde immer schärfer.

„Ich habe es satt."

„Da vorne gibt`s noch mehr Leichen."

Oser zog seine Weste glatt.

„Dann mal los."

Engels drehte sich um.

„Ist Jenny Lipp dabei?"

„Nö", sagte Waechter und verschränkte seine Arme vor der Brust. „Die ist abgehauen. Aber dafür haben wir das Mädchen gefunden."

„Wo haben sie die …?"

„Der Oberstaatsanwalt unterhält sich bereits mit ihr."

„Die guten Nachrichten haben sich wohl schon rumgesprochen, was?"

Till Kellerer empfing seine Mannschaft neben der Rampe. Alle tranken Kaffee aus dampfenden Pappbechern.

Engels stellte sich neben ihn, gerade als die Rechtsmediziner eintrafen. Mit ihnen tauchten auch die Bestatter auf. Graue Metallwannen wurden abgeladen. Einen Augenblick lang herrschte völlige Stille.

„Zur Abwechslung mal was Positives", sagte Keller und zeigte auf ein zierliches Mädchen auf einem Klappstuhl. Sie hatte rabenschwarze Haare und große Augen.

„Du bist doch Susanna?"

Das Mädchen saß regungslos und sah aus als wollte sie gleich losheulen. Sie pulte in ihren Nägeln herum. Plötzlich hörte sie auf und wurde ganz still.

„Jenny hat auf mich aufgepasst", sagte sie tonlos „Aber ich durfte niemand verraten wo ich bin."

Susanna Thaler ließ die Schultern hängen, vergrub ihr Gesicht in den Händen und weinte. Sabine Back war hinter sie getreten, aber sie ließ sie weinen. Schließlich wischte Susanna sich Tränen und Schnodder mit dem Handrücken ab, blickte zu Back und stand auf.

„Sie wissen doch was passiert ist", sagte sie und ihre Augen füllten sich mit Tränen. „Das mit dem Gas?"

„Ja", sagte Back tonlos.

Einige Männer rauchen. Immer noch Adrenalin und Aufregung. Es reichte bis hoch zu den Aufbauten unter die Brücke. Erst kamen einige laute Zwischenrufe und dann hörten sie Roland Waechter durch die offene Tür.

„Danke dir, Kollege", brüllte er. „Aber ich habe sie gesehen. Die stand da oben mit einem Gewehr."

Wütend kam er die Treppe herunter.

„Nicht eine Spur …"

„Das klassische Phantom."

„Abwarten…"

„Als wäre sie überhaupt nicht da drin gewesen."

Engels sah sofort hoch zu dem breiten Fenster und suchte es mit seinem Blick ab. Da war nichts mehr zu sehen.

**

Es war noch nicht ganz dunkel, und es gab immer noch einen Streifen Licht am westlichen Horizont.

Aber das Hallenlicht war schon angeschaltet, auch in den Köpfen, denn die Adler hatten zum Beginn der Play-Offs einen neuen Cheftrainer verpflichtet. Einen knorrigen alten Cowboy, der laut Back mit viel Verstand und großem Herzen an die Sache ranging.

Er sollte der richtige Mann für die entscheidenden Spiele sein. Ganz Mannheim wünschte sich das und entsprechend voll waren die Zuschauerränge. Selbst in die VIP-Logen passte kein Zeitungsplatz mehr zwischen die Anzugträger.

Gleich war Anpfiff. Die Stimmung kochte und es wurde gesungen

Diesmal hatte sich Sabine Back durchgesetzt. Sitzplätze für alle. Direkt neben der Ultra-Kurve. Keller, Kemmer und Waechter nebeneinander. Dazu noch ein paar Leute, die Engels nicht kannte. Tom Oser saß mit ein paar Freunden in der Reihe davor. Richard Abel neben der Blonden. Auf der anderen Seite Engels, auch in Hartplastik.

Dann kamen die Spieler.

Als das Spiel angepfiffen wurde, nahmen die Dunkelblauen das Heft sofort in die Hand. Kein vorsichtiges Abtasten. Die Spieler rannten los und fingen gleich an zu grätschen. Sie ließen sich zwar auch zurückdrängen, aber befreiten sich immer wieder.

ging an seinen Kolleginnen und Kollegen vorbei und verschwand die Treppe hinauf.

Engels sah ihm lange hinterher.

Ende

ISBN 978-3-7467-7368-1

www.epubli.de

Die Adler gingen ins Powerplay. Nach sieben Minuten war es soweit. Tor für die Mannheimer. Nikolai Goc hatte sich ein Herz gefasst und die Scheibe zum ersten Mal ins Netz gehämmert.

Neunundzwanzig Sekunden später schlug es das zweite Mal bei den Eisbären ein, und Christoph Ullmann tänzelte einen Moment lang glückselig über das Eis. Die eingefleischten Fans kannten das.

Das Match blieb trotzdem hart umkämpft. Dann kam die Drittelpause.

Bier und Weißwein.

Entspannte Gesichter wohin man auch sah.

Der Hallensprecher stand in der Mitte und redete von einem Benefiz-Ding.

Sie machen gern mal Wohltätigkeit vor einem entsprechenden Publikum.

Im Mittelkreis stand Alex Grosser.

Dann war auch plötzlich Rolf Ludwig Bauer da.

Der Lichtkegel wanderte. Die Männer standen gemütlich nebeneinander auf dem Eis, und teilen Schecks für behindertengerechte Kindergärten aus.

Alle außenherum standen stocksteif und schauten zu.

Ohnmächtige Wut, aber keiner sagte was. Roland Waechter lies ein bisschen Luft durch die Zähne, es war ein Zischen wie aus einer anderen Welt.

Hinter ihm zwei Frauen, die sich erst zuprosteten und dann mit den Schultern zuckten. Sonst schien das niemanden in der Halle zu stören.

Alle klatschten oder hören nicht hin oder sangen zum hundertsten Mal das gleiche Lied.

Wütend blickte Engels auf die Eisfläche hinunter.

„Das muss man nicht verstehen, oder?"

Damit drehte er sich zur Seite, und genau in dem Moment fielen die Schüsse, die kaum zu hören waren, aber Bauer und Grosser fielen um.

Eins.

Zwei.

Aus die Maus.

Plötzlich klatschte keiner mehr.

Nur Till Keller.

Er klatschte langsam und versonnen, als hätte eine zauberhafte Melodie gerade eben sein Herz berührt.

Alle anderen schrien.

„Da", sagte Back und zeigt hinüber zu den hell erleuchteten Logen im VIP-Bereich. „Mündungsfeuer...zweimal... ganz dicht hintereinander, habt ihr es gesehen?"

„Wo?"

„Ich sehe gar nichts."

Kemmer legte seinem Nebenmann die Hand auf die Schulter.

„Da war tatsächlich eine Bewegung."

Engels schaute niemanden an.

„Wie ist die da hochgekommen?" fragte er und starrte vor sich hin. Aber er sah nicht traurig aus. Seine Welt schien auf Zeitlupe umgestellt worden zu sein.

„Wie zum Teufel ist die da hochgekommen?", fragte er noch einmal.

„Weiß ich nicht", antwortete Keller. Der große Mann hob sein Glas, nahm einen kräftigen Schluck und stand auf. Er nickte, als ob ihm jemand eine Frage gestellt hätte,